Kompetenzabgrenzung und Kompetenzausübung
in der Europäischen Union

Europäische Hochschulschriften
Publications Universitaires Européennes
European University Studies

Reihe V
Volks- und Betriebswirtschaft

Série V Series V
Sciences économiques, gestion d'entreprise
Economics and Management

Bd./Vol. 2990

PETER LANG
Frankfurt am Main · Berlin · Bern · Bruxelles · New York · Oxford · Wien

Nicole Rosin

Kompetenzabgrenzung und Kompetenzausübung in der Europäischen Union

Eine Analyse aus juristischer und ökonomischer Sicht

PETER LANG
Europäischer Verlag der Wissenschaften

Bibliografische Information Der Deutschen Bibliothek
Die Deutsche Bibliothek verzeichnet diese Publikation in der Deutschen Nationalbibliografie; detaillierte bibliografische Daten sind im Internet über <http://dnb.ddb.de> abrufbar.

Zugl.: Berlin, Freie Univ., Diss., 2003

D 188
ISSN 0531-7339
ISBN 3-631-51186-8

www.peterlang.de

Vorwort

Die vorliegende Arbeit wurde im Juli 2002 vom Fachbereich Wirtschaftswissenschaft der Freien Universität Berlin als Dissertation angenommen.

Diese Dissertation wurde während meiner Tätigkeit als wissenschaftliche Mitarbeiterin an der Universität begonnen und nach meinem Wechsel in das Bundesministerium der Finanzen neben der täglichen Arbeit als Referentin als „Hobby" fortgeführt und beendet. Im Nachhinein stellte sich dieser Wechsel - trotz der doppelten Belastung und zeitlichen Beanspruchung - für das Fortkommen der Arbeit durchaus belebend und förderlich dar.

Während der Tätigkeit an der Universität hat man die Zeit und das Privileg, sich fast sieben Tage die Woche mit der Wissenschaft auseinander zu setzen. Man kann die im Studium vermittelten Theorien wiederholen, vertiefen und weiterdenken. Doch als Doktorand läuft man auf diese Weise schnell Gefahr, sich in diesen - durchaus interessanten - theoretischen Diskursen zu verlieren. Die wissenschaftliche Auseinandersetzung mit einem praktischen europapolitischen Problem drohte teilweise in nicht annähernd umsetzbaren Gedankenexzessen zu versinken.

Während der Tätigkeit in einem Ministerium ist man, auch aus Zeitgründen, solchen Versuchungen nicht erlegen. Das Erstellen von Vermerken und Vorlagen verlangt absolute Genauigkeit und Präzision in Wort, Schrift und Aussage. Ergebnisdarstellung, Sachverhalt und Stellungnahme müssen ohne Abschweifungen und Erörterungen schnell und leicht verständlich sein.

Diese Erfahrungen aus der täglichen Arbeit haben mir sehr geholfen, meine Dissertation schneller, verständlicher und genauer auszuarbeiten. Das theoretische Wissen konnte besser praktisch überprüft und die Praxis besser wissenschaftlich hinterfragt werden. Die auf diese Art und Weise entstandene Arbeit soll somit einerseits wissenschaftlichen Anforderungen genügen, andererseits aber auch Praktikern hilfreiche Gedankenanstöße bieten.

Für die mühevolle und auch nach meinem Wechsel ins Ministerium fortlaufende Betreuung möchte ich mich insbesondere bei meinem Doktorvater Prof. Dr. Horst Tomann bedanken. Zu großem Dank bin ich auch all denen verpflichtet, die mir mit Ratschlägen, Ideen und praktischer Hilfe zur Seite gestanden und geholfen haben. Das sind vor allem Meike Söker, Solveigh Krause, Oliver Valk, Oliver Ronnisch, Moritz Lumma und Christian Linder.

Bedanken möchte ich mich auch für das Verständnis bei all denjenigen, die auf meine Anwesenheit bei diversen Anlässen – insbesondere an den Wochenenden – ganz oder teilweise verzichten mussten. Dies betrifft in erster Linie meine Familie.

Berlin, Frühjahr 2003 Nicole Rosin

Inhaltsverzeichnis

Abkürzungsverzeichnis

Abl EG	Amtsblatt der Europäischen Gemeinschaften
Abs.	Absatz
AdR	Ausschuss der Regionen
Art.	Artikel
bzw.	beziehungsweise
d.h.	das heißt
EAG	Europäische Atomgemeinschaft
EG	Europäische Gemeinschaften
EGKS	Europäische Gemeinschaft für Kohle und Stahl
EGV	EG-Vertrag, Vertrag zur Gründung der Europäischen Gemeinschaften
EU	Europäische Union
EUV	EU-Vertrag
EuGH	Europäischer Gerichtshof
EUZBBG	Gesetz über die Zusammenarbeit zwischen Bundesregierung und Bundestag in EU-Angelegenheiten
EUZBLG	Gesetz über die Zusammenarbeit von Bund und Ländern in EU-Angelegenheiten
EP	Europäisches Parlament
EWG	Europäische Wirtschaftsgemeinschaft
GASP	Gemeinsame Außen- und Sicherheitspolitik
GG	Grundgesetz
IIV	Interinstitutionelle Vereinbarung
Kommission	Kommission der Europäischen Gemeinschaften
KOM	Kommission der Europäischen Gemeinschaften
PJZS	Zusammenarbeit der Polizei und Justiz in Strafsachen
Protokoll	Protokoll über die Anwendung der Grundsätze der Subsidiarität und der Verhältnismäßigkeit
Rat	Rat der Europäischen Gemeinschaft
sog.	sogenannte/r
u.a.	unter anderem
u.U.	unter Umständen
usw.	und so weiter
v.a.	vor allem
vgl.	vergleiche
WSA	Wirtschafts- und Sozialausschuss
z.B.	zum Beispiel

Abbildungs- und Tabellenverzeichnis

Anlagenverzeichnis

0. Einleitung

1. Der Gipfel von Nizza

Die Frage der Kompetenzabgrenzung in der Europäischen Union (EU) steht insbesondere nach dem Gipfel von Nizza im Dezember 2000 wieder auf der europapolitischen Tagesordnung. Das Ziel der Regierungskonferenz von 2000 war es, die noch offenen institutionellen Fragen zu lösen, um die EU für weitere Mitgliedstaaten erweiterungsfähig zu machen.[1] Auf der Tagesordnung der Regierungskonferenz standen in erster Linie die sog. „left-overs" des Vertrags von Amsterdam – die Zusammensetzung und Größe der Kommission, die Stimmengewichtung im Rat sowie die Ausweitung von Entscheidungen mit qualifizierter Mehrheit.[2] [3]

Begleitet wurde diese Regierungskonferenz jedoch von einer grundsätzlichen Debatte um die Finalität des europäischen Integrationsprozesses.[4] Noch vor dem Gipfel von Nizza wurden Forderungen nach einem Post-Nizza-Prozess laut, der die zukünftige Struktur und Gestalt der EU – und noch wichtiger – die Frage der Kompetenzabgrenzung und zukünftige Verteilung der Kompetenzen zwischen der EU und den Mitgliedstaaten klären solle.[5]

Diese Forderung wurde insbesondere von den deutschen Länder-Ministerpräsidenten vertreten, die ihr Verhalten im Bundesrat bei der Abstimmung zur Ratifizierung des neuen Vertrages von einem Fortschritt bzw. einem klaren Zeitplan bei der Diskussion um eine Kompetenzabgrenzung abhängig machen wollten.[6] Auf dem

---

[1] Auf dem Europäischen Rat in Köln im Juni 1999 wurde entschieden, eine Regierungskonferenz mit dem Ziel abzuhalten, die offenen institutionellen Fragen noch vor der EU-Osterweiterung zu lösen; Siehe Schlussfolgerungen des Vorsitzes (1999): Europäischer Rat von Köln, 3./4. Juni 1999. Auf der Ratssitzung im Dezember 1999 in Helsinki wurde dieses Ziel bekräftigt und der Beginn für Anfang 2000 vorgesehen.

[2] Die Regierungskonferenz von 1997 hatte das Ziel, die EU bürgernäher, effizienter und für weitere Mitgliedstaaten aufnahmefähig zu machen. Im Vertrag von Amsterdam konnten aber essentiell wichtige Reformvorhaben nicht durchgesetzt werden. Eine Bewertung des Vertrages findet sich u.a. bei Hrbek, R. (1997): Der Vertrag von Amsterdam – eine neue Etappe im EU-Integrationsprozess, in: Wirtschaftsdienst 1997/7, S. 378-381.

[3] Zur Analyse der Ergebnisse von Nizza sei u.a. auf folgende Texte verwiesen: Pleuger, G. (2001): Der Vertrag von Nizza: Gesamtbewertung der Ergebnisse, in: integration 24. Jg. 1/01, S. 1-7; Wessels, W. (2001): Die Vertragsreformen von Nizza – Zur institutionellen Erweiterungsreife, in: integration 24. Jg. 1/01, S. 8-25; Stuth, R. (2001): Der Vertrag von Nizza – eine kritische Analyse, Zukunftsforum Politik Nr. 21; Hrbek, R. (2001): Der Vertrag von Nizza – eine weitere Etappe im europäischen Integrationsprozess, in: Wirtschaftsdienst 2001/01, S. 21-29; Deutsche Gesellschaft für Auswärtige Politik (Hrsg.)(2001): Internationale Politik, Weichenstellungen für Europa, Februar 2001, Nr. 2, 56. Jhrg.

[4] Einen wesentlichen Anstoß in der Diskussion um die Finalität Europas lieferte der deutsche Außenminister Joschka Fischer während seiner im Mai 2000 an der Humboldt-Universität in Berlin gehaltenen Rede „Vom Staatenverbund zur Föderation – Gedanken über die Finalität der europäischen Integration", siehe u.a. Fischer, J. (2000): Vom Staatenverbund zur Föderation – Gedanken über die Finalität der europäischen Integration, in: integration 3/2000, S. 149-156

[5] Siehe u.a. Yahoo (2000b): EU-Gipfel, Schröder will neue Regierungskonferenz vorschlagen, Yahoo Deutschland Finanzen, 12.10.00 und Yahoo (2000a): Deutschland drängt EU zu Aufgabenabgrenzung, Yahoo Deutschland Finanzen, 25.05.00, http://www.de.biz.yahoo.com

[6] Siehe Bundesrat (2000c): Entschließung des Bundesrates zu institutionellen Reformen und der Weiterentwicklung der EU, Beschluss des Bundesrates, BR-Drucksache 680/00 (Beschluss) vom 10.11.2000, darin heißt es unter Absatz 2: „Zugleich weist der Bundesrat erneut darauf hin, dass der Reformprozess mit dem Vertrag von Nizza keinesfalls abgeschlossen ist. Anlässlich des Abschlusses der laufenden Regierungskonferenz müssen rechtsverbindlich vorzugsweise in einem Vertragsprotokoll die nächsten Schritte einer grundlegenden Reform der Union und der Zeitplan ihrer Umsetzung in einer weiteren Regierungskonferenz festgelegt werden. Diese soll in erster Linie mit dem Mandat ausgestattet werden, im Rahmen einer Konzentration der Union auf klar umrissene gemeinschaftliche

Gipfel von Nizza ist man diesen Forderungen nachgekommen. Neben den Beschlüssen zu den noch offenen institutionellen Fragen verabschiedeten die Staats- und Regierungschefs eine „Erklärung zur Zukunft der Union“, die den Vertrag von Nizza ergänzt und die relevanten Fragestellungen und den Zeitplan des „Prozesses zur Zukunft der Europäischen Union“ festlegt.[7]

Gemäß dieser Erklärung sollen im Rahmen dieses Prozesses unter anderem folgende Fragen behandelt werden:

- Die Frage, wie eine genauere, dem Subsidiaritätsprinzip entsprechende Abgrenzung der Zuständigkeiten zwischen der Europäischen Union und den Mitgliedstaaten hergestellt und danach aufrechterhalten werden kann;
- der Status der in Nizza verkündeten Charta der Grundrechte der Europäischen Union gemäß den Schlussfolgerungen des Europäischen Rates von Köln;
- eine Vereinfachung der Verträge, mit dem Ziel, diese klarer und verständlicher zu machen, ohne sie inhaltlich zu ändern;
- die Rolle der nationalen Parlamente in der Architektur Europas.

Der Zeitplan sah u.a. vor, dass der Europäische Rat auf seiner Tagung in Laeken im Dezember 2001 eine Erklärung annimmt, in der „geeignete Initiativen für die Fortsetzung dieses Prozesses enthalten sein werden“. Dieser Prozess solle im Jahr 2004 in eine weitere Regierungskonferenz münden, die die entsprechenden Vertragsänderungen behandelt.

2. Der Gipfel von Laeken und der Konvent

Der Europäische Rat von Laeken vom 14. und 15. Dezember 2001 kam dieser Aufforderung nach und verabschiedete die „Erklärung von Laeken – Die Zukunft der Europäischen Union“[8]. In dieser Erklärung wurde festgehalten, dass zur Vorbereitung der Regierungskonferenz 2004 ein Konvent einberufen wird, „dem die Hauptakteure der Debatte um die Zukunft der Union angehören“.[9] Neben dem Präsidenten und den zwei Vizepräsidenten setzt sich der Konvent aus 15 Vertretern der Staats- und Regierungschefs der Mitgliedstaaten, 30 Mitgliedern der nationalen Parlamente, 16 Mitgliedern des Europäischen Parlaments und zwei Vertretern der Kommission zusammen. Die Bewerberländer können sich an den Beratungen beteiligen.

Der Konvent erhält gemäß der Erklärung die Aufgabe, „die wesentlichen Fragen zu prüfen, welche die künftige Entwicklung der Union aufwirft und sich um verschiedene mögliche Antworten zu bemühen“. Nach der Überprüfung der Fragen soll er ein Abschlussdokument erstellen, das „entweder verschiedene Optionen mit der Angabe, inwieweit diese Optionen im Konvent Unterstützung gefunden haben, oder – im Falle

---

Aufgaben in Anwendung des Subsidiaritätsprinzips eine präzise Kompetenzabgrenzung zwischen der EU und den Mitgliedstaaten zu erreichen“. Absatz 6 lautet: „Die Haltung des Bundesrates zu den Ergebnissen der laufenden Verhandlungen wird von der Beachtung dieser Ziele und Grundsätze bestimmt werden“.

[7] Siehe Vertrag von Nizza, 23. Erklärung zur Zukunft der Union, veröffentlicht im Bundesgesetzblatt, Jahrgang 2001, Teil II, Nr. 40 vom 28.12.2001, S. 1700, vollständiger Text siehe auch Anlage 1

[8] Siehe Schlussfolgerungen des Vorsitzes (2001): Europäischer Rat (Laeken), 14. und 15. Dezember 2001, Dokument SN 300/01, Anlage 1: Erklärung von Laeken zur Zukunft der Europäischen Union

[9] Die Konventsmethode wurde schon zur Erarbeitung der Grundrechtecharta angewandt. Dieses Erfolgsmodell soll nun auf die Diskussion zur Zukunft der EU übertragen werden. Siehe u.a. Leinen, J., Schönlau, J. (2001): Die Erarbeitung der EU-Grundrechtecharta im Konvent: nützliche Erfahrungen für die Zukunft Europas, in: integration 1/01, 24. Jg., S. 26-33

eines Konsenses - Empfehlungen enthalten kann". Dieses Abschlussdokument dient als „Ausgangspunkt für die Arbeiten der künftigen Regierungskonferenz, die die endgültigen Beschlüsse fasst". Das Ende der Beratungen ist für das Frühjahr 2003 vorgesehen. Als die große Herausforderung für die Arbeit des Konvents wird das Ziel einer besseren „Verteilung und Abgrenzung der Zuständigkeiten in der Europäischen Union" angesehen. Die Arbeit des Konvents soll zudem von einer breiten öffentlichen Diskussion begleitet werden.

3. Hintergrund der Diskussion

Grundsätzlich ist zu ergründen, warum die Frage der Kompetenzabgrenzung einen so hohen Stellenwert in der europapolitischen Debatte einnimmt und welche Argumente für die Notwendigkeit vorgebracht werden, sich mit dem Thema Kompetenzabgrenzung zu befassen.

Die Argumente der europapolitischen Debatte um eine verbesserte Kompetenzabgrenzung lassen sich in vier Blöcke einteilen, die thematisch miteinander verknüpft sind.

Der erste Block bezieht sich auf einen unterstellten Akzeptanzverlust der Europapolitik in der Bevölkerung und die mangelnde Bürgernähe von europäischen Entscheidungen. Häufig wird in diesem Zusammenhang auch auf ein Demokratiedefizit der Gemeinschaftsorgane hingewiesen.[10]

Eine Ursache für diesen Akzeptanzverlust wird in dem zweiten Block, der Kompliziertheit der Strukturen und Verfahren und der Intransparenz von Entscheidungen gesehen. Insbesondere aufgrund der fehlenden Klarheit der Normen im Rechtsetzungsbereich sei nicht ersichtlich, welche der zwei Ebenen, die der Gemeinschaft oder die der Mitgliedstaaten, für welche Entscheidungen verantwortlich ist.[11]

Der dritte Block der Kritik bezieht sich auf die zunehmende Ausuferung von Kompetenzübertragungen auf die europäische Ebene und damit auf die Gefahr einer übermäßigen bzw. schädlichen Zentralisierung. Aufgrund von rechtlichen Möglichkeiten

---

[10] Der Ministerpräsident des Landes Nordrhein-Westfalen, Wolfgang Clement, ist in seiner europapolitischen Rede „Die Kompetenzordnung der EU nach Nizza" z.B. der Auffassung, dass „eine klare Kompetenzzuweisung [...] die wohl einzige Möglichkeit [ist], dem wachsenden Unbehagen über die Bürgerferne der Europäischen Union entgegen zu wirken". Die „noch wachsende Europa-Skepsis unter den Bürgerinnen und Bürgern" müsse ernst genommen werden. Siehe Clement, W. (2001): Die Kompetenzordnung der EU nach Nizza, Vortrag an der Humboldt-Universität zu Berlin am 12. Februar 2001, http://www.rewi.hu-berlin.de/WHI/deutsch/fce/fce301/clement.htm vom 14.02.2001

[11] Der Ministerpräsident des Freistaates Bayern, Dr. Edmund Stoiber, warnt u.a. davor, dass ohne "klaren Bauplan für das europäische Haus" die „Akzeptanz Europas bei den Bürgern auf Spiel" gesetzt werden würde. Das „eigentliche Demokratiedefizit" sieht er „vor allem in der mangelnden Transparenz und Öffentlichkeit europäischer Entscheidungsprozesse". Siehe Stoiber, E. (2000): Reformen für Europas Zukunft, Rede am 27.09.2000 in Berlin im Rahmen der Reihe „Reden über Europa", http://www.bayern.de/Politik/Reden/2000/000927.html vom 02.03.01; In dem SPD-Leitantrag „Verantwortung für Europa" heißt es: „Dem gegenwärtigen System der Aufgabenverteilung mangelt es an Transparenz und Klarheit. Deshalb ist häufig nicht erkennbar, welche politische Ebene für Entscheidungen verantwortlich ist, die direkt in die Lebenswirklichkeit der Bürger eingreifen. Die Legitimität politischen Handelns wird damit in Frage gestellt". Siehe SPD (2001): SPD-Bundesparteitag, Leitantrag: Verantwortung für Europa, Nürnberg, 19.-23. November 2001, http://www.spd.de; Im Rahmen der Debatte um eine „deutliche Aufteilung der Zuständigkeiten" erklärte die CDU-Vorsitzende Angela Merkel, dass die Frage „Wer macht was?" innerhalb der EU beantwortet werden müsse, siehe Berliner Zeitung (2000b): Union fordert: Zuständigkeiten in der EU klären, 06.06.2000

für Kompetenzausweitungen durch die Organe, wird außerdem eine „schleichende Zentralisierung" von Kompetenzen vermutet.[12]

Diese Kritik führt zu der am meisten geäußerten Begründung für eine Beschäftigung mit der Frage der Kompetenzabgrenzung – der Kompetenzverlust der Mitgliedstaaten. Dieser Kompetenzverlust führe dazu, dass die Staaten ihre Eigenstaatlichkeit und ihre Souveränität verlören.[13]

Doch die Diskussion um eine verbesserte Kompetenzabgrenzung wird nicht nur in Deutschland geführt. Auch ausländische Staats- und Regierungsoberhäupter wie Tony Blair, Jacques Chirac und Guy Verhofstadt haben in europapolitischen Reden ihre Ideen für ein zukünftiges Europa dargelegt. Gemäß Chirac ist eine „Aufteilung der Befugnisse zwischen den verschiedenen europäischen Ebenen zu klären, ohne sie allerdings für allemal festzuschreiben"[14]. Tony Blair kann sich die Erarbeitung einer Charta der Kompetenzen vorstellen, nach der „wir entscheiden sollten, was am besten auf europäischer und was auf nationaler Ebene geschehen solle". Diese Charta solle aber ein politisches und kein juristisches Papier sein.[15] Guy Verhofstadt wünscht sich mehr Rechtssicherheit hinsichtlich der Ziele, Befugnisse und politischen Instrumente der Union „um Ordnung in das Chaos der politischen Instrumente zu bringen, und zwar unter echter Berücksichtigung der legitimen Erwartungen der Mitgliedstaaten und ihrer Regionen"[16].

4. Aktuelle Vorschläge

Zur Reform des bestehenden Kompetenzsystems werden zahlreiche Vorschläge aus Politik und Wissenschaft vorgebracht, die insbesondere die Transparenz von Entscheidungen und die Klarheit in der Abgrenzung der Kompetenzen erhöhen sollen. Je nach identifiziertem Handlungsbedarf reichen die Vorschläge von Präzisierungen des geltenden Kompetenzgefüges über begrenzte Änderungen im Bereich der Kompetenzverteilung bis hin zu einer umfassenden Neuregelung der Kompetenzordnung. Auch neue Institutionen zur Kompetenzkontrolle werden vorgeschlagen.[17]

---

[12] Bundespräsident Johannes Rau möchte im Rahmen einer Europäischen Verfassung u.a. die „Furcht vor einer schleichenden Zentralisierung in Europa" begegnen. Siehe Rau, J. (2001): Plädoyer für eine europäische Verfassung, Rede am 04. April 2001 vor dem Europäischen Parlament in Straßburg, http://www.europa.digital.de/aktuell/dossier/reden/rau.shtml vom 10.07.2001; Die SPD fordert, dass „Vorkehrungen gegen einen schleichenden Kompetenztransfer auf die Europäische Ebene getroffen werden" müssen, siehe SPD (2001); Edmund Stoiber fordert eine Reform der EU, denn aufgrund der „Tendenz zur Allzuständigkeit der EU" drohe eine „konzeptionslose, immer weitere Zentralisierung auf EU-Ebene"., siehe Stoiber, E. (2000).

[13] Die SPD fordert z.B., dass bestimmte Kompetenzen der EU nicht zu einer „Aushöhlung der Zuständigkeiten der Mitgliedstaaten führen" dürften, siehe SPD (2001). Die Entschließung des Bundesrates zur Kompetenzabgrenzung im Rahmen der Reformdiskussion zur Zukunft der Europäischen Union enthält fast alle oben aufgeführten Argumente. Insbesondere im Zusammenhang mit möglichen Kompetenzverlusten fordert er eine Prüfung, „ob und wie mitgliedstaatliche Aufgaben durch zusätzliche allgemeine Prinzipien geschützt werden können, die die Ausübung der EU-Zuständigkeit begrenzen", siehe Bundesrat (2001e): Entschließung des Bundesrates zur Kompetenzabgrenzung im Rahmen der Reformdiskussion zur Zukunft der Europäischen Union, Beschluss des Bundesrates, BR-Drucksache 1081/01 (Beschluss) vom 20.12.2001

[14] Siehe Chirac, J. (2000): Rede am 27. Juni 2000 im Reichstag Berlin vor dem Deutschen Bundestag, http://www.europa-digital.de/aktuell/dossier/reden/chirac.html vom 05.06.01

[15] Siehe Blair, T. (2000): Europas Politische Zukunft, Rede am 06. Oktober 2000 in der Polnischen Börse, Warschau, http://www.europa-digital.de/aktuell/dossier/reden/blair.shtml vom 10.07.01

[16] Siehe Verhofstadt, G. (2001): Welche Zukunft für welches Europa?, Rede am 24. Juni 2001 auf dem 7. Europäischen Forum Wachau in Göttweig, http://www.europa-digital.de/aktuell/dossier/reden/verhofstadt.shtml vom 10.07.2001

[17] Auf viele der aktuell diskutierten Vorschläge wird im Laufe dieser Arbeit eingegangen.

Ein besonders intensiv diskutierter Vorschlag ist der eines dem deutschen Grundgesetz entsprechenden sachgebietsbezogenen Kompetenzkataloges für die Europäische Union, der klar festlegt, welche Ebene für welche Aufgabenbereiche zuständig ist. Im Rahmen der Aufstellung dieses Kataloges soll auch hinterfragt werden, welche Kompetenzen tatsächlich auf europäischer Ebene angesiedelt sein müssen und welche Zuständigkeiten möglicherweise auf die Mitgliedstaaten zurückübertragen werden können.[18]

5. Gegenstand und Gliederung dieser Arbeit

Gegenstand der Arbeit ist die Analyse, ob und in welcher Art und Weise die bestehende Kompetenzordnung reformiert werden soll, um die Abgrenzung der Zuständigkeiten zwischen der Europäischen Union und den Mitgliedstaaten zu verbessern. Der Auftrag von Nizza wird zum Anlass genommen, diese Analyse vorzunehmen und ein eigenes Lösungskonzept zu entwickeln.

Im Laufe der Arbeit soll die Frage beantwortet werden, ob die Kritik an der bestehenden Kompetenzordnung, und insbesondere den Normen zur Kompetenzabgrenzung, berechtigt ist. Zur Beantwortung dieser Frage wird die aktuelle Kompetenzordnung untersucht, die eigentlichen Defizite herausgearbeitet und daraus der tatsächliche Handlungsbedarf abgeleitet. Es wird zudem analysiert, ob aktuelle Reformvorschläge und Forderungen die identifizierten Defizite zufriedenstellend beheben können.

Für die Analyse wird ein interdisziplinärer Ansatz gewählt. Zur Untersuchung und Beurteilung der vertraglich fixierten Kompetenzordnung der EU bzw. der Europäischen Gemeinschaft (EG)[19] werden neben den juristischen Gesichtspunkten insbesondere ökonomische Kriterien der Kompetenzverteilung herangezogen. Dieser Ansatz erscheint deshalb vorteilhaft, da sich auch die Ökonomie mit der Frage der Zentralisierung versus Dezentralisierung von Kompetenzen beschäftigt.

Die These dieser Analyse ist, dass Konflikte bei der Kompetenzabgrenzung insbesondere durch ein Defizit bei der praktischen Überprüfung der Kompetenzausübung gemäß des Subsidiaritätsprinzips entstehen. Durch einen Mechanismus zur stärkeren Nachvollziehbarkeit der Kompetenzausübung durch die Gemeinschaft kann dieses Defizit behoben werden.

Die Arbeit ist in drei Teile gegliedert. Im ersten Teil der Arbeit soll ein Überblick über die bestehende Kompetenzordnung der EU gewonnen werden. Dazu werden insbesondere die unterschiedlichen Kompetenzbegriffe und die Struktur der Kompetenznormen im EG-Vertrag (EGV) erläutert, die Kritikpunkte der aktuellen Debatte dargelegt, die Besonderheiten des EG-Rechts hervorgehoben und Schwachpunkte herausgearbeitet. Es wird untersucht, inwieweit es dem bestehenden System an Transparenz und Klarheit mangelt.

- In Kapitel A werden die Rechtsgrundlagen für die Kompetenzverteilung zwischen der Gemeinschaft und den Mitgliedstaaten und für die Kompetenzaus-

[18] Vorschläge für Kompetenzkataloge wurden u.a. vom Bundesrat, der Senatsverwaltung Berlin und der Bertelsmann-Stiftung gemacht. Diese Vorschläge werden in Kap. III A vorgestellt. Die Debatte um die Rückübertragung von Kompetenzen stellt die aktuelle Kompetenzverteilung in Frage. Eine Rückübertragung auf die nationale Ebene fordert die SPD in ihrem Leitantrag für „die Kompetenzen der EU in den Bereichen Agrar- und Strukturpolitik, um den Spielraum für eine eigenständige Regional- und Strukturpolitik der Mitgliedstaaten auszuweiten", siehe SPD (2001).

[19] Auf die Unterscheidung zwischen EU und EG wird in Kapitel I eingegangen.

übung durch die Gemeinschaft vorgestellt. Es wird auch auf die Abgrenzung der Rechte zwischen der Gemeinschaft und den Mitgliedstaaten eingegangen.

- In Kapitel B werden die rechtlichen Möglichkeiten der Kompetenzübertragung durch die Mitgliedstaaten und die Normen und Grenzen zur Kompetenzausweitung durch die Organe aufgezeigt. Im Rahmen der Frage des Kompetenzverlustes der Mitgliedstaaten wird untersucht, inwieweit die Mitgliedstaaten für diesen „Verlust" verantwortlich sind, die Organe im Rahmen ihrer Kompetenzen gehandelt haben oder ob die Kritik an einer „schleichenden Zentralisierung" von Kompetenzen durch die Organe berechtigt ist.
- Die rechtlichen Regelungen zur Begrenzung von Kompetenzen bzw. zur Begrenzung ihrer Ausübung und der Art und Weise ihrer Ausübung werden in Kapitel C erläutert. Dabei steht insbesondere das in Art. 5 EGV verankerte Subsidiaritätsprinzip im Vordergrund. Die Kritik am Subsidiaritätsprinzip, die u.a. seine Leistungsfähigkeit als Kompetenzausübungsregel bzw. als Instrument zur Kompetenzbegrenzung in Frage stellt, wird ausführlich dargestellt.

Da die Normen zur Kompetenzabgrenzung und Kompetenzausübung im EGV auch unter ökonomischen Gesichtspunkten untersucht werden sollen, werden im zweiten Teil ökonomische Kriterien für eine effiziente Kompetenzverteilung dargelegt.

- Dazu wird in Kapitel A die ökonomische Theorie des Föderalismus vorgestellt, die wichtige Kriterien für eine effiziente Aufteilung von Kompetenzen auf die Zentrale bzw. Dezentrale liefert.
- In Kapitel B wird untersucht, inwieweit das stärker wettbewerbsorientierte Modell des „kompetitiven" Föderalismus dazu geeignet ist, Normen für die Kompetenzverteilung zu liefern. Die Stärken und Schwächen eines Systemwettbewerbs zwischen föderativen Einheiten bzw. Nationalstaaten werden den Vor- und Nachteilen einer Harmonisierung von Politiken auf zentraler Ebene gegenübergestellt.
- Anhand dieser entwickelten ökonomischen Kriterien wird in Kapitel C die ökonomische Leistungsfähigkeit des Subsidiaritätsprinzips untersucht. Dazu wird zuerst gefragt, ob das Subsidiaritätsprinzip in seiner in Art. 5 EGV dargelegten Form die ökonomischen Kriterien berücksichtigt. Danach wird analysiert, wie die ökonomische Theorie die juristische Kritik am Subsidiaritätsprinzip beurteilt.

Obwohl sich mit einer stärkeren Berücksichtigung von ökonomischen Kriterien einige der Anwendungs- und Auslegungsprobleme des Subsidiaritätsprinzips minimieren lassen, werden ohne eine Veränderung der bestehenden Kompetenzordnung Kompetenzkonflikte bei der Abgrenzung der Kompetenzen von der Ebene der Gemeinschaft und der Mitgliedstaaten und bei der Kompetenzausübung weiterhin auftreten.

Im dritten Teil wird daher nach einer Kompetenzordnung für die Europäische Union gesucht, die Konflikte bei der Kompetenzausübung lösen bzw. reduzieren helfen kann. Dabei stehen zwei Möglichkeiten im Vordergrund – starre und prozedurale Kompetenzordnungen.

- In Kapitel A werden starre Ordnungen beschrieben. Starre Ordnungen sollen durch eine möglichst genaue Festlegung von Kompetenzarten und Kompetenzverteilungen den Spielraum für Anwendungs- und Auslegungskonflikte minimieren. Es werden die Vor- und Nachteile einer optimalen Kompetenzordnung im Rahmen eines Kompetenzkataloges diskutiert und aktuelle Vorschläge kurz vorgestellt.

- Auf die starren Ordnungen folgen in Kapitel B die prozeduralen Kompetenzordnungen. Ausgehend von theoretischen Überlegungen zur „Legitimation durch Verfahren“ wird die Umsetzung des Verfahrens der Subsidiaritätsprüfung gemäß Art. 5 EGV durch die Kommission näher analysiert. Danach wird auf die bestehenden Verfahren zur richterlichen Kompetenzkontrolle eingegangen. Anschließend werden ausgewählte aktuelle Vorschläge zur Minimierung von Kompetenzkonflikten durch die Etablierung von neuen gerichtlichen und politischen Institutionen vorgestellt und bewertet.
- Anhand der in dieser Analyse aufgezeigten Mängel und Konfliktpunkte bei der Kompetenzausübung, der daraus abgeleiteten Anforderungen an eine Kompetenzordnung und der Gegenüberstellung der Vor- und Nachteile von starren und prozeduralen Kompetenzordnungen, wird in C ein Vorschlag für eine verbessertes Verfahren der Kompetenzausübung erarbeitet. Dieser Vorschlag soll die Regeln und den Mechanismus für die Überprüfung des Subsidiaritätsprinzips als Kompetenzausübungsregel verbessern.

Es muss darauf hingewiesen werden, dass das Thema der Kompetenzabgrenzung und der Kompetenzausübung nur einen Ausschnitt aus einer umfassenden Reformdiskussion der EU darstellt. Die Frage, in welcher Art und Weise die Kompetenzordnung rechtlich festgehalten wird, sei es im EGV, in getrennten Verträgen oder in einer neuen Verfassung, muss hier ausgeklammert werden. Auch auf andere Reformansätze, die eng mit der Frage der Kompetenzabgrenzung verbunden sind und auch zu einer erhöhten Klarheit und Transparenz von europäischen Entscheidungen beitragen können, wie z.B. die Reform der Organe und die Schaffung von neuen Kammern, kann hier nicht näher eingegangen werden. Ebenso muss hier die von Außenminister Fischer angestoßene Debatte Staatenverbund versus Föderation der Nationalstaaten vernachlässigt werden. Der hier erarbeitete Reformvorschlag geht vom status quo der Organe aus. Bei einer völligen Neuausrichtung der Organe oder der Europäischen Union könnte sich der Vorschlag relativieren.

I. Erster Teil: Kompetenzen im EG-Vertrag

A. Kompetenzabgrenzung und Kompetenzverteilung in der Europäischen Gemeinschaft

1. Rechtsgrundlagen

Unter dem Begriff Kompetenz wird in einer staatlichen Ordnung "die verfassungsrechtlich legitimiert zugewiesene Handlungsbefugnis eines Organs der öffentlichen Gewalt"[20] verstanden. Bei diesen Handlungsbefugnissen handelt sich entsprechend der Grundeinteilung der Funktionskategorien staatlicher Gewalt um Legislativbefugnisse, Exekutivbefugnisse und Judikativbefugnisse. Die Befugnisse der Organe der Europäischen Union, des Europäischen Parlaments, des Rates, der Kommission und des Gerichtshofs, sind in den drei Verträgen zur Gründung der Europäischen Gemeinschaften (Europäische Gemeinschaft (EG), Europäische Gemeinschaft für Kohle und Stahl (EGKS), Europäische Atomgemeinschaft (EAG)) festgelegt. Die drei Gemeinschaften sind jeweils mit eigener Rechtspersönlichkeit ausgestattet.[21]

Durch den Vertrag von Maastricht (EU-Vertrag / EUV) wurden 1992 die drei Gemeinschaften um zwei weitere "Säulen" und um ein gemeinsames Dach in Form der EU erweitert. Die EU ruht somit auf drei Säulen. Bei der ersten Säule handelt sich um die in den drei Europäischen Gemeinschaften gebündelten und im sogenannten Gemeinschaftsverfahren zu verfolgenden Politikbereiche. Die zweite Säule ist die als intergouvernementale Kooperation ausgestattete Gemeinsame Außen- und Sicherheitspolitik (GASP) und die dritte Säule die Zusammenarbeit der Polizei und Justiz in Strafsachen (PJZS).[22] Die Europäische Union ist "die rechtliche und politische Klammer, um drei komplexe Politikbereiche auf europäischer Ebene unter übergreifenden Zielsetzungen innerhalb eines einheitlichen institutionellen Rahmens zu verfolgen"[23].

Doch durch die Verknüpfung der drei Handlungsfelder wurde der EU keine eigene Rechtspersönlichkeit verliehen.[24] Da es der EU an eigener Rechtsfähigkeit mangelt, stehen ihr selbst auch keine Kompetenzen zu. Es ist "nach den einzelnen Unionssäulen zu unterscheiden und jeweils dort nach den Kompetenzen zu fragen, die innerhalb der Unionskonstruktion wahrgenommen werden"[25].

Da nur die Mitgliedstaaten die Verträge beschließen und ändern können, werden sie als die sog. „Herren der Verträge" bezeichnet. Zur Änderung der Verträge muss gemäß Art. 48 EUV vom Ratspräsidenten eine Regierungskonferenz einberufen werden. Wichtige Änderungen der Verträge fanden durch den Vertrag von Maastricht 1992 und den Vertrag von Amsterdam 1997 statt. Die Vertragsänderungen treten

---

[20] Müller-Graf, P.C. (1999): Die Kompetenzen in der Europäischen Union, in: Weidenfeld, W. (1999): Europa-Handbuch, Bundeszentrale für politische Bildung, Bonn, S. 779

[21] Die Europäische Gemeinschaft für Kohle und Stahl (EGKS / Montanunion) wurde 1952 gegründet. An ihr beteiligten sich Deutschland, Frankreich, Italien und die Beneluxstaaten. Die Europäische Wirtschaftsgemeinschaft (EWG) und die Europäische Atomgemeinschaft (EAG / Euratom) wurden 1957 gegründet.

[22] Im Vertrag von Maastricht wurde die dritte Säule als die Zusammenarbeit in den Bereichen Justiz und Inneres (ZBJI) eingeführt. Im Vertrag von Amsterdam wurde sie in Polizei und Justiz in Strafsachen umbenannt.

[23] Müller-Graf, P.C. (1999), S. 779

[24] Vgl. Streinz, R. (1999): Europarecht, 4. Auflage, Heidelberg: Müller, S. 43ff.

[25] Müller-Graf, P.C. (1999), S. 780

gemäß Art. 48 EUV in Kraft, „nachdem sie von allen Mitgliedstaaten gemäß ihren verfassungsrechtlichen Vorschriften ratifiziert worden sind".[26]

Das Recht der Europäischen Gemeinschaften wird auch als Gemeinschaftsrecht bezeichnet. Das Gemeinschaftsrecht umfasst das Primärrecht und das Sekundärrecht. Zum Primärrecht gehören die Gründungsverträge (EGV, EGKSV und EAGV) einschließlich der Protokolle, Vertragsänderungen nach Art. 48 EUV, Beitritts- und Assoziierungsverträge und Verträge mit Drittstaaten. Zusätzlich werden zum Primärrecht auch als ungeschriebenes Recht das Gewohnheitsrecht sowie die allgemeinen Rechtsgrundsätze gezählt.[27]

Da sich die aktuelle Debatte um die Kompetenzabgrenzung insbesondere auf die erste Säule und dort auf den EGV bezieht, soll eine Analyse des EGV im Vordergrund stehen. Im vertraglichen Primärrecht des EGV lassen sich vor allem Grundsatznormen und sachgebietsbezogene Vertragsvorschriften unterscheiden. Die Grundsätze in Art. 1-16 EGV regeln die allgemeinen Zielsetzungen der Gemeinschaften, die grundsätzlichen Tätigkeiten und Aufgaben und die Aufgaben und Pflichten der Mitgliedstaaten. Die sachgebietsbezogenen Vertragsvorschriften, als „Die Politiken der Gemeinschaft" in Art. 23-181 EGV niedergeschrieben, regeln in erster Linie die Grundsätze der gemeinschaftsrechtlichen Aktion in dem betreffenden Teilbereich.

Diese verschiedenen Vorschriften, bzw. Kompetenzbestimmungen ermächtigen die Gemeinschaft, eigene Rechtsakte zu setzen. Die aus dieser vertraglich begründeten EG-Rechtsetzungsgewalt abgeleiteten Rechtsakte, wie z.B. Verordnungen und Richtlinien, werden als Sekundärrecht bezeichnet. Damit verfügt die Gemeinschaft über die Möglichkeit, unabhängig von den Mitgliedstaaten selbständig Hoheitsgewalt auszuüben.[28]

2. Prinzip der begrenzten Einzelermächtigung

Doch die Gemeinschaft verfügt nicht wie die Mitgliedstaaten über eine umfassende Hoheitsgewalt.[29] Für die Gemeinschaft gilt das in Art. 5 Abs. 1 EGV festgelegte Prinzip der begrenzten Einzelermächtigung. Gemäß dieses Prinzips wird die Gemeinschaft nur „innerhalb der Grenzen der ihr in diesem Vertrag zugewiesenen Befugnisse und gesetzten Ziele tätig". Verleihen die Verträge der Gemeinschaft keine Befugnis zum Tätigwerden, so ist eine Rechtsetzung ausgeschlossen. Die Gemeinschaft besitzt demnach keine „Kompetenz-Kompetenz", d.h. sie darf nicht selbständig über ihre Zuständigkeit entscheiden. Gemäß Stein ist das Prinzip der begrenzten Einzel-

---

[26] Der im Dezember 2000 in Nizza verabschiedete „Vertrag von Nizza" ist noch nicht in Kraft getreten. In Irland z.B. scheiterte bislang die Ratifizierung des Vertrages aufgrund des ablehnenden Referendums der Bevölkerung.

[27] Zu den allgemeinen Rechtsgrundsätzen zählen z.B. Grundrechte, das Rechtsstaats-, Demokratie- und Sozialstaatsprinzip.

[28] In diesem Zusammenhang wird häufig von der „Supranationalität" der EG gesprochen. Darunter versteht man das Recht einer internationalen Organisation, autonom von der Willensbildung in den Mitgliedstaaten in bestimmten Bereichen für diese verbindliche Rechtsakte zu erlassen. Dadurch unterscheidet sich die EG in ihrer Rechtsnatur von anderen internationalen Organisationen, wie z.B. den Vereinten Nationen.

[29] Daraus wird ersichtlich, dass die Gemeinschaft kein Staat, sondern in der Terminologie des Bundesverfassungsgerichts lediglich ein „Staatenverbund" ist. Siehe sog. Maastricht-Urteil, BVerfGE 89,155, näher erläutert z.B. in Streinz, R. (1999), S. 44

ermächtigung damit „zweifellos eine Kompetenzzuweisungs- und daher auch eine Kompetenzbegrenzungsvorschrift (‚Kompetenzausscheidungsprinzip')"[30].

Die Ziele der EG ergeben sich aus der Präambel des EGV und der Aufgabenbeschreibung des Art. 2 EGV. Zu den Aufgaben der Gemeinschaft gehört es u.a., „durch die Errichtung eines Gemeinsamen Marktes und einer Wirtschafts- und Währungsunion [...] eine harmonische, ausgewogene und nachhaltige Entwicklung des Wirtschaftslebens, ein hohes Beschäftigungsniveau und ein hohes Maß an sozialem Schutz, [...] den wirtschaftlichen und sozialen Zusammenhalt und die Solidarität zwischen den Mitgliedern zu fördern."

2.1 Charakteristika der Ermächtigungen

Die Befugnisse der Gemeinschaft, bzw. die Ermächtigungen in den einzelnen sachgebietsbezogenen Vorschriften für gemeinschaftsrechtliches Handeln sind in dreifacher Weise definiert: handlungstypförmig, sachgegenständlich und organspezifisch.

2.1.1 Handlungstypen

Die rechtsförmige Ausübung von Gemeinschaftskompetenzen ist an bestimmte, in den Gründungsverträgen verankerte, Handlungstypen gebunden. Die Legislativbefugnisse sind in Art. 249 EGV näher erläutert:

> Zur Erfüllung ihrer Aufgaben und nach Maßgabe dieses Vertrags erlassen das Europäische Parlament und der Rat gemeinsam, der Rat und die Kommission Verordnungen, Richtlinien und Entscheidungen, sprechen Empfehlungen aus oder geben Stellungnahmen ab. Die Verordnung hat allgemeine Geltung. Sie ist in allen ihren Teilen verbindlich und gilt unmittelbar in jedem Mitgliedstaat. Die Richtlinie ist für jeden Mitgliedstaat, an den sie gerichtet wird, hinsichtlich des zu erreichenden Ziels verbindlich, überläßt jedoch den innerstaatlichen Stellen die Wahl der Form und der Mittel. Die Entscheidung ist in allen ihren Teilen für diejenigen verbindlich, die sie bezeichnet. Die Empfehlungen und Stellungnahmen sind nicht verbindlich.

In den Ermächtigungen ist entweder der dem ermächtigten Organ verfügbare Handlungstyp definiert oder es wird eine Wahl zwischen den Handlungstypen (Maßnahmen) gelassen. Zusätzlich gibt es noch anerkannte sonstige Gemeinschaftsakte, die aber nicht rechtsverbindlich sind. Zu ihnen zählen u.a. Entschließungen, Leitlinien, Erklärungen und Programme. [31]

2.1.2 Sachbereiche

Die einzelnen Sachbereiche ergeben sich aus den in den Verträgen verstreuten einzelnen Ermächtigungsnormen. Ergeben sich in einem Sachbereich legislative Gemeinschaftskompetenzen, bedeutet dies nicht notwendigerweise einen entsprechenden vollständigen Kompetenzverlust der Mitgliedstaaten. Zu unterscheiden ist, ob die Gemeinschaft eine ausschließliche oder eine nicht-ausschließliche Befugnis besitzt. Nur bei den ausschließlichen Zuständigkeiten ist die Gemeinschaft allein handlungsbefugt, die Kompetenz ist vollständig auf die Gemeinschaft übertragen. Die Mitgliedstaaten dürfen auf diesem Gebiet ohne ausdrückliche Ermächtigung nicht mehr rechtsetzend tätig werden.

---

[30] Stein, T. (1993): Subsidiarität als Rechtsprinzip?, in: Merten, D.(Hrsg.)(1993): Die Subsidiarität Europas, Berlin: Duncker und Humblot, S. 29

[31] Auf die Relevanz der Unterscheidung von Verordnungen und Richtlinien für die Frage der Kompetenzabgrenzung wird zu einem späteren Zeitpunkt eingegangen.

Die meisten Befugnisse fallen jedoch in den Bereich der nicht-ausschließlichen Kompetenzen. In diesem Bereich kann die Gemeinschaft unter Beachtung des in Art. 5 Abs. 2 EGV festgelegten Subsidiaritätsprinzips rechtsetzend tätig werden. Nur solange die Gemeinschaft von ihrer Rechtsetzungsbefugnis keinen Gebrauch macht, verbleibt es bei der originären Zuständigkeit der Mitgliedstaaten. Hat die Gemeinschaft aber von ihrem Recht Gebrauch gemacht und einen Bereich abschließend geregelt, so dürfen die Mitgliedstaaten hinsichtlich desselben Regelungsstandes nicht mehr tätig werden.[32]

2.1.3 Organe der Gemeinschaft beim Rechtsetzungsverfahren

Die Einzelermächtigungen nennen neben dem Sachgebiet und dem Handlungstyp auch das Organ der Gemeinschaft, welches befugt ist, eine bestimmte Kompetenz auszuüben. Dabei werden auch Entscheidungsregeln, Entscheidungsverfahren und das Verhältnis zu anderen Gemeinschaftsorganen angeführt.
Ein Beispiel ist Art. 94 EGV:

> Der Rat erlässt einstimmig auf Vorschlag der Kommission und nach Anhörung des Europäischen Parlaments und des Wirtschafts- und Sozialausschusses Richtlinien für die Angleichung derjenigen Rechts- und Verwaltungsvorschriften der Mitgliedstaaten, die sich unmittelbar auf die Errichtung oder das Funktionieren des Gemeinsamen Marktes auswirken.

Während der Kommission das alleinige Initiativrecht, also das Recht Rechtsakte vorzuschlagen, zusteht, können beim eigentlichen Rechtssetzungsverfahren neben dem Rat als Hauptrechtssetzungsorgan das Europäische Parlament (EP), der Wirtschafts- und Sozialausschuss (WSA) und der Ausschuss der Regionen (AdR) beteiligt werden.

Das Zusammenwirken dieser Organe ist im EGV in drei unterschiedliche Verfahren unterteilt: das einfache Verfahren der Anhörung, das Verfahren der Zusammenarbeit (Art. 252 EGV) und das Verfahren der Mitentscheidung (Art. 251 EGV). Diese Verfahren regeln in erster Linie das Mitwirken des Europäischen Parlaments an der Rechtsetzung.

Im Verfahren der Anhörung legt die Kommission dem Europäischen Parlament, dem Wirtschafts- und Sozialausschuss und ggf. dem Ausschuss der Regionen ihren Entwurf vor. Diese Organe können eine Stellungnahme zum Kommissionsvorschlag abgeben. Der Rat ist zwar an diese Stellungnahme nicht gebunden, eine Mißachtung des Verfahrens hat aber eine Nichtigkeit der betroffenen Handlung zur Folge.[33]

Im Verfahren der Zusammenarbeit, das nur noch im Bereich der Wirschafts- und Währungsunion vorgesehen ist, wird das Europäische Parlament obligatorisch gehört, wobei eine ablehnende Stellungnahme seinerseits zu verschärften Anforderungen an die Beschlüsse des Rats führt.

Das Mitentscheidungsverfahren geht in zwei wesentlichen Punkten über das Verfahren der Zusammenarbeit hinaus. Erstens wird bei unterschiedlichen Standpunkten

[32] Auf die Probleme bei der Abgrenzung von ausschließlichen und nicht-ausschließlichen Kompetenzen wird unter Punkt 3.5.1 eingegangen.
[33] Vgl. EuGH (1980): Rechtssache 138/79, Roquette Frères gegen den Rat der Europäischen Union, in: Sammlung der Rechtsprechung 1980, S. 3333

von Rat und EP ein Vermittlungsausschuss eingesetzt, und zweitens kommt es bei ablehnender Haltung des EP zum Scheitern des Rechtsaktes.[34]

2.2 Besonderheiten und Bewertung des Prinzips

Ein Vergleich der Einzelermächtigungen untereinander verdeutlicht die Besonderheiten der Kompetenzordnung des EGV. Zunächst ist festzustellen, dass das Verhältnis der Gemeinschaftskompetenzen zu denen der Mitgliedstaaten nicht einheitlich festgelegt ist, sondern durch unterschiedliche Institutionen, Prozesse und Instrumente bestimmt ist. Desweiteren sind die Einzelermächtigungen einseitig ausgestaltet, so dass explizit nur die Kompetenzen der Gemeinschaft, nicht aber die der Mitgliedstaaten geregelt werden. Zudem sind die Befugnisse nicht in einem Teil des Vertrages gemeinsam festgelegt, sondern lassen sich an unterschiedlichen Stellen finden. Eine weitere Besonderheit ist die zielbezogene Ausgestaltung vieler Kompetenznormen.

Aufgrund dieser Charakteristika wird der Kompetenzordnung häufig Intransparenz vorgeworfen. Es wird bemängelt, dass die Kompetenzen der Gemeinschaft, und somit auch die der Mitgliedstaaten, in den einzelnen Sachbereichen nicht klar erkennbar seien. Aus diesem Mangel wird häufig die Forderung nach einem sachgebietsbezogenen Kompetenzkatalog abgeleitet, der die Kompetenzen der Gemeinschaft, oder teilweise sogar auch die der Mitgliedstaaten, genau auflistet.

Müller-Graf kritisiert z.B., dass die Zuständigkeiten durch Ausdrücke wie „wenn erforderlich" oft sehr vage formuliert sind. Dies führe dazu, „dass die betroffenen Sachgegenstände auf Grund der zielfunktionalen Ausrichtung einer Kompetenz entweder nicht nach herkömmlichen Bereichen vorweg präzisierbar sind, oder einen an sich präzisierten Sachbereich nicht notwendig vollständig umfassen."[35]

Auch Kämmerer ist der Auffassung, dass es der Kompetenzaufteilung zwischen der Gemeinschaft und den Mitgliedstaaten an Eindeutigkeit fehle. Das Zuweisungsprinzip in Art. 5 Abs. 1 EGV kann seiner Meinung nach „nicht die Abgrenzungsfunktion eines echten Kompetenzkataloges beanspruchen"[36].

Gemäß Calliess müssen aber die Kompetenzen der Mitgliedstaaten nicht explizit aufgelistet werden. Für ihn impliziert das Prinzip einen Grundsatz, nach dem nationale Kompetenzen die Regel sind und solche der Gemeinschaft die Ausnahme darstellen. „Insoweit erscheint es von untergeordneter Bedeutung, ob die Kompetenzen der Mitgliedstaaten gegenüber denen der EG ausdrücklich im Vertrag aufgezählt werden oder enumerative Kompetenzkataloge in den Vertrag Eingang finden. Denn im Umkehrschluß aus Abs. 1 ergeben sich in Verbindung mit den jeweiligen Kompetenznormen der EG die Kompetenzen der Mitgliedstaaten."[37]

---

[34] Für eine ausführliche Beschreibung der Rechtsetzungsverfahren siehe Fastenrath, U., Müller-Gerbes, M. (2000): Europarecht, Grundlagen und Schwerpunkte, Baden-Baden: Nomos, S. 169 ff

[35] Müller-Graf, P.C. (1999), S. 786

[36] Kämmerer, J.A. (2000): Föderale Kompetenzkonflikte und Grundrechtsjudikatur in Europa, in: Vitzthum, W. (Hrsg.)(2000): Europäischer Föderalismus: supranationaler, subnationaler und multiethischer Föderalismus in Europa, Berlin: Duncker und Humblot, S. 39

[37] Calliess, C. (1999a): EUV / EGV, Art. 5, in: Calliess, C., Ruffert, M. (Hrsg.)(1999): Kommentar des Vertrages über die Europäische Union und des Vertrages zur Gründung der Europäischen Gemeinschaft: EUV/EGV, Neuwied: Luchterhand, S. 311

3. Verhältnis des Gemeinschaftsrechts zum nationalen Recht

Für das Verhältnis des Gemeinschaftsrechts zum nationalen Recht der Mitgliedstaaten gilt der Vorrang des Gemeinschaftsrechts. Steht nationales Recht dem Gemeinschaftsrecht entgegen, so ist die gemeinschaftswidrige nationale Norm „ohne weiteres unanwendbar". Da sie jedoch nicht nichtig ist, kann sie im unwahrscheinlichen Falle des Außerkrafttretens des Gemeinschaftsrechts wieder „aufleben".

Nach herrschender Meinung muss dieser Vorrang im weitest möglichen Umfang anerkannt werden, so dass das Gemeinschaftsrecht seine praktische Wirksamkeit (effet utile) in vollem Umfang entfalten kann. Dies hat zur Folge, dass das Gemeinschaftsrecht einheitlich, d.h. gemeinschaftsweit uniform gilt. So hat z.B. die Verordnung in allen Mitgliedstaaten gemäß Art. 249 EGV allgemeine Geltung und ist in allen ihren Teilen verbindlich. Die „Gleichheit vor dem Gesetz" ist eine elementare Voraussetzung für die Existenz der Gemeinschaft.[38]

4. Kontrolle der Ausübung der Gemeinschaftskompetenzen

Eine Kontrolle über die Wahrnehmung und Ausübung der Gemeinschaftskompetenzen kann auch durch die Mitgliedstaaten vorgenommen werden. Sie können beim Europäischen Gerichtshof (EuGH) Klage erheben. Der EuGH sichert gemäß Art. 220 EGV „die Wahrung des Rechts bei der Auslegung und Anwendung dieses Vertrages". Er kontrolliert u.a. als unabhängiges Organ innerhalb der ihm zugewiesenen Kompetenzen die Rechtmäßigkeit des Handelns der Gemeinschaftsorgane sowie der Mitgliedstaaten.

Mit einer Nichtigkeitsklage werden gemäß Art. 230 EGV Handlungen der Gemeinschaftsorgane auf ihre Rechtmäßigkeit überprüft. Fühlen sich die Mitgliedstaaten in ihrer Kompetenz durch die Gemeinschaft zu Unrecht beschnitten, können sie z.B. eine Klage wegen „Unzuständigkeit" einreichen. Ist die Klage begründet, so erklärt der Gerichtshof gemäß Art. 231 EGV die angefochtene Handlung für nichtig. Auf der anderen Seite ist gemäß Art. 232 EGV auch eine Untätigkeitsklage möglich. „Unterläßt es das Europäische Parlament, der Rat oder die Kommission unter Verletzung dieses Vertrages, einen Beschluß zu fassen, so können die Mitgliedstaaten und die anderen Organe der Gemeinschaft beim Gerichtshof Klage auf Feststellung dieser Vertragsverletzung erheben."

Eine weitere Möglichkeit Kompetenzüberschreitungen zu überprüfen, besteht durch das Vorabentscheidungsverfahren gemäß Art. 234 EGV. Doch bei diesem Verfahren handelt es sich „nicht um eine Klage, sondern um ein von den nationalen Gerichten einzuleitendes Zwischenverfahren zur Klärung offener Rechtsfragen, die das Gemeinschaftsrecht betreffen"[39]. Der EuGH entscheidet gemäß Art. 234 EGV über die „Gültigkeit und Auslegung der Handlungen der Organe der Gemeinschaft".[40]

5. Verhältnis zu den inneren mitgliedstaatlichen Kompetenzordnungen

Die Verträge der Gemeinschaften berühren nicht die inneren mitgliedstaatlichen Kompetenzordnungen, die Verträge sind nur auf das Verhältnis zwischen Mitglied-

---

[38] Vgl. z.B. Oppermann, T. (1999): Europarecht, 2. Auflage, München: Beck-Verlag, S. 228-236; Gemäß Fastenrath hat der EuGH den Vorrang des Gemeinschaftsrechts in ständiger Rechtsprechung bestätigt, siehe Fastenrath U., Müller-Gerbes, M. (2000), S. 187

[39] Fastenrath, U., Müller-Gerbes, M. (2000), S. 224

[40] Auf die Kompetenzkontrolle durch den EuGH, ausgewählte Urteile, die Kritik am EuGH und aktuellen Vorschlägen z.B. für Kompetenzgerichte wird in Kapitel III ausführlich eingegangen.

staaten und Gemeinschaft zugeschnitten. Die bundesstaatliche Ordnung der Bundesrepublik Deutschland mit ihrer im Grundgesetz (GG) geregelten Kompetenzverteilung zwischen Bund und Ländern spiegelt sich in den Gemeinschaftsverträgen nicht wider.

Gemäß Art. 32 GG ist der Bund für die auswärtigen Beziehungen und in Verbindung mit Art. 59 Abs. 2 GG verfassungsrechtlich für den Abschluß völkerrechtlicher Verträge der Bundesrepublik Deutschland zuständig. Er kann auch über solche Materien Verträge abschließen und an der Begründung von Befugnissen für die EG mitwirken, die innerstaatlich den Zuständigkeitsbereich der Länder berühren. Gegenüber der Gemeinschaft sind auch nur die Mitgliedstaaten, nicht die Länder, verantwortlich.[41]

Exkurs:
In der Bundesrepublik Deutschland sind in Art. 30 und Art. 70 bis 82 GG die Zuständigkeiten in der Gesetzgebung zwischen dem Bund und den Ländern eindeutig geklärt. Durch den Art. 23 GG wird die Beteiligung des Bundestages und des Bundesrates in Angelegenheiten der EU detailliert geregelt. Als Ausgleich für die Kompetenzverluste zugunsten der EU wurden insbesondere die Mitwirkungsrechte der Länder durch den Bundesrat in Angelegenheiten der EU erheblich erweitert und verfassungsrechtlich verankert. Die Bundesregierung ist verpflichtet, den Bundesrat umfassend und zum frühstmöglichen Zeitpunkt über alle europarelevanten Maßnahmen zu unterrichten (Art. 23 II S. 2 GG). In Anlehnung an die innerstaatliche Kompetenzaufteilung und das Gesetzgebungsverfahren ist gemäß Art. 23 IV GG der Bundesrat im Rahmen des Erlasses von Rechtsakten durch den Rat der EU an der Willensbildung der Bundesregierung zu beteiligen, wenn er an einer entsprechenden innerstaatlichen Maßnahme mitzuwirken hätte oder die Länder innerstaatlich zuständig wären. Sind im Schwerpunkt Gesetzgebungsbefugnisse der Länder betroffen, so hat die Bundesregierung gemäß Art. 23 V die Auffassung des Bundesrates maßgeblich zu berücksichtigen.

B. Kompetenzübertragung und Kompetenzausweitung

Hinsichtlich der Kritik eines zunehmenden Kompetenzverlustes der Mitgliedstaaten ist zu unterscheiden, ob die Mitgliedstaaten als „Herren der Verträge" einen „Kompetenzverlust" durch Kompetenzübertragungen auf die Gemeinschaftsebene bzw. durch eine Änderung des Primärrechts selber zu verantworten haben, oder ob aufgrund der Rechtsetzungsmöglichkeiten der Organe eine Kompetenzausweitung der Gemeinschaft im Rahmen einer „schleichenden Zentralisierung" stattgefunden hat.

1. Kompetenzverlust durch Kompetenzübertragung

Ein Vergleich der Entwicklung der Verträge vom EWG-Vertrag bis zum Amsterdamer Vertrag zeigt, dass im Laufe der Zeit immer mehr Kompetenzen unter dem Mitwirken der Mitgliedstaaten auf die Gemeinschaft bzw. die Union übertragen wurden.

Die ursprüngliche Kompetenzverteilung im EWG-Vertrag sah einige Ermächtigungen zur Entwicklung gemeinsamer Politiken wie Agrarpolitik, Verkehrspolitik, Wettbewerbspolitik und Handelspolitik und einige beschränktere Einzelbestimmungen zu Detailfragen vor. Der Kern der Regelungen war funktional ausgerichtet und betraf den Gemeinsamen Markt für Waren, Personen, Dienste und Kapital. Die Einheitliche Europäische Akte von 1987 hat die Zuständigkeiten um einige Bereiche, wie vor al-

[41] Verstößt ein Land z.B. gegen EU-Recht, ist der Bund und nicht das Land zu Schadenersatz gegenüber der EU verpflichtet.

lem Forschungs- und Umweltpolitik erweitert. Die für die Vollendung des Binnenmarktes erforderliche Rechtsangleichung wurde weiter forciert.

Der Maastrichter Vertrag von 1992 hat in weiteren Feldern wie z.B. in der Entwicklungs-, Industrie- und Forschungs- und Technologiepolitik zu einer materiellen Ausweitung zugunsten der Gemeinschaft geführt. Auch in den Bereichen Kultur und Bildung konnte die Gemeinschaft im Rahmen ihrer Kompetenz tätig werden. Durch den Vertrag von Amsterdam von 1997 wurde u.a. ein Beschäftigungskapitel in den EG-Vertrag übernommen und das Gemeinschaftshandeln enger an dem Umweltschutz orientiert. Da die Verträge, das Primärrecht, nur von den Mitgliedstaaten geschaffen werden, resultierte der Kompetenzverlust in den Fällen der materiellen Ausweitung der Gemeinschaftskompetenzen somit auf ausdrücklichen Willen der Mitgliedstaaten.[42]

Obwohl in einigen Sachbereichen Kompetenzübertragungen auf die Gemeinschaft stattfanden, wurde der Handlungsspielraum der Gemeinschaft bzw. die Art und Weise der Ausübung der Kompetenz vertraglich begrenzt. Viele der neuen Regelungen enthalten besondere Klauseln (sog. Negativklauseln), die explizit eine Harmonisierung von nationalen Gesetzen und Vorschriften ausschließen. Immer häufiger soll die Gemeinschaft in Bereichen von gemeinsamem Interesse „unter strikter Beachtung der Verantwortung der Mitgliedstaaten" die Tätigkeiten der Staaten unterstützen und ergänzen oder deren Zusammenarbeit fördern.

Ein Beispiel ist Art. 149 EGV. Im Rahmen der Allgemeinen und beruflichen Bildung trägt die Gemeinschaft „zur Entwicklung einer qualitativ hochwertigen Bildung dadurch bei, dass sie die Zusammenarbeit zwischen den Mitgliedstaaten fördert und die Tätigkeit der Mitgliedstaaten unter strikter Beachtung der Verantwortung der Mitgliedstaaten für die Lehrinhalte und die Gestaltung des Bildungssystems sowie der Vielfalt ihrer Kulturen und Sprachen erforderlichenfalls unterstützt und ergänzt".

Ursachen für Kompetenzübertragungen auf die europäische Ebene sieht Renzsch in der zunehmend internationalisierten Problemstruktur. Er definiert die Europäische Integration als einen „Zentralisierungsprozeß". „Angesichts der weltweiten ökonomischen und politischen Verflechtungen sehen sich die europäischen Nationalstaaten immer weniger in der Lage, ihre klassischen Aufgaben selbständig hinreichend wahrzunehmen. Internationale Kooperation [...] in der Umwelt- und Wirtschaftspolitik ersetzen zunehmend einzelstaatliches Handeln. Zusammenfassung und Zentralisierung staatlicher Steuerungsbefugnisse ist ein notwendiges und beabsichtigtes Merkmal des Gemeinschaftsbildungsprozesses."[43] Zudem hat das Ziel des gemeinsamen Binnenmarktes mit dem Abbau der Binnenmarktgrenzen und der Notwendigkeit, Wettbewerbsverzerrungen im Binnenmarkt zu vermeiden, zu europäischen Regelungszwängen geführt.

Eine weitere Ursache für eine Zentralisierung sieht Weidenfeld in der Durchsetzung unterschiedlicher Gruppen- oder nationaler Interessen. „Da eine Entscheidungsfindung im Rat vielfach nur durch die Verabschiedung umfassender Verhandlungspa-

---

[42] Zwar nicht direkt gemäß des Willens der Bürger der Mitgliedstaaten, aber jedenfalls dem der nationalen Vertreter.

[43] Renzsch, W. (1993): Die Subsidiaritätsklausel des Maastrichter Vertrages: Keine Grundlage für die Kompetenzabgrenzung in einer Europäischen Politischen Union, in: Zeitschrift für Parlamentsfragen (Zparl), Heft 1/93, S. 109

kete möglich ist, kommen meist wesentlich mehr Regelungen zustande als ursprünglich vorgesehen."[44] Auch „das Bestreben der Mitgliedstaaten, so weit wie möglich in den Genuß europäischer Finanzressourcen zu gelangen, stellt oftmals ein starkes Motiv dafür dar, eine entsprechende Gestaltungs- und Verteilungskompetenz auf der europäischen Ebene anzusiedeln."[45] Zudem besteht die Möglichkeit, bei der Bewältigung von drängenden nationalen Problemen, auch aus Bequemlichkeit, europäische Lösungen einzufordern. Außerdem kann die Hoffnung bestehen, im Ministerrat eher Kontrolle über Entscheidungen zu haben als auf nationaler Ebene.[46] Weidenfeld resümiert, dass diese Souveränitätstransfers immer „mit der ausdrücklichen oder unausgesprochenen Zustimmung der Mitgliedstaaten" geschahen, „die sich dann jedoch häufig über die Konsequenzen beklagten"[47].

2. Kompetenzverlust durch institutionelle Änderungen von Entscheidungsverfahren

Neben der Kompetenzübertragung auf die Gemeinschaftsebene identifiziert Dehousse noch zwei weitere Wege, auf denen Einflussmöglichkeiten der Mitgliedstaaten im Rechtsetzungsverfahren dezimiert werden können – durch die Ausweitung der Mehrheitsabstimmungen und durch die Ausweitung der Rechte des Europäischen Parlaments.[48] [49]

Zu den Mehrheitsabstimmungen merkt er an, dass „Member states` prerogatives are also reduced when the Treaty provides for a majority vote, as this makes it possible to bypass the opposition of one or more of them when adopting a given Community provision."[50] Schon durch die Einheitliche Europäische Akte wurde das Verfahren der Mehrheitsabstimmungen auf viele Gebiete übertragen, um die Vollendung des Binnenmarktes zu vereinfachen. Werden die Rechte des Parlaments gestärkt, z.B. durch die Ausweitung der Mitbestimmung, erfolgt in seinen Augen ein weiterer Kompetenzverlust, „since this result is normally achieved at the expense of the Council, which is the main representative of national governments within the Community system."[51]

3. Rechtliche Möglichkeiten für Kompetenzausweitungen durch die Organe

Neben dem Prinzip der begrenzten Einzelermächtigung gibt es weitere Möglichkeiten der Organe zur Ergänzung oder „Abrundung" von Gemeinschaftsaktionen. Von den einen als notwendige Flexibilität begrüßt, „welche die EG vor schädlichen/starren ‚Verkapselungen' bewahrt"[52], werden diese Normen von den Kritikern als „Einfallstor einer schleichenden Zentralisierung" bezeichnet.[53] Zu unterscheiden sind die Abrun-

---

[44] Weidenfeld, W. (Hrsg.)(1995): Reform der Europäischen Union: Materialien zur Revision des Maastrichter Vertrages 1996, Gütersloh: Verlag Bertelsmann, S. 21

[45] Weidenfeld, W. (1995), S. 21

[46] Dieser Meinung ist auch Renzsch, vgl. Renzsch, W. (1993), S. 113

[47] Weidenfeld, W. (1995), S. 21

[48] Vgl. Dehousse, R. (Ed.)(1994): Europe after Maastricht. An ever closer union?, München: Beck-Verlag

[49] Es findet kein Kompetenzverlust im strengen juristischen Sinne statt. Kompetenzverlust bedeutet hier der Verlust der Einflussmöglichkeiten auf die Rechtsetzung durch die Mitgliedstaaten.

[50] Dehousse, R. (1994), S. 103

[51] Dehousse, R. (1994), S. 103

[52] Oppermann, T. (1999), S. 197

[53] Kritisch äußerst sich vor allem Kirchner, siehe Kirchner C. (1997a): Competence Catalogues and the Principle of Subsidiarity in a European Constitution, in: Constitutional Political Economy, Nr. 8, S. 73

dungsklausel nach Art. 308 EGV, die Implied-Powers-Lehre und die Rechtsangleichungsverfahren nach Art. 94-97 EGV. [54]

3.1 Art. 308 EGV - Vertragsabrundungsklausel

Art. 308 EGV ermöglicht eine „vertragsimmanente Fortentwicklung des Gemeinschaftsrechts“[55], unterhalb der förmlichen Vertragsänderungen.[56] Es wird ein Tätigwerden der Gemeinschaft in Feldern ermöglicht, die im Vertrag (noch) nicht vorgesehen sind: „Erscheint ein Tätigwerden der Gemeinschaft erforderlich, um im Rahmen des Gemeinsamen Marktes eines ihrer Ziele zu verwirklichen, und sind in diesem Vertrag die hierfür erforderlichen Befugnisse nicht vorgesehen, so erläßt der Rat einstimmig auf Vorschlag der Kommission und nach Anhörung des Europäischen Parlaments die geeigneten Vorschriften.“

Jedoch ermächtigt Art. 308 EGV nur eine Vertragsergänzung, das bestehende Vertragssystem darf nicht modifiziert oder Art. 48 EUV zur Vertragsänderung unterlaufen werden. Es dürfen keine Vertragsziele hinzugefügt oder bestehende Zuständigkeitsverteilungen grundlegend geändert werden, der Artikel enthält keine „Kompetenz-Kompetenz“. Der Europäische Gerichtshof hat bei einigen Vorhaben die Anwendbarkeit des Art. 308 EGV bereits abgelehnt und auf die Vertragsänderung verwiesen.[57]

Voraussetzungen für die Anwendung des Art. 308 EGV sind die „Erforderlichkeit“ des Tätigwerdens der Gemeinschaft, eine Orientierung an den Zielen der Gemeinschaft und ein Fehlen der erforderlichen Befugnisse. In der Praxis wurde Art. 308 EGV als Grundlage „für Maßnahmen im Rahmen von nur unvollständig im Vertrag geregelten Politiken herangezogen“[58].

Für Oppermann hat sich Art. 308 EGV zu „einem unentbehrlichen Instrument sinnvoll erweiterter Gemeinschaftsaktionen im Sekundärrecht entwickelt.“ Seit der Neuformulierung der Gemeinschaftsbefugnisse durch Maastricht und Amsterdam sei die Inanspruchnahme der Norm aber zurückgegangen.[59] Der Bundesrat dagegen hält Art. 308 EGV für entbehrlich. „Besteht zwingender Handlungsbedarf der EU, der bisher nur auf der Grundlage von Artikel 308 bewältigt werden konnte, so sollten für die Zukunft konkrete und abschließende Ermächtigungen in das Vertragswerk mit aufgenommen werden.“[60]

3.2 „Implied-powers“-Lehre

Eine weitere Möglichkeit der Kompetenzausweitung besteht in der Zuständigkeit kraft Sachzusammenhang, der „Implied-powers“-Lehre. Unter „implied-powers“ versteht man „eine (erweiternde) Vertragsauslegung in der Weise, dass die Gründungsverträge im Zusammenhang mit den ausdrücklich gegebenen Gemeinschaftskompetenzen

---

[54] Müller-Graf spricht bei den Abrundungsklauseln und den Implied-Powers von einer Modifikation des Prinzips der begrenzten Einzelermächtigung, da von seiner sachgegenständlichen Bedeutung Abstand genommen wird, Vgl. Müller-Graf, P.C. (1999), S. 783

[55] Laufer, H., Arens, U. (1995): Die kontinuierliche Ausweitung der EG-Kompetenzen, in: Weidenfeld, W. (Hrsg.)(1995): Reform der Europäischen Union: Materialien zur Revision des Maastrichter Vertrages 1996, Gütersloh: Verlag Bertelsmann, S. 197ff

[56] Art. 308 EGV wird in der Praxis auch als „Vertragslückenschließungsverfahren“ bezeichnet.

[57] So z.B. bei seinem Gutachten 2/94 zu der Europäischen Menschenrechtskonvention (EMRK)

[58] Fastenrath, U., Müller-Gerbes, M. (2000): S. 182 ff

[59] Siehe Oppermann, T. (1999), S. 202

[60] Bundesrat (2001e), S. 7

zugleich diejenigen Vorschriften beinhalten, bei deren Fehlen sie sinnlos wären oder nicht in vernünftiger und zweckmäßiger Weise zur Anwendung gelangen könnten“[61].

Der Unterschied zu Art. 308 EGV liegt darin, dass „die Zusatzkompetenz hier aus dem engen Sachzusammenhang mit einer bereits vorhandenen EG-Zuständigkeit und nicht, wie dort, aus den allgemeinen Vertragszielen abgeleitet wird“[62]. Eine Ausweitung von Kompetenzen ist also möglich, „wenn eine vorhandene ausdrückliche Kompetenz funktionsnotwendig eine weitere Befugnis umschließt“[63].

Ein praktischer Anwendungsfall der „Implied-powers“-Lehre liegt in der Außenkompetenz der Gemeinschaft. Obwohl die Kompetenz zum Abschluß völkerrechtlicher Verträge nur vereinzelt geregelt ist, darf die Gemeinschaft in allen jenen Bereichen völkerrechtliche Verträge abschließen, bei denen sie im Innenverhältnis regelungsbefugt ist (implizite Vertragsschlußkompetenz bzw. Schluss von Innenkompetenz auf Außenkompetenz).[64]

3.3 Rechtsangleichungsverfahren nach Art. 94-97 EGV

Ein weiteres Verfahren ist das Rechtsangleichungsverfahren nach Art. 94-97 EGV. Ein Ziel der Gemeinschaft ist nach Art. 3 h EGV „die Angleichung der innerstaatlichen Rechtsvorschriften, soweit dies für das Funktionieren des Gemeinsamen Marktes erforderlich ist“. Die Rechtsangleichung soll gemäß Oppermann „insbesondere eine verbesserte Ausübung der Grundfreiheiten des Gemeinsamen Marktes ermöglichen, Funktionsstörungen des Marktes ausschalten und Wettbewerbsverzerrungen durch Beseitigung legislativer Disparitäten vermeiden“[65]. Somit spielt die Rechtsangleichung für eine Vielzahl von gemeinsamen Politiken eine Rolle.

Art. 94 EGV ermöglicht es dem Rat, „Richtlinien für die Angleichung derjenigen Rechts- und Verwaltungsvorschriften der Mitgliedstaaten“ zu erlassen, „die sich unmittelbar auf die Errichtung oder das Funktionieren des Gemeinsamen Marktes auswirken“. Durch Art. 95 EGV wird eine erleichterte Binnenmarkt-Rechts-Angleichung ermöglicht.

Zur Beschränkung der Rechtsangleichungen in nicht-ökonomischen Bereichen, wurden einige Artikel um Verbote von „jeglicher Harmonisierung der Rechts- und Verwaltungsvorschriften der Mitgliedstaaten“ ergänzt.[66]

Oppermann weist außerdem darauf hin, dass auch nach Einführung der Binnenmarkt-Rechtsangleichung des Art. 95 EGV das „Prinzip gegenseitiger Anerkennung nationaler Regelungen als ‚zweitbeste Rechtsangleichung‘ gleichrangig neben dem Harmonisierungskonzept des Vertrages“[67] bestehen bleibt.[68] Als Mittel zur Rechtsan-

---

[61] Fastenrath, U., Müller-Gerbes, M. (2000), S. 180 ff
[62] Oppermann, T. (1999), S. 202
[63] Müller-Graf, P.C. (1999), S. 784
[64] Vgl. Fastenrath, U., Müller-Gerbes, M. (2000), S. 181
[65] Oppermann, T. (1999), S. 477
[66] Siehe hier Art. 149 EGV im Bereich der Allgemeinen und beruflichen Bildung. Nach dem alten Art. 128 EWG-Vertrag waren Harmonisierungsmaßnahmen im Bereich der Berufsausbildung durchaus möglich. Siehe auch Lambers, H.J. (1993): Subsidiarität in Europa – Allheilmittel oder juristische Leerformel?, in: EuR, Heft ¾, S. 231
[67] Oppermann, T. (1999), S. 484
[68] Eine ausführliche Beschreibung der Verfahren der Rechtsangleichung würde den Rahmen sprengen und vom Thema abführen. Der geneigte Leser sei an Oppermann, T. (1999), §17 verwiesen.

gleichung dürfen vom Rat nur Richtlinien erlassen werden. Da diese gemäß Art. 249 Abs. 3 EGV zwar in ihrem Ziel verbindlich sind, den Mitgliedstaaten aber die Wahl der Form und Mittel überlassen, wodurch die nationalen Besonderheiten berücksichtigt werden können, wird kein einheitliches Gemeinschaftsrecht geschaffen. „Angestrebt wird kein Unitarismus, sondern eine bloße Rechts'angleichung' im eigentlichen Wortsinne."[69]

Clement ist der Auffassung, dass die Binnenmarktkompetenz (Art. 95 EGV) eine wichtige Rolle im derzeitigen Kompetenzgefüge der EU spielt. „Mittels dieser Generalklausel ist die EU tief in Politikbereiche vorgedrungen, in denen ihr die europäischen Verträge keine ausdrücklichen Zuständigkeiten geben."[70]

3.4 Weitere Möglichkeiten

Neben der Generalklausel des Art. 94 enthält der EG-Vertrag noch zahlreiche andere besondere Rechtsangleichungsvorschriften, z.B. in den Bereichen Landwirtschaft, Herstellung der Freizügigkeit der Arbeitnehmer, Verwirklichung der Niederlassungs- und Dienstleistungsfreiheit.

Früher wurde befürchtet, dass auch die Rechtsprechung des EuGH zu einer Kompetenzausweitung zugunsten der europäischen Ebene bzw. zu einer fallbezogenen Rechtsangleichung führen könnte. Kritisiert wurde u.a. von Laufer und Arens, dass der EuGH seit langem dazu übergegangen sei, „die in den einzelnen Vertragsvorschriften vorhandenen europapolitischen Möglichkeiten voll auszuschöpfen"[71]. Die mehrheitliche Meinung teilt diese Befürchtung heute nicht mehr.

C. Prinzipien zur Kompetenzbegrenzung im Vertrag

1. Prüfungsschema in Art. 5 EGV

Die Kompetenzen der Gemeinschaft können jedoch nicht beliebig ausgeweitet oder individuell interpretiert werden. Bevor die Gemeinschaft handeln kann, muss eine Prüfung in drei Schritten erfolgen.[72] Das Prüfungsschema in Art. 5 EGV (Subsidiaritätsprinzip) enthält Prinzipien, die die Anwendung von Kompetenzen bzw. deren Ausübung begrenzen.

Nach Art. 5 Abs. 1 EGV ist zu fragen, ob die Gemeinschaft überhaupt tätig werden kann (Kann-Frage). Gemäß des Prinzips der begrenzten Einzelermächtigung muss die Gemeinschaft durch eine Kompetenznorm zum Handeln ermächtigt sein. Innerhalb des Prinzips der begrenzten Einzelermächtigung (vorher als Kompetenzbegrenzungsvorschrift definiert) ist das Prinzip der Zielgebundenheit enthalten.

Ist die Gemeinschaft zum Handeln ermächtigt, muss nach Abs. 2 die „Ob-Frage" gestellt werden. Es ist festzustellen, ob ein Bedarf für ein Gemeinschaftshandeln besteht, ob die Gemeinschaft tätig werden soll. Der Abs. 2 enthält das Subsidiaritätsprinzip im engeren Sinne. Es spielt bei der Frage der Kompetenzbegrenzung zwischen den Gemeinschaften und den Mitgliedstaaten die wichtigste Rolle.

---

[69] Oppermann, T. (1999), S. 488
[70] Clement, W. (2001), S. 6
[71] Siehe Laufer, H., Arens, U. (1995), S. 197f
[72] Die Darstellung erfolgt angelehnt an Calliess, C. (1999a), in der Literatur werden die Fragen teilweise unterschiedlich bezeichnet.

Falls eine Kompetenz für ein Gemeinschaftshandeln bejaht werden kann, ist zuletzt nach Abs. 3 die „Wie-Frage“ zu klären. Das „Wie“ eines Gemeinschaftshandelns umfaßt gemäß des Prinzips der Verhältnismäßigkeit, bzw. des Prinzips der Erforderlichkeit, Art, Umfang und Intensität einer Maßnahme. Um die Kriterien für die Anwendung der beiden letzten Fragen zu präzisieren, wurde der Amsterdamer Vertrag durch ein „Protokoll über die Anwendung der Grundsätze der Subsidiarität und der Verhältnismäßigkeit“ ergänzt (siehe Anlage 2).

2. Prinzip der Zielgebundenheit

Das Prinzip der Zielgebundenheit ist in Art. 5 Abs. 1 EGV festgelegt und besagt, dass die Gemeinschaft nur „innerhalb der Grenzen der ihr in diesem Vertrag zugewiesenen Befugnisse und gesetzten Ziele tätig werden darf“. Diese Zielgebundenheit stellt keine Ermächtigungsgrundlage für das Handeln der Gemeinschaft dar, jedoch soll sie „im Einzelfall zur Auslegung einer Kompetenznorm herangezogen werden und diese dadurch konkretisieren“[73]. Dieses Prinzip wirkt insbesondere kompetenzkonkretisierend auf die erwähnten Kompetenzen zur vertragsimmanenten Fortentwicklung des Gemeinschaftsrechts (Art. 308 EGV) und die Kompetenzen zur Rechtsangleichung im Rahmen des Gemeinsamen Marktes (Art. 94-97 EGV).

3. Das Subsidiaritätsprinzip

3.1 Geschichte des Subsidiaritätsprinzips

Das Subsidiaritätsprinzip wurde 1992 in den Vertrag von Maastricht als Art. 3b in den EGV aufgenommen. Das Prinzip der Subsidiarität entstammt der Katholischen Soziallehre. Es wurde in der Auseinandersetzung des Vatikans mit Mussolini im Jahre 1931 definiert und im Päpstlichen Rundschreiben „Quadragesimo anno“ verkündet. Aufgrund des Missmutes über das Ungerechte an damaligen Sozialordnungen heißt es: „Jedwede Gesellschaftstätigkeit ist ihrem Wesen und Begriff nach subsidiär; sie soll die Glieder des Sozialkörpers unterstützen, darf sie aber niemals zerschlagen oder aufsaugen.“[74] Sozialphilosophisch beinhaltet das Prinzip gemäß Weinacht „Schonung und Förderung von Bestand und Wirksamkeit der untergeordneten Gemeinschaften durch die höhere Gemeinschaft oder den Staat“[75]. Die größere Gemeinschaft soll demnach im Zweifel nachrangig jene Aufgaben wahrnehmen, die eine kleinere Einheit zu bewältigen vermag.[76]

Der Gedanke der Subsidiarität findet sich vor allem in föderal organisierten Staaten wieder, in denen z.B. die Regionen oder Länder vor einem zu großen Eingriff der Bundesebene geschützt werden sollen. Daher verwundert es nicht, dass 1992 insbesondere die deutschen Länder auf die Aufnahme des Subsidiaritätsprinzips in den EGV gedrängt haben. Gemäß Lecheler sahen die deutschen Länder im Subsidiaritätsprinzip „ein Mittel zur Wahrung der föderalen Struktur der Bundesrepublik im eu-

---

[73]Müller-Graf, P.C. (1999), S. 782

[74] Acta Apostolicae Sedis, 23 (1931), S. 177ff, auch abgedruckt in: Bundesverband der katholischen Arbeitnehmerbewegung Deutschlands (1989)(Hrsg.): Texte zur katholischen Soziallehre, 7. Auflage

[75] Weinacht, P.L. (1995): Aktive und passive Subsidiarität: Prinzipien europäischer Gemeinschaftsbildung, in: Aus Politik und Zeitgeschichte, B3-4, S. 33

[76] Renzsch merkt an, dass das Subsidiaritätsprinzip des Quadragesimo anno zwar dazu dienen sollte, das Verlangen des Faschismus nach umfassender staatlicher Regulierung zurückzuweisen, die Kirche selbst sich aber nicht veranlaßt sah, ihren Organisationsaufbau diesem Prinzip anzupassen. „Kritiker weisen deshalb darauf hin, dass ‚Subsidiarität‘ in der Praxis der katholischen Kirche in der Regel lediglich den Vorrang kirchlicher Aufgabenwahrnehmung vor der staatlichen meinte.“ Renzsch, W. (1993), S. 107

ropäischen Integrationsprozess"[77]. „Die Verankerung dieses Prinzips in den Verträgen von Maastricht stellte für die deutschen Länder einen wichtigen Schritt auf dem Weg zu einer klaren Kompetenzverteilung zwischen Europäischer Union, Mitgliedstaaten und Regionen dar. Ziel war es, sich vor einer schleichenden Aushöhlung der eigenen Kompetenzen zu schützen und einer unzulässigen Einschränkung des eigenen Handelns durch europäische Regelungen entgegenzuwirken."[78]

3.2 Funktionen des Subsidiaritätsprinzips

Mit Bezug auf die Europäische Union soll das Subsidiaritätsprinzip die Nationalstaaten vor einem zu großen „Interventionismus" der EU-Ebene bewahren bzw. die „Erosion" der Souveränität der Mitgliedstaaten stoppen[79]. In der Literatur werden die Funktionen des Subsidiaritätsprinzips kontrovers diskutiert. Dabei stehen insbesondere drei Funktion im Vordergrund: Kompetenzverteilung, Kompetenzbegrenzung und Kompetenzausübung.[80]

Wird das Subsidiaritätsprinzip eher als politische Leitlinie definiert, dann kann es für eine Verteilung der Kompetenzen auf die verschiedenen Ebenen hilfreich sein. Insbesondere wenn es um die Neuordnung von Kompetenzen geht, steht der Verteilungsaspekt im Vordergrund.

Im Hinblick auf die Verträge und die einzelnen Ermächtigungsnormen sind die Kompetenzen jedoch bereits verteilt und vorgegeben. Ergibt die „Kann-Frage", dass die Gemeinschaft eine Kompetenz zum Handeln besitzt, dann fungiert das Subsidiaritätsprinzip in Art. 5 Abs. 2 EGV als „Kompetenzausübungsregel"[81], indem es überprüft „ob" die Gemeinschaft ihre Kompetenz ausüben soll oder die Kompetenz bei den Mitgliedstaaten verbleibt. Da zur Bejahung der „Ob-Frage" weitere Prüfungen erfolgen müssen, wird das Prinzip mehrheitlich als Mittel zur Begrenzung gemeinschaftlicher Kompetenzen (bzw. als Mittel zur Begrenzung der Ausübung der Kompetenz) angesehen.[82]

Das Subsidiaritätsprinzip in Art. 5 Abs. 2 EGV betrifft somit nicht die Zuteilung oder die Schaffung von Kompetenzen, sondern nur deren Ausübung. Das Prinzip besagt, dass die Zuständigkeit vorrangig bei den Mitgliedstaaten liegen soll, ein Tätigwerden der Gemeinschaft die Ausnahme bildet. Zu untersuchen ist, ob das Subsidiaritätsprinzip seine Funktion als Mittel zur Kompetenzabgrenzung zwischen Gemeinschaft

---

[77] Lecheler, H. (1993): Das Subsidiaritätsprinzip: Strukturprinzip einer Europäischen Union, Berlin: Duncker und Humblot, S. 64

[78] Vetter, E. (1995): Deutschland: Die Sicht der deutschen Länder, in: Hrbek, R. (Hrsg.)(1995): Die Anwendung des Subsidiaritätsprinzips in der Europäischen Union – Erfahrungen und Perspektiven, Baden-Baden: Nomos

[79] Vgl. Kirchner, C. (1997a), S. 75

[80] Will man die Bedeutung und die Wirkung des Subsidiaritätsprinzips zutreffend würdigen, müssen nach Lecheler die folgenden unterschiedlichen Funktionen im Auge behalten werden: Der Schutz der Landeskompetenzen, die Verstärkung von Selbstverwaltungsgarantien, Unterstützungspflicht, Nicht-Eingriffsrecht, die Förderung der Konkurrenz, die Begrenzungsfunktion des Subsidiaritätsprinzips, das Subsidiaritätsprinzip als Kompetenzverteilungsregel und die Integrationsfunktion. Zur besseren Übersichtlichkeit werden die Funktionen hier unter den drei genannten Begriffen zusammengefaßt, bzw. es wird erst zu einem späteren Zeitpunkt auf sie eingegangen. Vgl. Lecheler, H. (1993), S. 64-69

[81] Siehe auch Zuleeg, M. (1997): Justitiabilität des Subsidiaritätsprinzips, in: Nörr, K.W., Oppermann, T. (Hrsg.): Subsidiarität, Idee und Wirklichkeit: Zur Reichweite eines Prinzips in Deutschland und Europa, Tübingen: Mohr Siebeck, S. 190

[82] Vgl. Calliess, C. (1999a), Art. 5

und Mitgliedstaaten hinreichend erfüllen kann, oder nur einen „Formelkompromiß"[83] darstellt.

3.3 Anwendungsbereich des Subsidiaritätsprinzips

Wird die „Kann-Frage" des Abs. 1 bejaht, muss als nächstes die „Ob-Frage" gestellt werden. Innerhalb dieser Frage ist jedoch zuerst die Möglichkeit der Anwendung des Subsidiaritätsprinzips auf den entsprechenden Politikbereich zu überprüfen, da Art. 5 Abs. 2 EGV nur in den Bereichen Anwendung findet, die nicht in die ausschließliche Zuständigkeit der Gemeinschaft fallen. In den Bereichen der ausschließlichen Zuständigkeiten kann das Subsidiaritätsprinzip nicht mehr als „Kompetenzausübungsregel" angewandt werden, da in diesen Bereichen die Staaten keine Rechtsetzungskompetenz mehr besitzen. Die Frage, ob die Gemeinschaft tätig werden soll, erübrigt sich.

Liegt keine ausschließliche Kompetenz vor, so gilt im Umkehrschluss, dass Art. 5 Abs. 2 EGV Anwendung findet. Es liegen somit konkurrierende oder parallele Kompetenzen vor. Gemäß Calliess sind konkurrierende Gemeinschaftskompetenzen dadurch definiert, dass „der EG eine Kompetenz zugewiesen ist, die Mitgliedstaaten zur Rechtsetzung aber weiterhin befugt sind, solange die Gemeinschaft von ihrer Kompetenz keinen oder keinen erschöpfenden Gebrauch macht"[84]. Der Kompetenzverlust tritt für die Mitgliedstaaten nur dann ein, wenn und solange die Gemeinschaft regelnd tätig geworden ist. Im Bereich paralleler Kompetenzen können Gemeinschaftsrecht und nationales Recht nebeneinander bestehen bleiben.[85]

3.4 Anwendungs- bzw. Kompetenzausübungsregeln

Im Bereich der nicht ausschließlichen Zuständigkeiten kann die Gemeinschaft aber gemäß Art. 5 Abs. 2 EGV nur tätig werden, „sofern und soweit die Ziele der in Betracht gezogenen Maßnahme auf Ebene der Mitgliedstaaten nicht ausreichend erreicht werden können und daher wegen ihres Umfangs oder ihrer Wirkungen besser auf Gemeinschaftsebene erreicht werden können".

Für die Kompetenzausübung müssen demnach zwei Kriterien erfüllt werden. Das erste Kriterium ist das Negativkriterium „nicht ausreichend", das zweite das Positivkriterium „besser". Beide Kriterien sind kausal durch „und daher" miteinander verbunden. Das Protokoll über die Anwendung der Grundsätze der Subsidiarität und der Verhältnismäßigkeit (kurz: das Protokoll), sieht explizit in Abs. 5 diese zweistufige Prüfung vor: „Maßnahmen der Gemeinschaft sind nur dann gerechtfertigt, wenn beide Bedingungen des Subsidiaritätsprinzips erfüllt sind".

3.4.1 Das Negativkriterium

Gemäß des Negativkriteriums muss also überprüft werden, ob „die Ziele der in Betracht gezogenen Maßnahme auf Ebene der Mitgliedstaaten nicht ausreichend erreicht werden können". Fraglich und umstritten ist, anhand welcher Kriterien und wie das „nicht ausreichend" ausgelegt oder überprüft werden soll. Für die Prüfung der Voraussetzungen sieht das Protokoll in Abs. 5 drei Leitlinien vor, von denen die ersten beiden hier Anwendung finden:

---

[83] Vgl. Grimm, D. (1992): Subsidiarität ist nur ein Wort, Artikel in der FAZ vom 17.09.1992, S. 38

[84] Calliess, C. (1999a), S. 320

[85] Auf die Abgrenzungsschwierigkeiten zwischen ausschließlichen und nicht-ausschließlichen Kompetenzen wird unter Punkt 3.5.1 eingegangen.

- Der betreffende Bereich weist transnationale Aspekte auf, die durch Maßnahmen der Mitgliedstaaten nicht ausreichend geregelt werden können,
- alleinige Maßnahmen der Mitgliedstaaten oder das Fehlen von Gemeinschaftsmaßnahmen würde gegen die Anforderungen des Vertrages (beispielsweise Erfordernis der Korrektur von Wettbewerbsverzerrungen, der Vermeidung verschleierter Handelsbeschränkungen oder der Stärkung des wirtschaftlichen und sozialen Zusammenhalts) verstoßen oder auf sonstige Weise die Interessen der Mitgliedstaaten erheblich beeinträchtigen.

Um diese Voraussetzungen zu überprüfen, soll nach Ansicht der Kommission ein Test der vergleichenden Effizienz vorgenommen werden. Dieser Effizienztest soll untersuchen, ob Mitgliedstaaten die tatsächlichen und finanziellen Mittel zur Erreichung des Ziels zu ihrer Verfügung haben.[86]

3.4.2 Das Positivkriterium

Ist das Negativkriterium erfüllt, kann die Gemeinschaft aber nur dann tätig werden, wenn die Maßnahmen „wegen ihres Umfangs oder ihrer Wirkungen besser auf Gemeinschaftsebene erreicht werden können". Im Protokoll wird in Abs. 4 erwähnt, dass die Feststellung, ob ein Gemeinschaftsziel besser auf Gemeinschaftsebene erreicht werden kann, auf qualitativen oder - soweit möglich – auf quantitativen Kriterien beruhen muss. Welche diese Kriterien sein sollen, ist nicht näher definiert. Die dritte Leitlinie des Abs. 5 des Protokolls nennt als Voraussetzung für Maßnahmen auf Gemeinschaftsebene, dass sie „wegen ihres Umfangs oder ihrer Wirkungen im Vergleich zu Maßnahmen auf der Ebene der Mitgliedstaaten deutliche Vorteile mit sich bringen" würden. Gemäß der Kommission muss das Handeln der Gemeinschaft gegenüber einem Handeln der Mitgliedstaaten einen deutlichen „Mehrwert" mit sich bringen.[87] Mit Blick auf Umfang und Größenordnung müßte das Ziel durch die Maßnahme der Gemeinschaft „effektiver" als durch das Handeln der Mitgliedstaaten erreicht werden.

3.5 Juristische Kritik am Subsidiaritätsprinzip

Aufgrund der Kritik an dem Subsidiaritätsprinzip wird dessen sinnvolle und wirksame Funktion und Anwendung als Kompetenzausübungsregel bzw. als Instrument zur Kompetenzbegrenzung erheblich bezweifelt.[88] Aufgrund der Anwendungsprobleme wird vor allem die „Justitiabilität" des Subsidiaritätsprinzips in Frage gestellt. Die Kritik bezieht sich insbesondere auf sechs Bereiche, die im folgenden vorgestellt werden.[89]

3.5.1 Abgrenzung ausschließlicher und konkurrierender Kompetenzen

Maßgebliche Kritik bezieht sich auf die Abgrenzung der ausschließlichen von den nicht-ausschließlichen bzw. den konkurrierenden Kompetenzen. Die Kritik bezieht sich erstens darauf, dass das Subsidiaritätsprinzip in Art. 5 Abs. 2 EGV nur auf die nicht-ausschließlichen Kompetenzen angewandt werden kann. Zweitens wird kritisiert, dass weder die ausschließlichen, noch die nicht-ausschließlichen Kompetenzen

[86] Vgl. Kommission der Europäischen Gemeinschaften (1992): Mitteilung der Kommission an den Rat und an das Europäische Parlament betreffend das Subsidiaritätsprinzip, SEC(92) vom 27.10.1992, abgedruckt in: Merten, D. (1993): Die Subsidiarität Europas, Berlin: Duncker und Humblot, S. 112-129
[87] Vgl. Kommission der Europäischen Gemeinschaften (1992)
[88] Hier steht insbesondere die juristische Kritik im Vordergrund. In Kapitel II C wird die ökonomische Leistungsfähigkeit des Subsidiaritätsprinzips überprüft und die juristische Kritik der ökonomischen gegenüber gestellt.
[89] Die Kritik bezieht sich im folgenden insbesondere auf das eigentliche Subsidiaritätsprinzip in Abs. 2, Überschneidungen mit anderen Rechtsbereichen sind aber nicht auszuschließen.

im Vertrag definiert sind.[90] Sind aber die ausschließlichen Kompetenzen nicht klar beschrieben oder im Vertrag aufgelistet, dann bestünde Unklarheit darüber, wann das Subsidiaritätsprinzip anwendbar sei.

Eine Beschränkung des Subsidiaritätsprinzips nur auf nicht-ausschließlichen Kompetenzen erweist sich z.B. gemäß Everling als bedenklich, „weil der Begriff der ‚nicht ausschließlichen Zuständigkeit' im Gemeinschaftsrecht nicht eindeutig ist und deshalb zu Kontroversen führen muss"[91].

Umstritten ist, wie die ausschließlichen Kompetenzen definiert werden und welche Kompetenzen zu ihnen gehören sollten. Stein ist z.B. der Auffassung, dass es sinnvoll ist, diejenigen Gemeinschaftskompetenzen als ausschließliche zu definieren, „die auf einheitliches Auftreten nach außen, d.h. gegenüber Drittstaaten gerichtet sind. Das betrifft z.B. die gemeinsame Handelspolitik und die Fischereiabkommen; hier wären nationale Maßnahmen schädlich." Stein sieht aber nicht ein, „warum sich nicht alle nach innen gerichteten Gemeinschaftszuständigkeiten in vollem Umfang am Subsidiaritätsprinzip messen lassen und damit auch dem Notwendigkeitstest stellen sollten"[92].

Gemäß Müller-Graf ist das Abgrenzungskriterium zwischen beiden Zuständigkeitskategorien der Maßstab, „ob die Gemeinschaft nach der jeweiligen Ermächtigungsnorm allein handlungsbefugt ist oder nicht, und zwar unabhängig davon, ob die Gemeinschaft bereits tätig geworden ist"[93]. Deshalb müsse „für jede einzelne Kompetenz anhand von Wortlaut, Zweck und Zusammenhang der konkreten Ermächtigungsnorm festgestellt werden, zu welcher Kategorie sie gehört"[94].

Nach herrschender Meinung gehören zu den ausschließlichen Kompetenzen z.B. die Festlegung der Zolltarife (Art. 26 EGV), die Handelspolitik mit Drittstaaten (Art. 133 EGV) und die gemeinsame Währungspolitik (Art. 105 ff. EGV). Zu den nicht-ausschließlichen Kompetenzen der EG gehören z.B. die Agrarpolitik (Art. 33 ff. EGV), die staatlichen Beihilfen (Art. 87 ff), die Rechtsangleichung (Art. 94 und 95 EGV) und die Wirtschaftspolitik (Art. 99).[95]

3.5.2 Zielbezogenheit

Ein weiterer Grund für die Abgrenzungsschwierigkeiten zwischen ausschließlichen und konkurrierenden Kompetenzen wird auch darin gesehen, dass die Handlungsbefugnisse der Gemeinschaft im Kern funktional, d.h. zielbezogen und nicht auf Aufgabengebiete ausgerichtet sind. Der Ursprung des Subsidiaritätsprinzips, die Katholische Soziallehre, war im Unterschied zum Subsidiaritätsgrundsatz in Art. 5 EGV, nicht auf die Ziele bezogen, sondern hat die Tätigkeitsbereiche eines Hoheitsträgers im Auge gehabt.

---

[90] Gemäß Blanke enthält der „Vertrag im Gegensatz zu den Listen, wie sie in föderalen Verfassungen hinsichtlich der Verteilung der Verbandskompetenz existieren, keine enumerative Aufzählung der ausschließlichen und konkurrierenden Zuständigkeiten der Gemeinschaft", siehe Blanke, H.J. (1995), S.97; Im Deutschen Grundgesetz sind dagegen in Art. 70 ff. die Bereiche der ausschließlichen und der konkurrierenden Gesetzgebung des Bundes definiert und aufgelistet.

[91] Everling, U. (1995): Kompetenzordnung und Subsidiarität, in: Weidenfeld, W. (1995): Reform der Europäischen Union, Verlag Bertelsmann Stiftung, Gütersloh, S. 174

[92] Stein, T. (1993), S. 34

[93] Müller-Graf, P.C. (1999), S. 784; vgl. auch EuGH, Gutachten 2/91, in: Abl. der EG, C109 von 1993

[94] Müller-Graf, P.C. (1999), S. 784

[95] Vgl. u.a. Fastenrath, U., Müller-Gerbes, M. (2000), S. 184-185

Um die aufgrund der Zielorientierung resultierenden Abgrenzungsschwierigkeiten zu verdeutlichen, verweist Döring auf das Ziel der Realisierung des Binnenmarktes. „Um dieses Ziel zu erreichen, hat die EU in der Vergangenheit neben der Beseitigung von Handelsbeschränkungen beispielsweise auch umweltpolitische und regionalpolitische Maßnahmen der Mitgliedstaaten harmonisiert oder durch gemeinschaftseigene Maßnahmen ersetzt."[96] Aus dieser Zielorientierung könne seiner Meinung nach schnell ein „Kompetenzsog" entstehen.

Für Lecheler hat das Subsidiaritätsprinzip dagegen eine integrative Funktion, „indem es die Kräfte auf das gemeinsame Ziel hin stärkt". Das Problem ist nicht die Zielorientierung, sondern die „Unbestimmtheit der europäischen Zielsetzung". Hier „liegt das Haupthindernis für die konkrete Wirksamkeit des Subsidiaritätsprinzips, nicht in der angeblichen Inhaltsarmut dieses Prinzips selbst"[97].

3.5.3 Subsidiarität als Effizienzprinzip

In der juristischen Literatur ist außerdem umstritten, ob es sich bei dem Subsidiaritätsprinzip lediglich um ein spezifisches Effizienzprinzip handelt.

Wäre es nur ein Effizienzprinzip, dann würde es eher eine Handlungsermächtigung als eine Handlungsbegrenzung für die EU-Ebene darstellen. „Als Begründung für eine Aufgabenwahrnehmung würde bereits ausreichen, dass die Gemeinschaft zu einer effektiveren Problemlösung als die grundsätzlich ebenfalls handlungsfähigen Mitgliedstaaten imstande wäre."[98] Die Beurteilungsmaßstäbe der Kommission im Sinne der „komparativen Effizienz" und des „Mehrwerts" von Gemeinschaftsmaßnahmen weisen in diese Richtung.

Unklar bleibt aber nach Döring, „ob gemäß des komparativen Effizienztests die angestrebte Zielverwirklichung an den Mitteln der Mitgliedstaaten gemessen werden soll oder ob die Zielverwirklichung auf mitgliedstaatlicher Ebene mit der auf Gemeinschaftsebene verglichen werden soll"[99]. Wird das Subsidiaritätsprinzip hingegen eher im Sinne des Erforderlichkeitsprinzips interpretiert, behält es seine kompetenzbeschränkende Funktion, da Maßnahmen von der Gemeinschaftsebene nur ergriffen werden dürfen, wenn sie wirklich erforderlich sind.

Für Calliess bedeutet der Effizienztest, der das „besser" beurteilen soll, dass ein „wertender Vergleich zwischen zusätzlichem Integrationsgewinn und mitgliedstaatlichem Kompetenzverlust" vorzunehmen ist.[100] Für Zuleeg ist es aber mit einem bloßen Effizienzvergleich nicht getan. Seiner Meinung nach hängt es nicht nur von der Effizienz der Anstrengungen der Mitgliedstaaten ab, ob diese Bedingung erfüllt ist. „Die Fähigkeit und die Bereitschaft der Mitgliedstaaten, sich für die gesetzten Ziele einzusetzen", seien maßgeblich.[101]

3.5.4 Unbestimmte Rechtsbegriffe

Besondere Interpretationsschwierigkeiten, insbesondere in Bezug auf die Frage der richterlichen Überprüfbarkeit, bieten die vielen unbestimmten Rechtsbegriffe. Dabei

---

[96] Döring, T. (1996): Das Subsidiaritätsprinzip in der Europäischen Union, in: ORDO, Bd. 47, S. 307
[97] Lecheler, H. (1993), S. 69
[98] Döring, T. (1996), S. 309
[99] Döring, T. (1996), S. 309
[100] Calliess, C. (1999a), S. 325
[101] Zuleeg, M. (1997), S. 192-193

stehen vor allem die Begriffe „nicht ausreichend“ und „besser“ im Zentrum der Kritik. Auch das Protokoll sei bei der Auslegung dieser Begriffe keine größere Hilfe, da z.B. der Maßstab für „deutliche Vorteile“ nicht näher spezifiziert ist.

„Da die Auslegung des Subsidiaritätsprinzips dem politischen Willenbildungsprozeß auf der Ebene des Ministerrats überlassen bleibt“, sieht Döring die Gefahr, „dass die Konkretisierung des Prinzips zum potentiellen Gegenstand von Maßnahmen des Interessenausgleichs und des politischen ‚Bargaining‘ zwischen den Mitgliedstaaten gemacht wird“[102]. Auch für Weidenfeld gibt das Prinzip keine klaren Kriterien an die Hand, „mit denen eine sachgerechte Kompetenzausübung oder eine wirksame Abwehr gemeinschaftrechtlicher Regelungsansprüche möglich wäre“[103].

Vor dem Hintergrund, dass Kommission und Parlament ihre Handlungsmöglichkeiten nicht selber beschneiden, scheint es für Döring unerläßlich, „die Anwendungskriterien des Prinzips so weit wie möglich zu konkretisieren, um damit die Auslegungsspielräume innerhalb der politischen Willensbildungsprozesse zu minimieren“[104].

3.5.5 Konkurrierende Rechtsnormen

Dadurch, dass das Subsidiaritätsprinzip mit gegenläufigen Rechtsnormen, wie z.B. dem Solidaritätsprinzip konkurriert, relativiert sich der rechtliche Wirkungskreis aus juristischer Sicht. Da dem Prinzip der Solidarität, das das Gemeinwohl fördern soll, eine „bestandssichernde Funktion des bisherigen Integrationsprozesses“ zugesprochen wird, wird gemäß Döring eine Dezentralisierung bisheriger Gemeinschaftskompetenzen eher ausgeschlossen. „Aus diesem Konflikt zwischen mehr Subsidiarität und mehr Solidarität allerdings ein ‚Gleichgewicht‘ in der Zuständigkeitsverteilung zwischen Gemeinschaft und Mitgliedstaaten ableiten zu wollen, scheint verfehlt.“[105]

Calliess unterscheidet von der konservativen Sicht der Subsidiarität eine progressive Rolle. Demnach muss die konkurrierende Kompetenz nicht abschließend einer Ebene zugeordnet werden. Im Hinblick auf das Vertragsziel kooperieren alle Ebenen und ergänzen sich in ihren Maßnahmen, die effiziente Zielverwirklichung steht im Vordergrund. „Das gemeinwohlorientierte Solidaritätsprinzip wiegt in dem beschriebenen Spannungsverhältnis so schwer, dass das Subsidiaritätsprinzip zunächst zurücktritt, um dann aber auf kompensatorischem Wege seine Wirksamkeit zu entfalten.“[106]

3.5.6 Justitiabilität / gerichtliche Kontrolle

Die wichtigste Garantie für eine effektive Berücksichtigung des Subsidiaritätsprinzips ist aus juristischer Sicht erst dann gegeben, wenn die Umsetzung der Vorgaben auch durch den Europäischen Gerichtshof kontrolliert werden kann. „Gerade diese Gegenkontrolle vermag ein Ansporn für die anderen Gemeinschaftsorgane zu sein, die Vorgaben des Art. 5 jeweils gründlich zu prüfen.“[107]

Doch die Frage der Justitiabilität ist heftig umstritten. Für die einen ist das Subsidiaritätsprinzip eher eine „abstrakte politische Leitlinie“, die nur als Orientierungsmaß-

[102] Döring, T. (1996), S. 312
[103] Weidenfeld, W. (1994), S. 23
[104] Döring, T. (1996), S. 312
[105] Döring, T. (1996), S. 312
[106] Calliess, C. (1999), S. 330
[107] Calliess, C. (1999), S. 323

stab dienen könne. Als „allgemeine Verfahrensregel“ könne man kaum juristisch definierbare Konsequenzen ableiten.[108]

Weidenfeld sieht die Bedeutung des Prinzips darin, dass es als „Maßstab und Richtschnur der vertraglichen Kompetenzverteilung“ zugrundeliegt und auf die „Art und Weise der Kompetenzausübung Einfluß nehmen“ kann.[109] Dem Prinzip kommt eher eine „appellative Funktion“ zu, indem es als „Handlungsmaxime“ die Gemeinschaftsorgane unter Rechtfertigungszwang stellt, „ob und in welcher Regelungsintensität angestrebte Maßnahmen erforderlich sind“[110].

Andere sehen es als äußerst zweifelhaft an, „ob ein Gericht einen Abwägungsprozess darüber anstrengen kann, inwieweit gesetzte Ziele mitgliedstaatlich nicht ausreichend und daher besser gemeinschaftlich zu erreichen sind“[111]. Grimm ist sogar der Auffassung, dass das Subsidiaritätsprinzip aufgrund seiner mangelnden Justitiabilität seinen Sinn verfehle.[112]

Die Mehrheit hält das Subsidiaritätsprinzip aber zumindest begrenzt für justitiabel und durch den EuGH überprüfbar.[113] Der EuGH kann überprüfen, ob die Vorgaben des Art. 5 Abs. 1 EGV eingehalten wurden und ob die Gemeinschaftsmaßnahme formell rechtmäßig ist. Erst dann muss er die materielle Rechtmäßigkeit überprüfen und beurteilen, ob der Ermessensrahmen überschritten wurde.

Den Mitgliedstaaten kommt dabei aber der Vorteil der „Umkehr der Beweislast“ zu gute. Nicht die Mitgliedstaaten sind verpflichtet, eine Kompetenzüberschreitung zu beweisen, sondern die Gemeinschaft muss die Einhaltung der Anforderungen nachweisen. Der Gerichtshof habe zu überprüfen, ob „ein krasses Mißverhältnis zwischen zusätzlichem Integrationsgewinn und mitgliedstaatlichem Kompetenzverlust bestehe“[114]. Der Gerichtshof solle nach Stein auch „nicht in eine Situation manövriert werden, in der es angesichts eines Kompetenzkonfliktes zwischen der Gemeinschaft und einem Mitgliedstaat den Anschein haben könnte, als entscheide er als Partei in eigener Sache“[115].

3.5.7 Landes-Blindheit

Insbesondere aus deutscher Sicht wird das Subsidiaritätsprinzip wegen seiner „Landes-Blindheit“ kritisiert, da es nur die Kompetenzverteilung und –ausübung zwischen der Gemeinschaft und den Mitgliedstaaten regelt. Die deutschen Länder forderten daher zur Regierungskonferenz 1996 u.a. eine stärker regional orientierte Formulierung des Subsidiaritätsprinzips.[116] Das Subsidiaritätsprinzip sollte gemäß ihrer Entschließung wie folgt lauten: „Die Gemeinschaft wird nach dem Subsidiaritätsprinzip nur tätig, sofern und soweit die Ziele der in Betracht gezogenen Maßnahmen auf der Ebene der Mitgliedstaaten oder der regionalen und lokalen Gebietskörperschaften,

---

[108] Vgl. Calliess, C. (1999), S. 333
[109] Vgl. Weidenfeld, W. (1994), S. 23
[110] Weidenfeld, W. (1994), S. 24
[111] Döring, T. (1996), S. 313
[112] Grimm, D. (1992), S. 38
[113] So auch Zuleeg, Vgl. Zuleeg, M. (1997), S. 194
[114] Calliess, C. (1999), S. 335
[115] Stein, T. (1993), S. 40
[116] Siehe Bundesrat (1995b): Entschließung des Bundesrates „Forderung der Länder zur Regierungskonferenz 1996“, Beschluss des Bundesrates, BR-Drucksache 667/95 (Beschluss) vom 15.12.1995

die nach dem internen Recht der Mitgliedstaaten über eine Zuständigkeit verfügen, nicht ausreichend erreicht werden können."[117]

Die herrschende Meinung ist aber der Auffassung, dass die „Landes-Blindheit" mit dem Rechtscharakter des Vertrages in Einklang steht, da es sich bei ihm um eine völkerrechtliche Vereinbarung handelt, die die innerstaatlichen Strukturen der Mitgliedstaaten nicht berücksichtigen muss.

4. Prinzip der Verhältnismäßigkeit

Art. 5 Abs. 3 EGV enthält das Verhältnismäßigkeitsprinzip. Das Prinzip der Erforderlichkeit wird mehrheitlich dem Prinzip der Verhältnismäßigkeit untergeordnet.[118] Liegt eine Kompetenz für ein Gemeinschaftshandeln vor und besteht ein Bedarf zum gemeinschaftlichen Handeln, ist gemäß des Prüfungsschemas als dritte Frage die „Wie-Frage" zu klären.[119] Wird dem Organ ein Ermessen hinsichtlich des Handlungstyps gelassen (Maßnahme), so gehen die Maßnahmen gemäß Art. 5 Abs. 3 EGV „nicht über das für die Erreichung der Ziele dieses Vertrages erforderliche Maß hinaus". Ist das Handeln der Gemeinschaft zur Zielerreichung erforderlich, so „muss die gewählte Maßnahme die für die Mitgliedstaaten am wenigsten einschneidende sein (Gebot des schonendsten Mittels), damit der Rechtsakt so weit wie möglich auf die nationalen Rechtsordnungen der Mitgliedstaaten Rücksicht nimmt"[120].

Das Protokoll besagt in Abs. 6, dass das Organ keine Verordnung erlassen darf, wenn das gleiche Ziel genauso wirksam mit einer Richtlinie erreicht werden kann: „Dementsprechend wäre unter sonst gleichen Gegebenheiten eine Richtlinie einer Verordnung und eine Rahmenrichtlinie einer detaillierten Maßnahme vorzuziehen." Durch die Wahl der Mittel zur Umsetzung der Richtlinie steht den Mitgliedstaaten ein größerer Handlungsspielraum zur Verfügung. Kritisiert wird jedoch vielfach, dass die Unterscheidung zwischen Verordnung und Richtlinie verschwommen ist, da Richtlinien immer häufiger auch detaillierte Durchführungsbestimmungen besitzen.[121]

„Eine enge Auslegung und strikte Beachtung des Grundsatzes der Verhältnismäßigkeit ist vor allem deshalb wichtig, weil die expansive Eigendynamik der Europäischen Gemeinschaft nicht nur aus Verschiebungen der Kompetenzverteilung, sondern auch aus einer expansiven Nutzung von Kompetenzen resultieren kann."[122]

5. Grundsatz der Gemeinschaftstreue

Ein weiterer Grundsatz, der zur Kompetenzbegrenzung herangezogen werden kann und nicht in Art. 5 EGV enthalten ist, ist der Grundsatz der Gemeinschaftstreue. Art. 10 EGV bestimmt, dass die „Mitgliedstaaten einer grundlegenden Loyalitätspflicht gegenüber der Gemeinschaft unterliegen". Sie erleichtern den Organen der Gemeinschaft die Erfüllung ihrer Aufgaben und „unterlassen alle Maßnahmen, welche die Verwirklichung der Ziele dieses Vertrages gefährden können".

---

[117] Bundesrat (1995b), S. 3

[118] Das Prinzip der Erforderlichkeit umfaßt gemäß Zuleeg auch die Geeignetheit einer Maßnahme, vgl. Zuleeg, M. (1997), S. 195

[119] Stein weist darauf hin, dass es sich bei dem Verhältnismäßigkeitsprinzip um einen Grundsatz für die Kompetenzausübung handelt. Es erfolgt keine Kompetenzzuweisung, da diese als gegeben vorausgesetzt wird, vgl. Stein, T. (1993), S. 29

[120] Müller-Graf, P.C. (1999), S. 785

[121] Vgl. Weidenfeld, W. (1995), S. 37

[122] Weidenfeld, W. (1995), S. 37

Da diese Regel gemäß der Rechtsprechung des EuGH eine wechselseitige Verpflichtung darstellt, sind auch die „Gemeinschaftsorgane ihrerseits den Mitgliedstaaten zu Loyalität verpflichtet“[123]. Dies besagt insbesondere, dass den Gemeinschaftsorganen eine „illoyale Ausweitung der Gemeinschaftskompetenzen zu Lasten von Rechtssetzungs- und Handlungskompetenzen der Mitgliedstaaten untersagt“ ist. Sie müssen auf die Interessen und die Identität der Mitgliedstaaten Rücksicht nehmen.

D. Schlussfolgerungen

Die Darstellung der Kompetenznormen im EGV hat gezeigt, dass die EU-Organe über Zuständigkeiten verfügen, die vor der Kompetenzübertragung den Mitgliedstaaten vorbehalten waren. Die EU-Organe wurden durch die Mitgliedstaaten, den „Herren der Verträge“ dazu ermächtigt, in bestimmten Politikbereichen entweder unabhängig von ihnen selber (ausschließliche Kompetenzen) oder in Konkurrenz zu ihnen (konkurrierende Kompetenzen) rechtsetzend tätig zu werden.

Die besonderen Charakteristika der Kompetenznormen im EGV wurden in Kapitel A dargestellt. Die in der aktuellen Kompetenzdebatte hervorgebrachte Kritik der Intransparenz und Unklarheit dieser Normen kann hier nicht geteilt werden. Anhand jeder Ermächtigungsnorm sind eindeutig die Regelungsbereiche, die beteiligten Organe und die Handlungstypen abzulesen. Aufgrund von Negativbestimmungen werden in vielen Normen auch die Grenzen der Gemeinschaftskompetenzen festgelegt. Eine Kompetenzordnung kann nicht nur deshalb als negativ bewertet werden, weil sie nicht der eigenen entspricht. Aus diesem Grund ist keine Notwendigkeit für wesentliche Änderungen in der Struktur der Normen erkennbar.

In Kapitel B wurden die möglichen Ursachen für einen „Kompetenzverlust“ der Mitgliedstaaten hinterfragt. Es wurde festgestellt, dass die Kompetenzübertragungen im Rahmen von Vertragsrevisionen unter Zustimmung der Mitgliedstaaten stattgefunden haben. Auch die Mitgliedstaaten waren somit an der Definition der Ermächtigungsnormen beteiligt.

Deshalb könnte, wenn überhaupt, nur im Bereich der Kompetenzausweitung von einer „schleichenden Zentralisierung“ von Kompetenzen durch die Organe gesprochen werden. Jedoch dürfen z.B. durch Art. 308 EGV keine Vertragsziele hinzugefügt oder bestehende Zuständigkeitsverteilungen grundlegend geändert werden. Dadurch, dass er eine Fortentwicklung des Gemeinschaftsrechts unterhalb der förmlichen Vertragänderungen ermöglicht, stellt er auch eine gewisse Flexibilität für den Integrationsprozess dar. Eine besondere Gefahr für einen übermäßigen Kompetenzverlust wird in diesen Normen nicht gesehen.

Fraglich ist vielmehr, anhand welcher Kriterien die Mitgliedstaaten Kompetenzen auf die Gemeinschaftsebene übertragen haben. Falls es in Zukunft zu weiteren Kompetenzübertragungen auf die Gemeinschaft oder sogar zu Rückübertragungen von Kompetenzen kommen sollte, dann sollten diese anhand einer für alle nachvollziehbaren Systematik erfolgen. Auf diesem Wege könnte u.U. mehr Klarheit in die Kompetenzverteilung gebracht werden.

Mängel in der bestehenden Kompetenzordnung, die zu Konflikten zwischen der Gemeinschaft und den Mitgliedstaaten führen können, werden hier eher in der Anwendung des Subsidiaritätsprinzips als Kompetenzausübungsregel vermutet. Ursache für

[123] Siehe Fastenrath, U., Müller-Gerbes, M. (2000), S. 32

diese Konflikte werden in den Anwendungs- und Auslegungsproblemen gesehen, die insbesondere auf die unbestimmten Rechtsbegriffe zurückzuführen sind. Aufgrund der Auslegungsoffenheit vieler Rechtsbegriffe muss nicht immer ersichtlich sein, warum die Gemeinschaft die Kompetenzausübung für sich beansprucht. Es scheint, dass gerade die Befürworter von sachgegenständlichen Kompetenzkatalogen diese Konflikte mit einer grundlegenden Neuordnung des Vertragswerks beheben wollen.

Den Anlass zu Kompetenzkonflikten bietet somit in erster Linie das Nebeneinander von konkurrierenden Kompetenzen, die nur durch ein auslegungsbedürftiges Subsidiaritätsprinzip des Art. 5 EGV voneinander abgegrenzt werden. Kirchner ist ähnlicher Meinung: „Thus the real problem is not the decision for the implied-powers-doctrine or the enumerated-powers doctrine but how to confine the competences of the community in fields of activities where member-states are active as well."[124] Döring schließt sich dieser Auffassung an: „Gelingt es nicht, sich auf eine einheitliche Deutung des Subsidiaritätsprinzips zu verständigen, ist davon auszugehen, dass die Frage nach einer effektiven Kompetenzabgrenzung zwischen EU und den Mitgliedstaaten zu einem Dauerkonflikt wird, der erhebliche politische Ressourcen bindet."[125]

Es ist demnach nach einer grundsätzlichen Systematik zu suchen, nach der erstens Kompetenzen auf die verschiedenen Ebenen verteilt, und zweitens eine sinnvolle und nachvollziehbare Kompetenzausübung gewährleistet werden kann. Im folgenden soll deshalb untersucht werden, wie die Ökonomische Theorie das Problem der Verteilung von Kompetenzen auf die Zentrale bzw. Dezentrale löst. Ihre Kriterien, die bei dem Aufbau dieser Systematik für eine Kompetenzverteilung bzw. Kompetenzausübung helfen können, werden vorgestellt und diskutiert. Es wird gefragt, ob sich unter der Berücksichtigung von ökonomischen Kriterien Transparenz und Klarheit in der Kompetenzverteilung und Kompetenzausübung erhöhen und sich dadurch Kompetenzkonflikte verringern lassen.

---

[124] Kirchner, C. (1997): Competence Catalogues and the Principle of Subsidiarity in a European Constitution, in: Constitutional Political Economy, 8, S. 74
[125] Döring, T. (1996), S. 293

II. Zweiter Teil: Ökonomische Kriterien für eine effiziente Kompetenzverteilung

A. Ökonomische Theorie des Föderalismus

1. Einführung in die Theorie

Die ökonomische Theorie des Föderalismus wurde insbesondere durch die Arbeiten von Breton[1], Olson[2], Oates[3], Tullock[4] und Tiebout[5] geprägt. Ihren Ursprung findet die Theorie in der von Samuelson und Musgrave entwickelten Theorie öffentlicher Güter[6].

Während die bis zu diesem Zeitpunkt entwickelte ökonomische Theorie u.a. Grundlagen für die Frage lieferte, wann Güter effizienter vom Markt oder vom Staat bereitgestellt würden, gab sie keine Auskunft darüber, welcher Typ von Regierung bei der Bereitstellung öffentlicher Güter tätig werden solle. Sie sagte nichts darüber aus, unter welchen Bedingungen Aufgaben von lokaler, regionaler oder nationaler bzw. zentraler Ebene wahrgenommen werden sollten.[7]

Den Kern der ökonomischen Theorie des Föderalismus prägte somit die Suche nach den notwendigen Bedingungen für eine effiziente Allokation beim Angebot öffentlicher Güter. Es wurden Prinzipien gesucht, nach denen sich die Entwicklung eines rationalen Musters der Verantwortung von Jurisdiktionen richten sollte. Die effiziente Allokation wird im Sinne der Wohlfahrtsökonomik als Pareto-Optimalität verstanden. Eine Allokation ist dann pareto-optimal, wenn keine andere Allokation existiert, in welcher kein Individuum schlechter, dafür aber mindestens eines besser gestellt wird. Ein Ergebnis der Föderalismustheorie, das sich aus den Kriterien für die optimale Aufgabenverteilung ableiten lässt, ist die Begründung für die Notwendigkeit eines föderativen Staatsaufbaus.

Die in der ökonomische Föderalismustheorie entwickelten Effizienzkriterien können somit bei der Frage der „richtigen" Kompetenzverteilung zwischen den verschiedenen Ebenen und bei der Präzisierung des Subsidiaritätsprinzips wichtige Erkenntnisse liefern. Die Frage, welche Ebene eine Aufgabe „besser" lösen kann, wird mit Hilfe eines ökonomischen Effizienzvergleichs beantwortet.

Die Annahmen, Anforderungen und Effizienzkriterien der ökonomischen Theorie des Föderalismus werden nun im folgenden dargestellt. Die Anforderungen an eine effiziente Allokation von öffentlichen Gütern in einem „fiskalischen Mehrebenensystem" werden hier auf die europäische Fragestellung der optimalen Rechtsetzungsebene

[1] Breton, A. (1965): A Theory of Government Grants, in: The Canadian Journal of Economics, Vol. XXXI (February to November), S. 173-187
[2] Olson, M. (1969): The Principle of „Fiscal Equivalence": The Division of Responsibilities among different Levels of Government, in: American Economic Review, Vol. 59, S. 479-487
[3] Oates, W.E. (1972): Fiscal Federalism, New York: Harcourt Brace Jovanovich
[4] Tullock, G. (1969): Federalism: Problems of Scale, in: Public Choice, Vol. VI, S. 19-29
[5] Tiebout, C.M. (1956): A Pure Theory of Local Expenditure, in: Journal of Political Economy, Vol. 64, S. 416-424
[6] Samuelson, P.A. (1954): The Pure Theory of Public Expenditure, in: Review of Economics and Statistics, No.4, S. 387-389 und Musgrave, R.A. (1959): The Theory of Public Finance, NewYork: McGraw-Hill
[7] Dieser Auffassung war insbesondere Olson, vgl. Olson, M. (1969), S. 479

bzw. der optimalen Kompetenzverteilung bezogen.[8] Bei der Übertragung der Theorie auf die EU wird die zentrale Ebene als die Ebene der Gemeinschaften und die dezentrale Ebene als die der Mitgliedstaaten definiert.[9]

2. Öffentliche Güter

Die ökonomische Föderalismustheorie behandelt politische Entscheidungen als Frage der effizienten Allokation öffentlicher Güter zum Interesse der Allgemeinheit. Die Charakteristika der öffentlichen Güter werden gemäß der Ausführungen von Samuelson und Musgrave hier kurz vorgestellt.

Öffentliche Güter (collective consumption goods) sind für Samuelson solche Güter, „which all enjoy in common in the sense that each individual´s consumption of such a good leads to no subtraction from any other individual´s consumption of that good"[10]. Ausgehend von dieser Definition hat Musgrave zwei Kriterien für die Definition öffentliche Güter entwickelt: Nicht-Rivalität und Nicht-Ausschließbarkeit.[11]

Nicht-Rivalität bedeutet, dass das öffentliche Gut von vielen Bürgern gleichzeitig konsumiert werden kann. Der Konsumnutzen des einen reduziert den Konsumnutzen Dritter nicht. Beispiele für nicht-rivalisierende öffentliche Güter sind z.B. die Landesverteidigung oder öffentliche Wälder. Im Vergleich zu öffentlichen Gütern „rivalisiert" der Konsum von privaten Gütern. Der Nutzen z.B. eines Kleidungsstücks oder eines Apfels, der dem Konsumenten zufließt, reduziert den Nutzen, den ein Dritter aus dem Konsum des Gutes ziehen kann.

Nicht-Ausschließbarkeit bedeutet, dass Bürger vom Konsum eines öffentlichen Gutes nicht ausgeschlossen werden können.
Einerseits ist ein Ausschluss nicht möglich, sofern bei öffentlichen Gütern individuelle Eigentumsrechte nicht definiert werden können. Im Vergleich dazu werden auf dem privaten Markt Besitztitel gehandelt. Hat ein Bürger ein Gut auf dem Markt erworben, kann er einen Dritten, dem der Besitztitel nicht gehört, vom Konsum dieses Gutes ausschliessen. Die Art der Güter ist auch dazu geeignet, einen Ausschluss zu ermöglichen (z.B. Wohnung, Auto). Da aber z.B. niemand den Besitztitel für die Nutzung des öffentlichen Gutes Luft erwerben kann, kann auch niemand seine Eigentumsrechte durchsetzen und einen Dritten vom Konsum ausschließen.

Nicht-Ausschließbarkeit liegt aber andererseits auch dann vor, wenn es zwar möglich wäre, einen Bürger vom Konsum eines öffentlichen Gutes auszuschließen, dieser Ausschluss jedoch ineffizient wäre. Die Benutzung einer öffentlichen überfüllten Straßenkreuzung könnte z.B. von käuflich zu erwerbenden Benutzungsrechten ab-

---

[8] Neben der Frage der optimalen Allokation sind in der Finanztheorie gemäß der Dreiteilung von Musgrave noch die Probleme der optimalen Stabilisierung und der optimalen Verteilung zu lösen. Auf diese Probleme soll hier zunächst nicht eingegangen werden.
[9] Die Diskussion, ob die ökonomische Theorie des Föderalismus überhaupt auf die EU anwendbar ist, da sie im strengen Sinne keine Föderation ist und die EU keine eigenständige (souveräne) Gebietskörperschaft darstellt, kann hier außen vor gelassen werden. Die Theorie liefert wichtige Ansatzpunkte, die auf die Frage der Kompetenzverteilung bzw. der Kompetenzausübung in der EU angewandt werden können. Auch müssen weitere nationale Differenzierungen (Regionen, lokale Einheiten) unberücksichtigt bleiben.
[10] Samuelson, P.A. (1954), S. 387
[11] Vgl. Musgrave, R.A., Musgrave, P.B., Kullmer, L. (1994): Die öffentlichen Finanzen in Theorie und Praxis, 1. Band, Tübingen: Mohr

hängig gemacht und kontrolliert werden. Diese Vorgehensweise würde aber hohe Verwaltungskosten verursachen.

Diese beiden Kriterien liefern eine Begründung dafür, warum öffentliche Güter nicht vom Markt bereitgestellt werden (Marktversagen). Auf dem Markt enthüllt der Konsument seine Präferenzen für ein Gut und gibt an, für welchen Preis er bereit ist, den Besitztitel zu erwerben. Der Produzent wird sich bei der Produktion der Güter und bei der Preisbildung nach diesen Präferenzen richten. Dieser Preismechanismus funktioniert aber nur, wenn derjenige, der nicht bezahlt, vom Konsum des Gutes ausgeschlossen werden kann und der Konsum rivalisiert. Ist der Konsum aber nicht von der Zahlung eines Preises abhängig, werden die Konsumenten nicht gezwungen, ihre Präferenzen für das Gut zu enthüllen. Da jedes Individuum das Gut, das andere bereitgestellt haben, eher als „Trittbrettfahrer" konsumiert, wird niemand den Preis offenbaren, den er zu zahlen bereit wäre. Da keine Marktlösung zustande kommt, muss über die Bereitstellung dieser Güter durch andere Verfahren entschieden werden. Beispielsweise werden diese Güter vom Staat bereitgestellt, wobei die Kosten der Bereitstellung von der Allgemeinheit zu tragen sind.

Eine entscheidende Frage ist aber, in welchem Umfang das öffentliche Gut angeboten werden soll. Da eine Entscheidung über den Umfang der Leistung nicht vom Markt getroffen werden kann, ist z.B. Musgrave der Auffassung, dass „ein politischer Prozess der Budgetbestimmung erforderlich [wird], ein Prozess der den Benutzern erlaubt, ihre Präferenzen im Wege eines Abstimmungsvorgangs bekanntzugeben"[12]. Das gewünschte Angebot kann auf der Basis einer gegebenen Einkommensverteilung durch direkte oder indirekte Verfahren ermittelt werden.[13]

Die Aufgabe des Staates ist somit aus ökonomischer Sicht, bei der Bereitstellung öffentlicher Güter eine effiziente Ressourcenallokation zu gewährleisten. Die Vertreter der ökonomischen Theorie des Föderalismus gehen der Frage nach, wie der Staat aufgebaut bzw. gegliedert sein muss, um die geforderte effiziente Ressourcenallokation bei der Bereitstellung öffentlicher Güter zu gewährleisten.

3. Präferenzorientierung

Oates hat sich in seiner Arbeit mit den ökonomischen Vorteilen der beiden alternativen Staatsformen Zentralisierung und Dezentralisierung befasst.[14] Er untersucht die Beschaffenheit und Menge des Angebotes eines öffentlichen Gutes im Vergleich zu dem Nutzen, den bestimmte Individuen daraus ziehen. Im Vergleich zu den Überlegungen von Samuelson, bei dem die Nutzenfunktionen aller Haushalte von einem öffentlichen Gut in gleicher Weise beeinflusst werden, unterscheidet Oates solche öffentliche Güter, die nur in die Nutzenfunktion einer räumlich begrenzten Teilmenge der Gesellschaft eingehen. Seine These ist, dass ökonomische Effizienz bei der Bereitstellung öffentlicher Güter mit dem Output-Mix erreicht wird, der am besten die Präferenzen der die Gesellschaft konstituierenden Individuen repräsentiert.

---

[12] Musgrave, R.A. (1994), S. 70

[13] Eine weitere Möglichkeit zur Präferenzenthüllung sieht Tiebout mittels der „Abstimmung mit den Füßen". Auf dieses Verfahren wird in Kap. B näher eingegangen.

[14] Siehe Oates, W.E. (1972)

Den Vorteil eines zentralen Systems sieht er darin, dass es eine bessere Annäherung an ein effizientes Output-Niveau eines öffentlichen Gutes ist, aus dem die Mitglieder *aller* Kommunen einen Nutzen ziehen.[15]

Im Vergleich dazu sieht er den Nachteil einer zentralen Bereitstellung von öffentlichen Gütern in der mangelhaften Sensitivität für unterschiedliche Präferenzen der Bürger in *verschiedenen* Kommunen. Oates geht davon aus, dass bei Gütern, die von einer Zentralregierung angeboten werden, eine „Uniformität" dieser Maßnahmen in allen Kommunen angenommen werden kann. Diese Uniformität kommt durch einen Kompromiss zwischen den verschiedenen Präferenzausprägungen zustande. Gemäß Oates sei dieser Kompromiss nur bei öffentlichen Gütern mit nationaler Reichweite, also Gütern, die von allen Individuen unabhängig von ihrem Wohnsitz in gleicher Qualität konsumiert werden, unausweichlich.[16]

Bei allen anderen öffentlichen Gütern, deren Nutzen nur einem bestimmten Teil der Gesellschaft zugute kommt, sei aber eine dezentrale Bereitstellung einer zentralen zu bevorzugen, da somit regional unterschiedliche Präferenzen besser berücksichtigt werden können.[17] Ein zentrales Angebot würde zu einem einheitlichen Konsumniveau in allen Kommunen führen. Dieses einheitliche Konsumniveau wäre aber u.U. ineffizient, da es Präferenzunterschiede zwischen den Kommunen nicht berücksichtigt. Bei einem dezentralen Angebot dagegen, würde das sich in den Kommunen unterschiedlich einstellende Angebot an öffentlichen Gütern verbunden mit einem unterschiedlichen Konsumniveau ökonomische Effizienz widerspiegeln. Durch die unterschiedlichen Output-Niveaus in den Kommunen können die Ressourcen zur Befriedigung der Konsumentenbedürfnisse effizienter eingesetzt werden.

Aus diesen Überlegungen schließt Oates, dass ein föderatives System die optimale Regierungsform sei. Die Entscheidung über das Angebot öffentlicher Güter wird entsprechend ihrer geographisch bestimmten Jurisdiktion getroffen. Die Zentrale stellt öffentliche Güter bereit, die die Wohlfahrt aller Mitglieder der Gesellschaft in erheblichem Maße beeinflussen, die dezentralen Einheiten richten ihr Angebot an den Präferenzen der Einwohner ihrer Jurisdiktion aus.

Bei der Frage der effizienten Kompetenzverteilung zwischen der EU und den Mitgliedstaaten, müsste gemäß der ökonomischen Theorie des Föderalismus das Effizienzkriterium „Präferenzorientierung" berücksichtigt werden.
Falls nur das Präferenzkriterium herangezogen werden würde, müssten europaweite öffentliche Güter, die allen Bürger den gleichen Nutzen stiften, von der EU-Ebene bereitgestellt werden. Variieren die Präferenzen für ein öffentliches Gut zwischen den Mitgliedstaaten stark, müsste die Kompetenz für die Bereitstellung dieses öffentlichen Gutes auf der Ebene der Mitgliedstaaten verbleiben. Im Umkehrschluss müsste die Zentrale, falls sie die Kompetenz für eine öffentliche Aufgabe in Anspruch neh-

[15] Diese Aussage gilt selbstverständlich nur unter der Annahme, dass die Entscheidungsträger die Wohlfahrt aller Gesellschaftsmitglieder erhöhen wollen. Fraglich ist, ob sie es auch tun. Siehe dazu Kapitel B.
[16] Ein Beispiel ist die nationale Verteidigungs- und Sicherheitspolitik. Auch unabhängig von unterschiedlichen Präferenzausprägungen z.B. hinsichtlich der Größe und Ausstattung des Heeres, stiftet die Verteidigung des Landes im Kriegsfalle allen Bürgern, unabhängig von ihrer Anzahl, den gleichen Nutzen. Alle Bürger müssen die „gleiche Einheit" Landesverteidigung konsumieren. Siehe Oates, W.E. (1968): The Theory of Public Finance in a Federal System, in: Canadian Journal of Economics, No.1, S. 37-54
[17] Diese Güter werden demnach häufig regionale bzw. lokale öffentliche Güter genannt.

men will, eine Homogenität der Präferenzen der EU-Bürger nachweisen. Im Rahmen der Debatte der Rückverlagerung von Kompetenzen wäre ein Nachweis nationaler Präferenzstreuungen notwendig.

Oates' Theorie wird dahingehend kritisiert, dass die Annahme einer regional einheitlichen Versorgung durch die Zentrale nicht unter allen Umständen aufrecht erhalten werden kann.[18] „Wenn eine Identifizierung unterschiedlicher regionaler Präferenzen leicht möglich ist, dann kann auch eine Zentralregierung ohne weiteres eine effiziente, d.h. regional differenzierte, Bereitstellung öffentlicher Güter durchführen."[19] Nationale oder regionale Präferenzstreuungen wären somit kein Hindernis für eine effiziente Kompetenzausübung durch die EU-Ebene.[20]

4. Externalitäten

Die Vertreter der ökonomischen Theorie des Föderalismus haben in ihren Arbeiten ein Problem identifiziert, das die effiziente Bereitstellung öffentlicher Güter auf lokaler Ebene beeinträchtigen kann - externe Effekte.

Externe Effekte liegen dann vor, wenn die Wirkung eines öffentlichen Gutes über die Grenzen der anbietenden Jurisdiktion hinaus geht. Die angebotenen öffentlichen Güter beeinflussen dann nicht nur die Wohlfahrt der eigenen Bürger, sondern auch die der Einwohner anderer Regionen. Dabei kann deren Wohlfahrt sowohl negativ (negative externe Effekte) als auch positiv (positive externe Effekte) beeinflusst werden. Verursacht aber eine produzierende Einheit einen externen Effekt, so liegt ihr Angebot nicht auf einem pareto-optimalen Niveau. Eine dezentrale Einheit berücksichtigt bei der Entscheidung über das Güterangebot nur den Nutzen, den die eigenen Mitglieder aus diesem Angebot ziehen. Da nicht der gesamte soziale Wert des Angebots berücksichtigt wird, ist das Angebot ineffizient.

Fraglich ist zunächst, welche Forderungen und notwendigen Bedingungen sich aus der Existenz externer Effekte und der Abweichung der Grenzen einer Jurisdiktion von dem Wirkungsbereich eines öffentlichen Gutes für die Struktur von Gebietskörperschaften ergeben, um eine optimales, d.h. pareto-effizientes Angebot an öffentlichen Gütern zu gewährleisten.

5. Optimale Gebietskörperschaften

5.1 Prinzip der Fiskalischen Äquivalenz

Olson hat in diesem Zusammenhang den Begriff der „Fiskalischen Äquivalenz" eingeführt.[21] Für ihn ist es eine notwendige Bedingung für eine effiziente Allokation öffentlicher Güter, dass Nutzer und Zahler eines öffentlichen Gutes übereinstimmen. Damit diese Übereinstimmung erreicht werden kann, fordert er für jedes Kollektivgut mit einem spezifischen Wirkungsbereich eine separate Regierungseinheit.[22]

---

[18] Siehe u.a. Heinemann, F. (1996): Die ökonomische Föderalismustheorie und ihre Botschaft für die Kompetenzaufteilung im Mehrebenensystem der Europäischen Union, in: König, T. (Hrsg.): Das Europäische Mehrebenensystem, Mannheimer Jahrbuch für Europäische Sozialpolitik, Bd. 1, Frankfurt am Main: Campus, S. 117-132

[19] Heinemann, F. (1996), S. 121

[20] Hier wird ersichtlich, dass es sich bei der zentralen Aufgabenerfüllung vor allem um ein Informationsproblem der Zentrale über regionale Gegebenheiten handelt, siehe Punkt 7.

[21] Siehe Olson, M. (1969)

[22] In Anlehnung an das Prinzip der fiskalischen Äquivalenz hat Huckestein den Begriff der ökologischen Äquivalenz geprägt, siehe Huckestein, B. (1993): Umweltpolitik und Föderalismus – ökonomi-

Mit dieser Forderung wendet er sich sowohl von der Zentralisierungs- als auch der Dezentralisierungsideologie ab, denn beide Ideologien seien für ihn falsch bzw. führen in jedem Fall zu Ineffizienz. „Only if there are several levels of government and a large number of governments can immense disparities between the boundaries of jurisdictions and the boundaries of collective goods be avoided."[23]

5.2 Korrespondenzprinzip

Auch Oates ist der Auffassung, dass ein angemessenes Kosten-Nutzen Niveau bei der Bereitstellung öffentlicher Güter nur gewährleistet werden kann, wenn die Nutzer auch die finanziellen Konsequenzen zu tragen haben.[24] Die Übereinstimmung von Nutzern und Zahlern bezeichnet er als „Korrespondenzprinzip". Mit Hilfe dieses Prinzips stützt er seine These, dass eine Dezentralisierung zu einem effizienteren Angebot an öffentlichen Gütern führt. Ist es neben der Präferenzorientierung „außerdem möglich, die Nutzer des öffentlichen Gutes gemäß ihrer Inanspruchnahme zur Finanzierung heranzuziehen, dann würde eine nach dem Korrespondenzprinzip strukturierte Föderation zu einer effizienten Versorgung mit öffentlichen Gütern führen"[25].

5.3 Perfect Mapping

Breton verfolgt einen ähnlichen Ansatz wie Olson und Oates.[26] Im Vergleich zu dem Idealtypus des von Samuelson definierten öffentlichen Gutes unterscheidet er Güter, die keine reinen öffentlichen Güter sind, weil sie starke private Elemente enthalten. Er nennt diese Güter „nicht-private Güter". Der Nutzen dieser Güter steht nicht allen in gleichem Ausmaß zur Verfügung. Dies geschieht entweder durch die Nähe bzw. Entfernung vom Konsumenten oder dadurch, dass die objektive Höhe des Nutzens, den ein gegebener Konsument aus diesem Gut zieht, mit der Anzahl der Konsumenten dieses Produkts steigt. Aufgrund des räumlichen Einteilungskriteriums unterscheidet er in internationale, nationale, regionale, provinziale, metropolitane, städtische und lokale Güter. Die Regierungsgewalt müsste dieser Einteilung entsprechend auf die verschiedenen Herrschaftsebenen verteilt werden – internationale Regierung, nationale Regierung, regionale Regierung usw.. Im Idealfall entstünde ein „perfect mapping", so dass eine Gebietskörperschaft der Größe und Reichweite der Güter, die sie anbietet, entspricht. Da die Reichweite aufgrund externer Effekte aber nicht an geographischen Grenzen halt macht, würde ein perfect mapping für jedes nicht-private Gut eine eigene Gebietskörperschaft begründen.

5.4 Folgerungen

Olson, Oates und Breton nennen als notwendige Bedingung für eine effiziente Bereitstellung öffentlicher Güter die Kongruenz von Nutzern und Zahlern. Aufgrund externer Effekte müsste eine optimale Gebietskörperschaft der Reichweite des öffentlichen Gutes entsprechen.

Hansjürgens folgert aus diesen Überlegungen, dass auch im Rahmen der EU die Delegation von Zuständigkeiten „mit einer Kongruenz von Nutzenkreisen und Finanzierungsverantwortung bei den Entscheidungsträgern einhergehen" sollte. „Ohne Berücksichtigung dieses Zusammenhanges würde eine Mittelverschwendung stattfin-

---

sche Kriterien für umweltpolitische Kompetenzen der EG, in: Zeitschrift für angewandte Umweltforschung, Jhrg. 6, Heft 3, S. 330-339

[23] Olson, M. (1969), S. 483

[24] Siehe Oates, W.E. (1972)

[25] Heinemann, F. (1996), S. 120

[26] Siehe Breton, A. (1965)

den, weil keine Abwägung zwischen Nutzen und Kosten durch die Entscheidungsträger erfolgt."[27]

Ein Anwendungsbereich des Prinzips der fiskalischen Äquivalenz bzw. des Korrespondenzprinzips wäre z.B. die Entwicklung einer neuen und effizienten Finanzordnung für die EU. Die Kompetenz zur Erhebung einer EU-Steuer zur Finanzierung von EU-weiten öffentlichen Gütern könnte z.B. auf die zentrale Ebene verlagert werden, um so den Nutzer- und Zahlerkreis zu vereinen.

Für alle anderen öffentlichen Güter mit unterschiedlichen Wirkungskreisen würde die Anwendung dieses Prinzips aber zu einer unübersehbaren Zahl von Körperschaften führen, deren Existenz hohe Kosten verursachen würde. Außerdem sind die meisten Grenzen von Körperschaften bzw. deren Größe politisch, historisch und institutionell vorgegeben.

Doch auch die Autoren der Föderalismustheorie haben zwei weitere Effekte bzw. Probleme erkannt, die sie zwingen, ihre eigenen Forderungen nach einer Vielzahl von Jurisdiktionen in Frage zu stellen bzw. zu modifizieren. Das erste Problem ist der Zusammenhang zwischen der Größe einer Jurisdiktion und den Produktionskosten (Skaleneffekte). Das zweite Problem ist, dass eine Kommune nicht nur ein Gut, sondern ein ganzes Bündel von öffentlichen Gütern anbietet.

6. Skaleneffekte

Olson hat sich im Anschluss an seine These der fiskalischen Äquivalenz gefragt, welchen Einfluss die Relation von der Größe einer Jurisdiktion und den Produktionskosten des öffentlichen Gutes auf die optimale Zusammensetzung der Regierungsinstitutionen haben kann.

Die Produktionskosten eines öffentlichen Gutes können z.B. durch die Ausnutzung von Skalenerträgen gesenkt werden. Steigende Skalenerträge mit der Folge sinkender Stückkosten liegen dann vor, wenn ein Gut in größeren Betriebseinheiten billiger als in kleinen Einheiten produziert wird. Eine Produktion in größeren Einheiten zur Senkung der Produktionskosten widerspricht aber u.U. der Forderung nach einer Vielzahl von kleinen Jurisdiktionen, die ihre Produktion nach den Präferenzen ihrer Bewohner ausrichten. Olson führt an, dass das von ihm definierte Prinzip der fiskalischen Äquivalenz dann nicht modifiziert werden muss, „when the government unit with boundaries that match those of the collective good it provides happens to be of just the right size to produce the collective good at the lowest point on the average cost curve"[28].

Fraglich ist aber, welche Forderungen sich ergeben, falls die betreffenden Einheiten das Gut nicht zu minimalen Kosten produzieren können. Es ist zu untersuchen, ob aufgrund von steigenden Skalenerträgen die Produktion des Gutes auf die Zentrale übertragen werden muss.

Tullock widerspricht dem „Zentralisierungstheorem" aufgrund der Ausnutzung von Skalenerträgen, indem er argumentiert, dass Skalenerträge auch bei dezentraler

---

[27] Hansjürgens, B. (1996): Föderalismustheorie und europäische Umweltpolitik, in: Postlep, R.-D. (Hrsg.), Aktuelle Fragen zum Föderalismus, Marburg: Metropolis, S. 78

[28] Olson, M. (1969), S. 485

Kompetenz voll ausgeschöpft werden können.[29] Skalenerträge sind seiner Meinung nach nur dann für die Wahl der Ebene bzw. für die Größe einer Gebietskörperschaft von Relevanz, wenn diese gleichzeitig als Produktionseinheit für dieses Gut fungieren muss. Nur wenn ein „Kollektiv" selber für die Produktion eines öffentlichen Gutes zuständig ist, dann sollte es auch so groß sein, dass die Produktionseinheit in optimaler Dimension erreicht werden kann.

Kann aber die Produktion eines öffentlichen Gutes von der Funktion der Bereitstellung getrennt werden, d.h. kann das Gut von einem anderen Produzenten eingekauft werden, dann entfällt das Argument der Ausnutzung von Kostendegressionseffekten, denn der eigentliche Produzent kann in der Lage sein, die Skalenerträge zu realisieren.[30] [31]

Bezogen auf die Frage der Kompetenzverteilung in der EU könnte in diesem Zusammenhang z.B. gefragt werden, in welchen Politikbereichen die Größenvorteile einer Bereitstellung durch die zentrale Ebene so erheblich sind, dass dadurch Skalenerträge ausgenutzt und Wohlfahrtsgewinne geschaffen werden. Ein Beispiel ist die europäische Forschungspolitik, in der Wissen, Technik und Know-how gebündelt und gezielt gefördert werden.[32]

7. Finanzzuweisungen

Politische und natürliche Grenzen von Jurisdiktionen, die Ausnutzung von Skalenerträgen und die Tatsache, dass eine Kommune nicht nur ein Gut, sondern ein ganzes Güterbündel anbietet, stehen dem Idealfall eines „perfect mapping", d.h. der Forderung nach einer Vielzahl von kleinen Jurisdiktionen, die der Reichweite des angebotenen Gutes entsprechen, entgegen. Auch wenn Breton und Oates von ihrem skizzierten Idealfall abweichen müssen, wehren sie sich gegen die Verlagerung der Aufgabe auf die zentrale Ebene. Sie sehen die Lösung einer effizienten Bereitstellung öffentlicher Güter durch dezentrale Einheiten in einem System staatlicher Finanzzuweisungen.

Breton argumentiert, dass durch die Gewährung von Finanzzuweisungen an die Jurisdiktionen, die Güter bereitstellen von denen externe Effekte ausgehen, ein suboptimales Angebot vermieden werden kann.[33] Die höhere Regierungsebene muss die marginalen sozialen Nutzen und Kosten, die über die Grenze der bereitstellenden Jurisdiktion hinausstreuen, erfassen und ausgleichen. Die bereitstellende dezentrale Jurisdiktion kann auf die Präferenzen und Bedürfnisse der Einwohner eingehen und die Güter auf dem pareto-optimalen Niveau produzieren. Da eine Jurisdiktion unterschiedliche Güter produziert, die nicht alle „Spillovers" aufweisen, müssten die Fi-

---

[29] Vgl. Tullock, G. (1969)

[30] Auch Musgrave unterscheidet eindeutig zwischen der Bereitstellung eines öffentlichen Gutes und der öffentlichen Produktion. Öffentliche Güter können durch private Unternehmen hergestellt und verkauft werden. Der Begriff „öffentliche Bereitstellung" bedeutet gemäß Musgrave, dass sie „über das Budget finanziert und ohne unmittelbare Berechnung zur Verfügung gestellt werden. Wie sie produziert werden, spielt keine Rolle." Siehe Musgrave, R.A. (1994), Band 1, S. 9

[31] Wird aber ein zentral produziertes öffentliches Gut von mehreren Gebietskörperschaften genutzt, dann kann ein Problem der Kostenverteilung zwischen den Nutzern auftreten.

[32] Ein aktuelles Beispiel ist das europäische Satellitennavigationssystem GALILEO. Hier stimmen gemäß dem Prinzip der fiskalischen Äquivalenz Nutzer und Zahler überein und es werden Skaleneffekte ausgenutzt. Die Bereitstellung eines Satelliten pro Mitgliedstaaten würde zu erheblich höheren Kosten führen.

[33] Vgl. Breton, A. (1965)

nanzzuweisungen auf jeden Einzelfall bezogen werden. Diese Lösung ist der direkten Verlagerung der Aufgabe auf die Zentrale aus Effizienzgründen überlegen, da die lokalen Jurisdiktionen über bessere Informationen über die Präferenzen der Bürger verfügen als die Zentrale.

Olson führt zur Rechtfertigung von Finanzzuweisungen das Beispiel Bildung an.[34] Da der Nutzen einer guten Schulbildung für das ganze Land gleich ist, sollte die Zentrale an der Bereitstellung des Gutes Bildung beteiligt werden. Dennoch könnte die zentrale Bereitstellung von großen Bildungsprogrammen höhere Kosten verursachen als die von kleinen lokalen Einheiten. Einer kompletten Verlagerung der Bildung auf die lokalen Einheiten widersprächen aber externe Effekte, die von unterschiedlichen Qualitäts- und Ausgabenniveaus ausgehen können. Pareto-Optimalität wird in diesem Beispiel dadurch erzeugt, dass einerseits die lokalen Jurisdiktionen so groß sind, dass sie zu minimalen Kosten produzieren können, und dass andererseits Zuweisungen von der Zentrale gezahlt werden, die die externen Effekte der lokalen Ausgaben kompensieren.

Breton und Olson liefern somit Argumente für eine ökonomische Rechtfertigung staatlicher Finanzzuweisungen. Finanzzuweisungen der Zentrale sind ihrer Auffassung nach kein Argument gegen die Existenz von dezentralen Einheiten. Im Gegenteil, „they could mean they are the most efficient purveyors of some types of collective goods“[35].

Da die EU keine Steuererhebungskompetenzen besitzt und auch kein europäischer Finanzausgleich existiert, ist es beim derzeitigen Integrationsstand schwer, Beispiele für europäische Finanzzuweisungen zu finden. Ähnlichkeit mit Finanzzuweisungen haben z.B. die Zahlungen der Strukturfonds. Bestimmte öffentliche Ziele der Gemeinschaft werden von kleinen lokalen Einheiten präferenzgerecht vor Ort umgesetzt.

Dennoch gibt es zahlreiche Kritikpunkte an staatlichen Finanzzuweisungen. Es kann kritisiert werden, dass durch die Zuweisungen zwar externe Effekte zwischen den Jurisdiktionen finanziell ausgeglichen, aber nicht von den Beteiligten in ihren Nutzen- und Kostenfunktionen internalisiert werden. Außerdem ist es fraglich, warum der (Zentral-) Staat eingreifen muss und nicht andere (private) Lösungen gefunden werden können. Zudem setzen Zuweisungen nicht unbedingt Anreize, negative externe Effekte zu minimieren. Ferner können externe Effekte auch auf nicht-monetärem Weg reduziert werden.

8. Internalisierungsstrategien

Im folgenden soll nun untersucht werden, welche andere Möglichkeiten es geben kann, externe Effekte zu internalisieren. Insbesondere in der Umweltökonomie sind zu diesem Thema umfassende Studien verfasst worden. Zwei prominente Beispiele sollen hier kurz vorgestellt und auf das aktuelle Problem der Kompetenzverteilung übertragen werden: die Pigou-Steuer und das Coase-Theorem.

[34] Vgl. Olson, M. (1969)
[35] Olson, M. (1969), S. 486

8.1 Pigou-Steuer

Pigou ging davon aus, dass mit Hilfe einer Steuer externe Effekte effizient internalisiert werden können.[36] Mit Hilfe der sog. Pigou-Steuer werden Aktivitäten besteuert, von denen Externalitäten ausgehen. Ziel der Steuer ist die Internalisierung der sozialen Kosten.

Ein Beispiel für die Funktionsweise dieser Steuer entstammt der Umweltökonomik. Ein Produzent verursacht einen negativen externen Effekt, indem er das Umweltgut Luft verschmutzt. Für das Gut Luft bestehen nun reduzierte Konsummöglichkeiten. Diese reduzierten Konsummöglichkeiten des Gutes Luft können als soziale Kosten bezeichnet werden. Da das marktliche Preissystem diesen Schaden nicht anzeigt bzw. die sozialen Kosten nicht erfasst, kann der Verschmutzer die Kosten seiner Aktivität auf die Allgemeinheit bzw. auf die Konsumenten des Gutes Luft abwälzen. Der Marktmechanismus führt also zu nicht pareto-optimalen Ergebnissen. Wird aber von der Allgemeinheit bzw. vom sozialen Planer ein Recht auf saubere Luft postuliert, dann muss ein Weg gefunden werden, die Verschmutzung zu senken.

Es wird angenommen, dass der Verursacher die Menge der Verschmutzung mit Hilfe von Vermeidungsmaßnahmen reduzieren kann. Damit verringern sich die sozialen Kosten, aber es entstehen Vermeidungskosten. Durch eine Steuer auf die Schadstoffmenge soll dem Produzenten ein Anreiz gegeben werden, diese Vermeidung vorzunehmen. Das Optimierungskalkül besteht nun darin, den Schaden auf ein Niveau zu reduzieren, bei dem die Kosten insgesamt minimiert werden. In dieses Kalkül geht eine Verringerung der sozialen Kosten der Verschmutzung als Nutzen der Vermeidung ein.

Sind die Grenzkosten der Vermeidung eine steigende und der Grenznutzen der Vermeidung eine fallende Funktion der Vermeidungsmenge, dann ist die effiziente Vermeidungsmenge an dem Punkt erreicht, an dem Grenzkosten und Grenznutzen identisch sind. Die first-best-Allokation des Gutes wird durch Setzung des Steuersatzes t erreicht. Mit Hilfe der Steuer des Staates wird somit der externe Effekt in das marktwirtschaftliche Preissystem integriert. Dadurch, dass sich die Kosten der Umweltnutzung erhöhen, entsteht zusätzlich ein Anreiz für das Unternehmen, nach neuen Vermeidungsstrategien zu suchen.

Eine Voraussetzung zur Erreichung dieser first-best-Lösung ist aber, dass dem staatlichen Planer die Grenzkosten- und Grenznutzenfunktionen bekannt sind, so dass er den Steuersatz t bestimmen kann. Das Problem ist, dass die Verursacher einer Verschmutzung aber kein Interesse daran haben müssen, dem Planer ihre Informationen über Präferenzen und Kosten zu offenbaren. Da das Informationsproblem so gravierend ist, können mit Hilfe von Steuern first-best-Allokationen nicht erreicht werden. Unter bestimmten Umständen ist es aber möglich, second-best-Lösungen zu erzielen.[37]

---

[36] Vgl. Pigou, A.C. (1932): The Economics of Welfare, 3. Auflage, London

[37] Näher erläutert u.a. in Weimann, J. (1995): Umweltökonomik, Eine theorieorientierte Einführung, Berlin: Springer, bzw. Streissler, E. (1992): Das Problem der Internalisierung, in: König, H. (1992): Umweltverträgliches Wirtschaften als Problem von Wissenschaft und Politik, Schriften des Vereins für Socialpolitik, Band 246, S. 223-248

8.2 Coase-Theorem

Coase vertritt dagegen die These, dass Verhandlungen zwischen dem Verursacher eines externen Effektes und dem Geschädigten das tauglichste Mittel zur Internalisierung externer Effekte seien.[38] Diese „freiwilligen" Lösungen zwischen den Beteiligten seien staatlichen Interventionen, etwa durch eine Steuer im Pigou´schen Sinne, vorzuziehen.

Die These von Coase, die als „Coase-Theorem" bekannt ist, besagt, dass immer dann eine effiziente Allokation knapper Ressourcen durch Verhandlungen erreicht wird, wenn die Verfügungsrechte (Eigentumsrechte) der Beteiligten eindeutig definiert sind. Weitere Annahmen sind, dass die Verteilung der Rechte bereits erfolgt ist und dass die Transaktionskosten des Tauschs gleich Null sind.

Coase geht davon aus, dass durch die Existenz eines externen Effekts, der gemeinsame Gewinn der Verhandlungspartner nicht pareto-optimal ist und somit nicht das Maximum erreicht. Die Verhandlungspartner haben daher ein Interesse daran, ein „pareto-optimales Niveau der Externalität herbeizuführen. Der Ertrag dieser Allokationskorrektur bestände in der Differenz zwischen dem (maximalen) gemeinsamen Gewinn im Pareto-Optimum und dem gemeinsamen Gewinn in der Ausgangslage. Dieser Verhandlungsgewinn (Zusatzgewinn) könnte dann so verteilt werden, dass sich letztlich alle besser stehen als vor den Verhandlungen."[39]

Die Verhandlungen sollen dabei anhand von „Haftungsregeln" verlaufen, die vom Staat festgelegt werden. Die „Laissez-faire-Regel" sagt aus, dass der Verursacher des externen Effekts diesen in beliebiger Höhe ausüben darf. Er braucht keine Zustimmung des Betroffenen. Der Betroffene kann den Verursacher nur zur Reduzierung des externen Effektes bewegen, indem er ihm Kompensationszahlungen anbietet. Bei der „Verursacher-Regel" hingegen darf der Verursacher den externen Effekt nicht ohne Zustimmung des Betroffenen erzeugen. Will der Verursacher dennoch Aktivitäten mit externen Effekten ausüben, muss er den Betroffenen für die Duldung des Schadens entschädigen. Coase' These ist nun, dass es für das Zustandekommen des allokativ optimalen Ergebnisses gleichgültig ist, ob der Betroffene die Verfügungsrechte besitzt (Verursacher-Regel) oder ob sie dem Verursacher zugesprochen werden (Laissez-faire-Regel).

Die praktische Umsetzung des Coase-Theorems unterliegt jedoch zahlreichen Problemen. Das erste Problem ist die Ausklammerung der Transaktionskosten. Das Finden der Verhandlungspartner und die Durchführung der Verhandlungen verursachen Kosten, die die Einigung auf ein Verhandlungsergebnis erschweren können. Fraglich ist auch, wer das Verhandlungsergebnis überwachen soll. Die Überwachung selber erzeugt zusätzliche Kontrollkosten. Zudem kann auch strategisches Verhalten seitens der Verhandlungspartner vorliegen. Da über öffentliche Güter verhandelt wird (z.B. Luft- oder Wasserverschmutzung), müssen die Beteiligten ihre Zahlungsbereitschaft, die ihnen entstandenen Kosten und ihre Präferenzen nicht offenbaren. Insbesondere die relevanten Informationen, z.B. über die Höhe der Verschmutzung oder den tatsächlich entstandenen Schaden, sind zwischen den Verhandlungspartnern ungleich verteilt. Beide werden versuchen, einen möglichst großen Teil des gemein-

---

[38] Siehe Coase, R.H. (1960): The Problem of Social Cost, in: The Journal of Law and Economics, Vol. III, S. 1-44

[39] Endres, A. (1977): Die Coase-Kontroverse, in: Zeitschrift für die gesamte Staatswissenschaft, Nr. 133, S. 638

samen Gewinns zu erhalten. Erschwert werden können die Verhandlungen zusätzlich, wenn die Verteilung der Eigentumsrechte grundsätzlich in Frage gestellt wird oder einer der Beteiligten nicht an den Verhandlungen teilnehmen will. [40]

Olson kritisiert am Coase-Theorem insbesondere die Annahme, die Verhandlungen zwischen den Beteiligten würden solange fortgesetzt, bis ein pareto-optimales Ergebnis erzielt wird. Seiner Meinung nach könnte mit dieser Annahme die Effizienz sowohl des „laissez-faire" als auch der Anarchie nachgewiesen werden. „If free bargaining would always lead to Pareto optimality, all desirable public goods could be provided through voluntary action."[41]

8.3 Verhandlungslösungen versus Zentralisierung

Obwohl beim Coase-Theorem eher Verhandlungen zwischen Personen bzw. privaten Unternehmen im Vordergrund stehen, kann sein Theorem auch auf grenzüberschreitende externe Effekte zwischen Gebietskörperschaften bzw. Staaten übertragen werden. Bezogen auf die Frage der Kompetenzabgrenzung in der EU ist zu fragen, ob die Internalisierung von externen Effekten durch Verhandlungen zwischen den beteiligten Staaten oder durch den Eingriff der Zentrale bzw. durch die Verlagerung der Kompetenz auf die EU-Ebene effizienter ist.

Zur Beurteilung der effizienteren Internalisierungsstrategie ist vor allem das Ausmaß und die Reichweite der nationale Grenzen überschreitenden externen Effekte von Relevanz. Externe Effekte können nur einige Mitgliedstaaten, alle Mitgliedstaaten oder sogar Staaten außerhalb der EU betreffen. Weiterhin sind die Kosten der Internalisierungsstrategie zu berücksichtigen. Es ist diejenige Internalisierungsmaßnahme auszuwählen, die unter Einschluß von Transaktionskosten am kostengünstigsten ist.

Sind nur wenige Staaten von einem externen Effekt betroffen, wie z.B. bei der Verschmutzung eines Grenzflusses, kann es effizienter sein, durch Verhandlungen zwischen den betroffenen Staaten zu Lösungen zu gelangen, als die Aufgabe der Reinhaltung des Flusses auf die EU zu übertragen. Zur effizienten Lösung muss aber eindeutig zwischen Verschmutzer und Betroffenen unterschieden, bzw. der Anteil der Verschmutzung den Staaten direkt zugeordnet werden können.

Sind aber eine Vielzahl von Staaten von einem externen Effekt betroffen, ist die Zahl der Verhandlungspartner sehr hoch, kann ein Problem nicht von einigen Staaten allein gelöst werden (z.B. Luftverschmutzung) oder müssen die betroffenen Staaten häufig miteinander verhandeln, da sie sich nicht einigen können oder sich gegenseitig nicht trauen, können die Transaktionskosten der Verhandlungslösungen stark zunehmen und eine Zentralisierung der Aufgabe effizienter werden lassen.

Zusätzliche Probleme bei Verhandlungslösungen entstehen, wenn Staaten ihre Präferenzen nicht bekanntgeben und nicht an Verhandlungen teilnehmen, da sie lieber als „Freifahrer" agieren wollen. Anrainerstaaten können z.B. kostenlos davon profitieren, wenn andere Staaten die Emission von umweltschädlichen Stoffen begrenzen.

---

[40] Siehe u.a. Endres, A. (1977) bzw. Kirchgässner, G. (1992): Ansatzmöglichkeiten zur Lösung europäischer Umweltprobleme, in: Aussenwirtschaft, 47. Jhrg., Heft 1, S. 55-77

[41] Olson, M. (1969): The Principle of „Fiscal Equivalence": The Division of Responsibilities among different Levels of Government, in: American Economic Review, Vol. 59, S. 480

Weitere Probleme entstehen durch unterschiedliche Machtkonstellationen oder durch das Fehlen einer Institution zur geeigneten Kontrolle der vereinbarten Maßnahmen.[42]

Auch das Abstimmungsverfahren bei Verhandlungen hat einen maßgeblichen Einfluß auf die Höhe der Verhandlungskosten. Während ein Einstimmigkeitserfordernis hohe Verhandlungskosten verursachen kann, können sie bei Mehrheitsabstimmungen geringer ausfallen. Diese Kosten müssen aber mit den Präferenzkosten abgewogen werden, die bei einer Mehrheitsabstimmung durch die Möglichkeit des „Überstimmtwerdens" höher ausfallen können als bei einem unter allen erzielten Konsens.

Die aufgezeigten Probleme bei Verhandlungslösungen, die hohe Verhandlungskosten verursachen können, können für eine Zentralisierung, also für eine Delegation der Aufgabenerfüllung an die zentrale Ebene sprechen. Es ist zu untersuchen, ob die Zentralisierung unter diesen Umständen effizientere und kostengünstigere Ergebnisse hervorbringen kann.

Bei einer Zentralisierung können durch die Vereinheitlichung von Verfahren, durch die Harmonisierung von Normen, durch das Schaffen gemeinsamer Regeln oder durch die Überwachung von Verhandlungsergebnissen Kosten gespart werden. Insbesondere wenn ein externer Effekt von der Gemeinschaft ausgeht und Nicht-Mitgliedstaaten erfasst, ist es effizienter, die EU mit den Betroffenen verhandeln und Abkommen schließen zu lassen, als alle Mitgliedstaaten einzeln verhandeln zu lassen.

Doch auch zentrale Lösungen können ineffizient sein, wenn sie losgelöst von den Präferenzen der Bürger erfolgen oder die Zentrale nicht über die notwendigen Informationen verfügt.[43] Da auch das Primärrecht der EU durch Verhandlungen zwischen den Staaten geschaffen wird, kann es aufgrund von Tauschgeschäften, Paketlösungen und Kompromissen auch hier zu ökonomisch ineffizienten Lösungen kommen. Diese Diskussion wird in Kap. B nochmals aufgegriffen und vertieft.

9. Organisationskosten

Bei der Diskussion der Frage, ob externe Effekte eine Rechtfertigung für eine Zentralisierung der Aufgabe darstellen, haben Breton und Scott den Begriff der Organisationskosten eingeführt.[44] Verhandlungskosten und Präferenzkosten werden unter diesem Begriff subsumiert. Unter die Organisationskosten fallen Verwaltungs- und Koordinierungskosten, die zwischen den lokalen Einheiten anfallen. Die Präferenzkosten sind die Kosten, die den Nutzern von öffentlichen Güter beim Signalisieren und Durchsetzen ihrer Präferenzen entstehen.

Die optimale föderale Struktur ist durch minimale Organisationskosten gekennzeichnet. Würden die Organisationskosten gleich Null gesetzt, dann könnte die optimale Bereitstellung öffentlicher Güter sowohl in einem zentralisierten als auch in einem dezentralisierten Staat erfolgen. „Indeed, with that assumption, there can be as many

[42] Es kann natürlich auch Zwischenformen geben, bei denen ein Abkommen in bilateralen Verhandlungen geschlossen wird, dessen Durchführung dann von supranationaler Ebene überwacht wird. Auf diese Formen wird näher in Kap. B eingegangen.

[43] Auf das Problem des „konstitutionellen Wissensmangels" der Zentrale wird in Kapitel B näher eingegangen.

[44] Vgl. Breton, A., Scott, A. (1978): The Economic Constitution of Federal States, Canberra: Australien National University Press

jurisdictions as there are public goods, only one jurisdiction, no jurisdiction at all, or any arbitrary intermediate number."[45]

Die Entscheidung für eine zentrale oder dezentrale Verantwortung ist demnach abhängig von dem funktionalen Verlauf der verschiedenen Arten von Organisationskosten in Abhängigkeit vom Zentralisierungsgrad (siehe Abb. 1). Steigen z.B. bei gegebenen Verhandlungskosten die Präferenzkosten bei zunehmender Zentralisierung stärker an, so ist eine dezentrale Lösung einer Zentralisierung vorzuziehen.

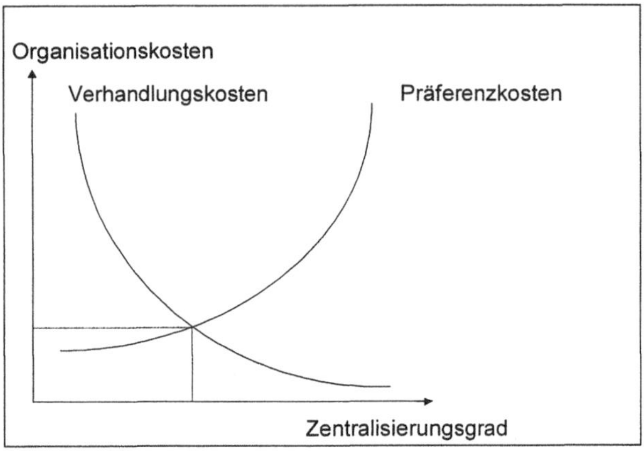

Abb. 1: Organisationskosten in Abhängigkeit vom Zentralisierungsgrad
Quelle: eigene Zusammenstellung

Anhand der Aussagen von Coase und Breton und Scott stellt Apolte die These auf, dass es nicht Ziel einer Zentralregierung sein kann, möglichst viele grenzüberschreitende externe Effekte zu internalisieren. „Vielmehr muss die Internalisierung erstens auf der Ebene erfolgen, wo dies die geringsten Transaktionskosten verursacht, und zweitens darf die Internalisierung nur so weit gehen, bis die Grenzinternalisierungsnutzen den Grenztransaktionskosten angeglichen sind."[46] Für ihn leitet sich nur dort Handlungsbedarf für die Zentrale ab, wo sie die Internalisierung der externen Effekte zwischen den Gebietskörperschaften transaktionskostengünstiger erreichen kann als die Gebietskörperschaften selber.

10. Meritorisches Eingreifen der EU

Hansjürgens ergänzt die Debatte um die zentrale Aufgabenwahrnehmung durch die EU mit einem weiteren Argument – der möglichen Forderung nach einem meritorischen Eingreifen durch die Zentrale. „Ein korrigierendes (verdienstvolles) Eingreifen der EU mit dem Ziel der Umbewertung der Präferenzen wird damit begründet, dass die Präferenzen in den einzelnen Mitgliedstaaten als verzerrt und damit korrekturbedürftig angesehen werden."[47] Es wird vielfach angeführt, dass die EU Zusammenhänge besser erkennen und den „Vorsorgegedanken" besser berücksichtigen könne.

[45] Breton, A., Scott, A. (1978), S. 41
[46] Apolte, T. (1999): Die ökonomische Konstitution eines föderalen Systems – Dezentrale Wirtschaftspolitik zwischen Kooperation und institutionellem Wettbewerb, Tübingen: Mohr Siebeck, S. 19
[47] Hansjürgens, B. (1996), S. 88

Sie könne „die gezielte Förderung des Zusammenhalts in der Gemeinschaft mit dem Ziel der Annäherung der Bürger Europas und der Schaffung eines ‚Wir-Gefühls'" besser vorantreiben. Doch dieses umstrittene ökonomische Konzept führt gemäß Hansjürgens nur zu einer Verstärkung des Gefühls der „Bevormundung durch Brüssel". „Das Argument einer zentralen Aufgabenerfüllung in der EU zur Korrektur ‚falscher' nationaler Präferenzen scheint so gesehen insgesamt nur schwer haltbar zu sein."[48][49]

Neumann stellt in diesem Zusammenhang die These auf, dass gerade „ein föderativer Staatsaufbau am besten geeignet ist, eine ungewollte Meritorisierung beim Angebot öffentlicher Güter zu verhindern und damit von diesem Gesichtspunkt her als zweckmäßig begründet werden kann"[50]. Dezentrale Einheiten können den Umfang der Missachtung von individuellen Präferenzen am besten einschränken.

11. Schlussfolgerungen

Die Verfasser der ökonomischen Theorie des Föderalismus haben sich mit der Frage befasst, unter welchen Umständen eine Dezentralisierung bzw. eine Zentralisierung der öffentlichen Aufgabenwahrnehmung zu Effizienzsteigerungen und Wohlfahrtsgewinnen führen kann. Das Grundproblem des ökonomischen Effizienzvergleichs besteht in der räumlich begrenzten Wirkung bestimmter öffentlicher Güter. Da für die Bereitstellung öffentlicher Güter kein Marktpreis verlangt werden kann, muss der Nutzerkreis der Güter ermittelt werden, um so Nutzen und Kosten der Bereitstellung miteinander abwägen zu können. Anhand dieser Erkenntnisse kann in nationale und lokale öffentliche Güter unterschieden werden.

Als zentrales Effizienzkriterium zur Beurteilung der optimalen Aufgabenverteilung zwischen Zentrale und Dezentrale steht die präferenzgerechte und kostenminimale Bereitstellung öffentlicher Güter im Vordergrund. Gemäß des Prinzips der fiskalischen Äquivalenz sollten Nutzer- und Zahlerkreis übereinstimmen. Aufgrund der externen Effekte sollte es im Idealfall so viele Jurisdiktionen wie angebotene Güter geben (perfect mapping). Da dieser Idealfall aus politischen und historischen Gründen, aufgrund erhöhter Kosten und angebotsseitigen Skaleneffekten nicht haltbar ist, wird nach anderen Möglichkeiten gesucht, externe Effekte zu internalisieren bzw. das Pareto-Optimum zu erreichen. Zur Vermeidung der Zentralisierung der Aufgabenwahrnehmung werden von den Vertretern der Föderalismustheorie Finanzzuweisungen der Zentrale an die Dezentrale bevorzugt. Eine weitere Möglichkeit ist die Internalisierung des externen Effektes durch eine Steuer. Zudem können die Effizienzvorteile von Verhandlungslösungen mit denen der Zentralisierung abgewogen werden.

Wird die so skizzierte ökonomische Theorie des Föderalismus zur Beurteilung einer optimalen Aufgabenverteilung zwischen der EU und den Mitgliedstaaten angewandt, sollten die Kriterien Präferenzorientierung, Internalisierung von externen Effekten und die Ausnutzung von angebotsseitigen Skaleneffekten im Vordergrund stehen. Es muss für jeden Einzelfall gefragt werden, ob alleinige Lösungen der Mitgliedstaaten, Verhandlungen zwischen Mitgliedstaaten oder eine Delegation der Aufgabe auf die Ebene der EU zu geringeren Organisationskosten führen.

---

[48] Hansjürgens, B. (1996), S. 89-90

[49] Das Konzept der meritorischen Güter geht zurück auf Musgrave, siehe Musgrave, R.A. (1994)

[50] Neumann, M. (1971): Zur Ökonomischen Theorie des Föderalismus, in: Kyklos, 24, S. 496

Mit Hilfe der ökonomischen Theorie des Föderalismus könnten somit Auslegungs- und Anwendungszweifel des Subsidiaritätsprinzips teilweise überwunden werden. Die Frage, wann eine Aufgabe „besser" von der EU oder den Mitgliedstaaten ausgeführt werden sollte, kann nun anhand der Effizienzregeln untersucht werden. Von Zimmermann und Kahlenborn wird die ökonomische Föderalismustheorie sogar als „der ökonomische Ausdruck des politischen Prinzips der Subsidiarität" [51] bezeichnet.

12. Kritik an der Theorie

Die Annahmen und Aussagen der traditionellen wohlfahrtsökonomischen Föderalismustheorie sind jedoch vielfach kritisiert worden.

Ein Kritikpunkt bezieht sich darauf, dass das Problem der Präferenzenthüllung nicht hinreichend gelöst wurde. Es wird vereinfachend von der Annahme ausgegangen, dass einem allwissenden Planer die Präferenz- und Nutzenfunktionen der Individuen bekannt sind. An dieser Kritik setzt Tiebouts Theorie der „Abstimmung mit den Füßen" an.[52] Durch die Möglichkeit der Abwanderung in eine andere Jurisdiktion können die Individuen ihre Präferenzen für ein bestimmtes Angebot an öffentlichen Gütern und Steuersätzen offenbaren.

Von Hayek wurden insbesondere die Annahmen und Aussagen der neoklassischen Wettbewerbstheorie kritisiert. Aufgrund der realitätsfremden Annahmen, wie z.B. die der vollkommenen Information, würden wichtige ökonomische Vorteile eines institutionellen Wettbewerbs zwischen den Jurisdiktionen von den Vertretern der traditionellen Föderalismustheorie nicht bedacht. Zudem seien die Effizienzüberlegungen der Föderalismustheorie zu statisch angelegt.[53]

Ein zentraler Kritikpunkt an der traditionellen ökonomischen Föderalismustheorie bezieht sich auf die Annahme, der Staat agiere als wohlwollender Diktator ohne Eigeninteressen, der nur das Ziel der Wohlfahrtsmaximierung im Auge habe.[54] Oates hat z.B. den Vorteil eines zentralen Systems darin gesehen, dass es eine bessere Annäherung an ein effizientes Output-Niveau von öffentlichen Gütern biete, aus denen alle Bürger den gleichen Nutzen ziehen (nationale Güter). Diese Annahme ist aber nur haltbar, wenn die Entscheidungsträger auch wirklich die Wohlfahrt aller Bürger erhöhen wollen. Hegen die Entscheidungsträger auch Eigeninteressen, müssen diese in die Effizienzprüfung mit aufgenommen werden.

Fraglich ist also, welche zusätzlichen Kosten eine Zentralisierung verursachen kann, die in die Kostenfunktion aufgenommen werden müssen. Es ist außerdem nach Wegen zu suchen, wie gewährleistet werden kann, dass die zentrale Ebene im Sinne des Gemeinwohls handelt und nicht eigene Ziele verfolgt. Im Gegensatz dazu muss aber auch untersucht werden, ob es z.B. trotz der Beachtung von Präferenzen und der Minimierung von Kosten zu Wohlfahrtsverlusten in der EU kommen kann, wenn Entscheidungen auf dezentraler Ebene verbleiben.

---

[51] Zimmermann, K., Kahlenborn, W. (1994): Umweltföderalismus – Einheit und Einheitlichkeit in Deutschland und Europa, Berlin: Ed. Sigma, S. 5

[52] Vgl. Tiebout, C. (1956): A Pure Theory of Local Expenditures, in: Journal of Political Economy, 64, S. 416-424

[53] Vgl. Hayek, F.A. (1969): Der Wettbewerb als Entdeckungsverfahren, in: Hayek, F.A.: Freiburger Studien: Gesammelte Aufsätze von F.A. Hayek, Tübingen, S. 249-265

[54] Siehe auch Apolte, T. (1999), S.18-19

Im folgenden Kapitel soll nun ausführlich auf die Kritik an der Föderalismustheorie eingegangen und die darauf aufbauenden theoretischen Überlegungen und Konzepte vorgestellt und diskutiert werden. Es wird nach weiteren Gründen und Kostenfaktoren gesucht, die bei der Entscheidung zwischen Zentralisierung und Dezentralisierung helfen sollen. Dabei werden insbesondere die ökonomischen Vor- und Nachteile eines nationalen Systemwettbewerbs erörtert und mit den Vor- und Nachteilen einer Harmonisierung auf der Ebene der EU abgewogen.

B. Systemwettbewerb versus Harmonisierung

1. Einführung

Ausgehend von der Kritik an der traditionellen ökonomischen Theorie des Föderalismus wurde die Föderalismusdiskussion zunehmend von einer Debatte über die Vor- und Nachteile eines „kompetitiven Föderalismus“[55] bzw. eines Wettbewerbs der Jurisdiktionen dominiert.

Ursache und Mittelpunkt der Diskussion bildeten dabei die Implikationen des sog. Tiebout-Modells.[56] Tiebout hatte schon 1956 auf die Vorteile des institutionellen Wettbewerbs zur Aufdeckung von Präferenzen für öffentliche Güter hingewiesen. Durch die sog. „Abstimmung mit den Füßen“ könnten die Bürger diejenige Jurisdiktion auswählen, die ihnen eine Kombination von öffentlichen Gütern und Steuerbelastung anbietet, die ihren Präferenzen am besten entspricht. Durch dieses System der Präferenzoffenbarung würde ein pareto-optimales Angebot an öffentlichen Gütern ermöglicht.

Einen weiteren wichtigen Beitrag zur Theorie des institutionellen Wettbewerbs lieferte die „Leviathan-Hypothese“ von Brennan und Buchanan.[57] Sie sahen den Staat nicht als wohlwollenden Diktator der das Gemeinwohl in den Vordergrund stellt, sondern eher als einen „Leviathan“, der seine eigene Macht und den Eigennutz erhöhen will. Wenn die Zentrale eine Monopolstellung besäße, sei in ihren Augen nicht mit einem effizienten Ergebnis zu rechnen. Daher fordern sie eine hohe Zahl konkurrierender lokaler Einheiten.

Die Diskussion um die Implikationen des Tiebout-Modells spaltete die Föderalismusdiskussion in zwei Lager. Während die Verfechter einer hayekianisch-evolutionistischen Sichtweise den institutionellen Wettbewerb befürworten[58], lehnen ihn die Anhänger der neoklassischen Wohlfahrtsökonomik eher ab[59]. Für sie führt der Wett-

---

[55] Siehe insbesondere Breton, A. (1987): Towards a Theory of Competitive Federalism, in: European Journal of Political Economy, Special Issue, Vol. 3, No. 1+2, S. 263-329 und Wintrobe, R. (1987): Competitive Federalism and Bureaucratic Power, in: European Journal of Political Economy, Special Issue, Vol. 3, No. 1+2, S. 9-31

[56] Siehe Tiebout, C.M. (1956)

[57] Siehe Brennan, G., Buchanan, J.M. (1980): The Power to Tax, Cambridge: Cambridge University Press; deutsche Fassung: Brennan, G., Buchanan, J.M. (1988): Besteuerung und Staatsgewalt, übersetzt von Cay Folkers, Hamburg: Steuer- und Wirtschaftsverlag; Vorläufer des Buches waren zwei Aufsätze: Brennan, G., Buchanan, J.M. (1977): Towards a Tax Constitution for Leviathan, in: Journal of Public Economics, 8, S. 255-273 und Brennan, G., Buchanan, J.M. (1978): Tax instruments as constraints on the disposition of public revenues, in: Journal of Public Economics, 9, S. 301ff

[58] So z.B. Breton, A., Oates, W.E., Schwab, R. , Hayek, F.A. und die Vertreter des Max-Planck Instituts zur Erforschung von Wirtschaftssystemen in Jena, Streit, M.E., Mussler, W. und Wohlgemuth, M.

[59] Darunter zählen z.B. Berglas, E., Bewley, T.F., Wilson, J.D., Wildasin, D.E., und Zodrow, G.R.. Eine Ausnahme bilden z.B. die Vertreter des Instituts für Weltwirtschaft in Kiel, Siebert, H. und Stefan

bewerb entweder zu keinem Optimum oder zieht erhebliche Nachteile nach sich. Teilweise wird auch die Übertragbarkeit des marktwirtschaftlichen Wettbewerbsmechanismus auf den Wettbewerb zwischen den Jurisdiktionen bzw. Staaten bezweifelt.

Die Kernfrage der traditionellen Föderalismustheorie – Dezentralisierung versus Zentralisierung – wird somit auf die Entscheidungsebene Wettbewerb versus Harmonisierung verlagert.[60] Der Wettbewerb der immobilen Faktoren um mobile Faktoren kann unterschiedlich bezeichnet werden. Die häufigsten Bezeichnungen sind Standortwettbewerb bzw. Systemwettbewerb. Je nachdem, welcher institutionelle Teilbereich angesprochen wird, kann auch stärker in Regulierungswettbewerb, Wettbewerb der Rechtsordnungen oder institutioneller Wettbewerb differenziert werden.[61]

Insbesondere in der Debatte um die voranschreitende Integration der EU steht der Wettbewerb staatlicher Regulierungen im Vordergrund. Hierbei wird gefragt, inwieweit entweder eine Rechtsangleichung bzw. –vereinheitlichung (Harmonisierung) vorgenommen oder eher ein Wettbewerb nationaler Regulierungssysteme ermöglicht werden sollte. Da in der EU unterschiedliche nationale Systeme von Gesetzen, Regulierungen und Steuersätzen um mobile Faktoren wie Arbeitskräfte und Kapital konkurrieren, soll im folgenden der weitere Begriff Systemwettbewerb verwendet werden.

Die in der ökonomischen Theorie des Föderalismus entwickelten Effizienzkriterien, die bei der Frage der „richtigen Kompetenzverteilung" zwischen den verschiedenen Ebenen und bei der Präzisierung des Subsidiaritätsprinzips als Kompetenzausübungsregel wichtige Erkenntnisse liefern, müssen nun um die Vor- und Nachteile des Systemwettbewerbs ergänzt werden. Es ist zu fragen, welche weiteren Vorteile eine Dezentralisierung bzw. eine Zentralisierung beim Angebot öffentlicher Güter bietet. Mögliche zusätzliche Kosten müssen in das Kalkül aufgenommen werden. Dazu werden nun im folgenden zuerst das Tiebout-Modell und die Leviathan-Hypothese ausführlich vorgestellt. Im Anschluss werden jeweils die Vor- und Nachteile des Systemwettbewerbs und der Harmonisierung dargestellt und diskutiert.

1.1 Das Tiebout-Modell

Tiebout knüpft mit seiner „Pure Theory of Local Expenditures"[62] an den Arbeiten von Samuelson und Musgrave über die Theorie öffentlicher Güter an.[63] Das große Problem, mit dem sich beide beschäftigt haben und das sie nicht lösen konnten, war die Frage, wie die Präferenzen der Konsumenten für öffentlichen Güter offenbart werden könnten.[64] Wäre es möglich, die Präferenzen der Konsumenten durch Zwang offenzulegen, dann könnte die optimale Zusammenstellung von öffentlichen Gütern und Besteuerung gefunden werden. Da der Zwang aber nicht möglich ist, wird der ratio-

---

Sinn, die der neoklassischen Wohlfahrtsökonomik verpflichtet sind, aber dennoch den institutionellen Wettbewerb befürworten. Ein starker Kritiker des institutionellen Wettbewerbs ist insbesondere Hans-Werner Sinn. Eine Gegenüberstellung und Diskussion der jeweiligen Argumente folgt in diesem Kapitel.

[60] Zentralisierung mit Harmonisierung gleichzusetzen ist vorerst eine starke Vereinfachung. Auf ausführlichere Differenzierungen wird in diesem Kapitel noch eingegangen.

[61] Vgl. z.B. Apolte, T. (1999), S. 2-4

[62] Siehe Tiebout, C.M. (1956)

[63] Siehe Samuelson, P.A. (1954), Musgrave, R.A. (1959), Musgrave, R.A. u.a. (1994); diese Arbeiten wurden bereits in Kapitel II A vorgestellt.

[64] Dieses Problem wurde bereits in Kapitel II A angesprochen.

nale Konsument seine Präferenzen nicht vollständig Preis geben und eher als Trittbrettfahrer an der Bereitstellung der Güter durch andere teilhaben. Eine mögliche Lösung sieht Musgrave in einem politischen Wahlprozess. „Um als effizienter Mechanismus der Präferenzenthüllung dienen zu können, sollte der Wahlvorgang Steuer- und Ausgabenentscheidungen miteinander verbinden. Dadurch werden die Wähler mit einer Entscheidung über Budgetvorschläge konfrontiert, die ein Preisschild in Form ihres eigenen Steuerbeitrages tragen."[65] Ein Hindernis mit dieser Art der Präferenzenthüllung sieht Musgrave aber in der repräsentativen Demokratie, wo es für die meisten Entscheidungen keine Referenden gibt.

Ein Hindernis zur Lösung des Problems der Präferenzoffenbarung in den Arbeiten von Samuelson und Musgrave sieht Tiebout darin, dass sie nur von einer zentralen Bereitstellung öffentlicher Güter ausgehen.[66] Da aber viele Güter auch dezentral bereitgestellt werden, kann gemäß Tiebout das Problem der Präferenzoffenbarung leicht gelöst werden. „The consumer-voter may be viewed as picking that community which best satisfies his preference pattern for public goods. This is a major difference between central and local provision of public goods."[67] Während auf zentraler Ebene die Präferenzen der Konsumenten gegeben sind und die Regierung versucht, diesen Präferenzen mit ihrem Angebot zu entsprechen, bieten die verschiedenen lokalen Jurisdiktionen den Bürgern eine mehr oder weniger feste Kombination von öffentlichen Gütern und den dazugehörenden Steuersätzen an. Ausgehend von diesem gegebenen Angebot zieht der Bürger nun in die Region, die seinen Präferenzen am ehesten entspricht. Mit der sog. „Abstimmung mit den Füßen" hat der Bürger seine Präferenzen für eine Mischung aus öffentlichen Gütern und Besteuerung offenbart. Tiebout geht weiter von der These aus, dass „the greater the number of communities and the greater the variance among them, the closer the consumer will come to fully realizing his preference position"[68].

Für dieses System der Präferenzoffenbarung hat Tiebout zahlreiche Annahmen definiert. Dazu zählen u.a. eine vollständige Mobilität der Bürger, die vollständige Information über die unterschiedlichen Angebote in den Jurisdiktionen, eine große Anzahl von unterschiedlichen Jurisdiktionen, die Nichtexistenz von externen Effekten und die Ausnutzung von Skalenerträgen.[69] Sind diese Annahmen erfüllt, dann wird gemäß Tiebout durch dieses System der Präferenzoffenbarung ein pareto-optimales Angebot an öffentlichen Gütern ermöglicht. In diesem Gleichgewicht kann niemand durch Abwanderung seinen Nutzen erhöhen. „Die hohe Mobilität der Bürger würde praktisch zu einer Beseitigung jener Gemeinden führen, deren Programme durch eine besonders geringe Effizienz gekennzeichnet sind."[70]

Ausgehend von den Implikationen des Tiebout-Modells wurden zahlreiche unterschiedliche Thesen über die Vor- und Nachteile des Wettbewerbs zwischen den dezentralen Jurisdiktionen bzw. zwischen den Staaten entwickelt, wobei der Mechanismus der Abwanderung im Vordergrund steht. Während Tiebout sich in erster Linie mit der Abwanderung der Bürger beschäftigte, werden in der Wettbewerbsliteratur

---

[65] Musgrave, R.A. u.a. (1994), S. 76
[66] Dieser Mangel der Theorie öffentlicher Güter war u.a. der Anlass für die Konzeptionierung der ökonomischen Theorie des Föderalismus, siehe Kapitel II A.
[67] Tiebout, C.M (1956), S. 418
[68] Tiebout, C.M (1956), S. 418
[69] Für eine ausführliche Beschreibung der Annahmen siehe Tiebout, C.M. (1956), S. 419-420
[70] Brümmerhoff, D. (1992): Finanzwissenschaft, 6. Auflage, München: Oldenbourg, S. 487

als mobile Faktoren sowohl Bürger und Arbeitskräfte, als auch Unternehmen und Kapital verstanden.

Ausgehend von den Implikationen des Tiebout-Modells erstellte S. Sinn ein Modell des Systemwettbewerbs, in dem in Analogie zum Marktwettbewerb ein funktionsfähiger Wettbewerb der Jurisdiktionen abgeleitet wird.[71] Diesen Wettbewerbsprozess unterteilt er in drei Phasen. Die erste Phase ist die konstitutionelle Phase, in der Jurisdiktionen entscheiden, welche Mischung aus öffentlichen Gütern und Steuern sie anbieten wollen. In der zweiten Phase, der Tiebout-Phase, wandern Unternehmen, Bürger und Kapital in die Jurisdiktion, die ihren Präferenzen am besten entspricht. Die dritte Phase umfasst den eigentlichen Wettbewerbsprozess. Hier erkennen die Jurisdiktionen den Erfolg oder Misserfolg ihrer Entscheidungen der ersten Phase. Haben sie mit ihrem Angebot an Gütern und Steuern nicht genug mobile Faktoren anziehen können, müssen sie ihr Angebot verändern und z.B. die Steuern für die mobilen Faktoren senken.

Ein Kritikpunkt an der Theorie von Tiebout ist die Annahme der vollständigen Mobilität. Da jede Abwanderung mit Kosten verbunden ist, seien die Möglichkeiten der „Abstimmung mit den Füßen" begrenzt. Hirschman ist aber der Auffassung, dass selbst bei eingeschränkter Mobilität dieser Abstimmungs- und Wettbewerbsmechanismus bestehen bleiben könne.[72] Nicht nur die Möglichkeit des „exit", also die Abwanderung selber wirke auf den Wettbewerbsprozess, sondern auch die Möglichkeit der „voice". Unter „voice" definiert er „any attempt at all to change, rather than to escape from, an objectionable state of affairs, whether through individual or collective petition [...], through appeal to a higher authority [...] or through various types of actions and protests, including those that are meant to mobilize public opinion"[73].

Eine der großen umstrittenen Fragen in der Literatur ist, ob die Abwanderung von mobilen Faktoren, bzw. die Möglichkeit der Abwanderung, zu Wohlfahrtsgewinnen oder –verlusten führt. Auf diese Diskussion wird in diesem Kapitel noch eingegangen.[74]

1.2 Die Leviathan-Hypothese

Brennan und Buchanan kritisieren die Verfasser der traditionellen ökonomischen Theorie des Föderalismus dahingehend, dass sie bei der Bildung einer föderativen politischen Struktur keine Kriterien für die Obergrenzen der Größe von Körperschaften definiert haben. Dieser Mangel hat seine Ursache darin, dass sich die normativen Empfehlungen der traditionellen Theorie „an den „wohlwollenden Alleinherrscher" richten, „der die Effizienzkriterien erfüllt"[75]. Brennan und Buchanan dagegen modellieren den Staat als einen „Leviathan", der seine Monopolmacht für eigene Ziele aus-

[71] Siehe Sinn, S. (1992): The Taming of Leviathan: Competition among Governments, in: Constitutional Political Economy, Vol. 3, No.2, S. 177-195

[72] Vgl. Hirschman, A.O. (1970): Exit, Voice, and Loyalty, Cambridge: Harvard University Press

[73] Hirschman, A.O. (1970), S. 30

[74] Auf eine ausführliche kritische Analyse des Tiebout-Modells kann hier nicht näher eingegangen werden. Besonders zwei kritische Arbeiten sind hervorzuheben: Buchanan, J.M., Goetz, C. J. (1972): Efficiency Limits of Fiscal Mobility: An Assessment of the Tiebout Model, in: Journal of Public Economics, 1, S. 25-43; Bewley, T.F. (1981): A Critique of Tiebout´s Theory of Local Public Expenditures, in: Econometrica, Vol. 49, S. 713-740; eine Weiterentwicklung des Modells erfolgte durch Berglas, E. (1984): Quantities, Qualities and Multiple Public Services in the Tiebout-Model, in: Journal of Public Economics, 25, S. 299-321

[75] Brennan, G., Buchanan, J.M. (1988), S. 220

nutzt und nicht unbedingt an einer sozialen Wohlfahrtsmaximierung im Interesse der Bürger interessiert ist. Der Staat wird eher als Einnahmenmaximierer gesehen, der einen hohen Überschuss an Steuereinnahmen anstrebt und sein eigenes Budget erhöhen will. Sie argumentieren, dass man „keine Begründung für einen Staatsaufbau mit getrennten politischen Ebenen entwickeln [kann], solange die Möglichkeiten einer nicht idealisierten Herrschaft nicht berücksichtigt werden“[76]. Ohne die Berücksichtigung des Staates als Leviathan könne ihrer Meinung nach keine Begründung für eine wirklich föderative Struktur entwickelt werden.

Eine Möglichkeit, den Bürger vor der Ausbeutung des Staates zu schützen, sehen Brennan und Buchanan in konstitutionellen Regelungen. Diese Regelungen sollen die Entscheidungsmacht des Staates einschränken. Eine Möglichkeit ist z.B. die Verbindung von Steuer- und Ausgabenentscheidungen, so dass dem Bürger die Kosten des Angebots an öffentlichen Gütern verdeutlicht werden können.[77]

Neben den konstitutionellen Beschränkungen wird von Brennan und Buchanan bei der Frage nach einer „optimalen Föderation“ ein möglichst hoher Grad an fiskalischer Dezentralisierung gefordert. Sie stellen die Hypothese auf, „dass die Möglichkeiten der finanzwirtschaftlichen Ausbeutung in inverser Beziehung zur Anzahl der konkurrierenden staatlichen Einheiten in dem übergeordneten Gebiet stehen“[78]. Daraus folgt die Forderung nach einer großen Anzahl dezentraler Einheiten. Brennan und Buchanan verfolgen ihrer Meinung nach das Ziel, „eine Begründung für die Aufteilung der Finanzhoheit auf verschiedene Ebenen des Staates als Mittel zur Kontrolle des gesamten Finanzhungers des Leviathan zu liefern“[79]. Brennan und Buchanan sehen in dem Wettbewerb der Gebietskörperschaften und der Mobilität der Bürger sogar „partielle oder möglicherweise vollständige Substitute für explizite finanzwirtschaftliche Beschränkungen der Besteuerungsgewalt“[80].

Insbesondere die der Forderung nach einer großen Anzahl dezentraler Einheiten zugrundeliegenden Hypothese eines inversen Zusammenhangs von der Ausbeutung des Bürgers zur Anzahl der konkurrierenden Jurisdiktionen wurde in der Literatur umstritten diskutiert. Fraglich ist, ob es einen Leviathan auf der zentralen Ebene gibt, der zu höheren Staatsausgaben führt. Gäbe es diesen Leviathan auf zentraler Ebene, dann müssten die zusätzlichen Kosten der Zentralisierung in das Kalkül der „optimalen Föderation“ aufgenommen werden. Es ist aber auch zu hinterfragen, ob eine Dezentralisierung von Staatsaufgaben bzw. ein Wettbewerb der dezentralen Einheiten diesen Leviathan wirksam bekämpfen kann. Andererseits wäre auch zu untersuchen, ob es einen Leviathan nicht auch auf dezentraler Ebene geben könnte.

---

[76] Brennan, G., Buchanan, J.M. (1988), S. 220

[77] Die von Brennan und Buchanan entwickelten Thesen wurden in der Literatur als „neuer finanzwissenschaftlicher Ansatz“ bezeichnet und den traditionellen finanzwissenschaftlichen Theorien gegenübergestellt. Die traditionelle Theorie hatte bisher alle Missbrauchsmöglichkeiten durch den Staat ausgeblendet. Die traditionelle Finanzwissenschaft ist nach der Auffassung von Grossekettler so vorgegangen, „dass sie zunächst einmal die normative Frage diskutiert hat, wie rationale Finanzverfassungen gestaltet werden sollten, wenn man voraussetzt, dass der politisch-administrative Apparat irgendwie dazu gebracht werden kann, sich wie ein wohlwollender Diktator zu verhalten“. Siehe Grossekettler, H. (1991): Der Brennan-Buchanan-Plan zur Eindämmung der Staatstätigkeit, in: Finanzarchiv, N.F. 39, H.3, S. 508; auf die weiteren konstitutionellen Vorschläge von Brennan und Buchanan soll hier nicht näher eingegangen werden.

[78] Brennan, G., Buchanan, J.M. (1988), S. 227

[79] Brennan, G., Buchanan, J.M. (1988), S. 228

[80] Brennan, G., Buchanan, J.M. (1988), S. 232

Oates hat versucht, die These von Brennan und Buchanan empirisch zu überprüfen.[81] Eine Gegenthese könnte lauten, dass die verstärkte Dezentralisierung von Aufgaben zu höheren Gesamtkosten führt. Durch die Dezentralisierung können Skaleneffekte möglicherweise nicht ausgenutzt werden und durch die hohe Anzahl der dezentralen Einheiten entstehen vermehrte Organisationskosten. Im Gegensatz zum Leviathan-Modell könnte es somit auch einen negativen Zusammenhang zwischen der Größe des Staatsbudgets (der Ausbeutung) und der Zentralisierung geben. Oates kann aber im Rahmen seiner empirischen Überprüfung keinen systematischen Zusammenhang zwischen der Größe des Staates und dem Zentralisierungsgrad feststellen. Für ihn haben beide Faktoren nichts miteinander zu tun.

Auch Forbes und Zampelli haben versucht, die Leviathan-Hypothese empirisch zu überprüfen.[82] Sie geben an, dass die Daten in der Untersuchung von Oates nicht geeignet waren, die Leviathan-Hypothese zu testen. Ihre Studie stelle nun eine wesentliche Verbesserung dar. Im Gegensatz zu Oates und Brennan und Buchanan finden sie einen signifikanten und positiven Zusammenhang zwischen der Anzahl der konkurrierenden lokalen Jurisdiktionen und der Größe ihres jeweiligen Staatssektors. Sie finden auch heraus, dass die Anzahl der konkurrierenden Jurisdiktionen keinen systematischen Einfluss auf die Höhe der Löhne der Beamten haben. Forbes und Zampelli sind daher der Auffassung, dass die Größe der lokalen Jurisdiktionen (bzw. deren Budget) durch die fehlende Ausnutzung der Skaleneffekte und die große Breite der unterschiedlichen Aufgaben zustande kommt.[83]

2. Systemwettbewerb

Der Systemwettbewerb wird hier definiert als der Wettbewerb institutioneller Arrangements um mobile Faktoren. Die Regierungen, hier diejenigen der Europäischen Union, definieren einen institutionellen Rahmen, der aus einem allgemeinen Regelsystem besteht. Innerhalb dieses Regelsystems werden „öffentliche Güter" produziert, die von den Unternehmen und Bürgern genutzt werden können, die sich auf ihrem nationalen Gebiet niederlassen. Zu diesen immobilen Gütern zählen z.B. Regulierungen, Infrastruktur und, andererseits, Steuern.

Im Wettbewerb konkurrieren die Staaten mit ihren unterschiedlichen institutionellen Arrangements um für sie gewinnbringende mobile Faktoren, also insbesondere um Unternehmen, Arbeitskräfte und Kapital. Lassen sich nicht genug gewünschte mobile Faktoren in ihrem Gebiet nieder, so besteht die Möglichkeit, ihr institutionelles Arrangement zu ändern, um so weitere Nachfrage zu mobilisieren. Voraussetzungen für den Systemwettbewerb sind, dass die privaten Handlungsträger zwischen den verschiedenen Systemen frei wählen können, dass die Systeme nach außen hin offen sind und dass sie die Möglichkeit zur Abwanderung bieten.

---

[81] Siehe Oates, W.E. (1985): Searching for Leviathan: Empirical Study, in: The American Economic Review, Vol. LXXV, S. 748-757

[82] Forbes, K.F., Zampelli, E.M. (1989): Is Leviathan a Mythical Beast?, in: American Economic Review, 79, S. 568-577

[83] Im Zusammenhang mit der Ausweitung des Budgets des öffentlichen Sektors kann auf zahlreiche Forschungsarbeiten und Veröffentlichungen verwiesen werden, die versuchen, das „Gesetz der zunehmenden Staatstätigkeit" von dem Finanzwissenschaftler Adolph Wagner zu überprüfen. Es werden dabei zahlreiche Ursachen für ein Ausgabenwachstum festgestellt. Siehe u.a. Wagner, A. (1893): Grundlegung der politischen Ökonomie, I. Teil, 3. Auflage, Leipzig; Recktenwald, H.C. (1977): Umfang und Struktur der öffentlichen Ausgaben in säkularer Entwicklung, in: Albers, W. (Hrsg.): Handwörterbuch der Wirtschaftswissenschaften (HdWW), Band 1, Tübingen: Mohr, S. 718-752; Musgrave, R.A. u.a. (1994), S. 157-179

2.1 Vorteile des Systemwettbewerbs

Insbesondere Hayek und die Verfechter der sog. klassisch-evolutorischen Wettbewerbstheorie haben die Annahmen und Aussagen der neoklassischen Wettbewerbstheorie stark kritisiert. Ihrer Meinung nach kommen die ökonomischen Vorteile des Systemwettbewerbs in der neoklassischen Theorie nicht ausreichend zum Ausdruck bzw. werden aufgrund der realitätsfremden Annahmen ausgeblendet. Zu den realitätsfremden Annahmen zählen sie insbesondere die vollkommene Information des allwissenden Planers und das Konzept des wohlwollenden Diktators.

Der Vorteil des Wettbewerbs in seiner Rolle als Entdeckungsverfahren und seiner Funktion zur Vermeidung von Fehlern soll insbesondere dem in der Realität anzutreffenden „konstitutionellen Wissensmangel" der Entscheidungsträger begegnen. Zusätzlich dient der Wettbewerb zur Entdeckung und Anpassung an die Präferenzen der Bürger. Da der Staat im Sinne von Brennan und Buchanan als Leviathan modelliert wird, nimmt der Wettbewerb eine besondere Funktion als Kontroll- und Machtbegrenzungsverfahren ein. Der Wettbewerb dient zusätzlich zur Sicherung der individuellen Freiheit der Bürger.

2.1.1 Der Wettbewerb als Entdeckungsverfahren

Hayek kritisiert an der neoklassischen Wettbewerbstheorie in erster Linie die Ausblendung des Wissensproblems.[84] In der neoklassischen Wettbewerbstheorie sind dem allwissenden Planer die Präferenzen der vollkommen informierten Bürger bekannt. Anhand der bekannten gesellschaftlichen Wohlfahrtsfunktion und den Produktionsmöglichkeiten kann ein optimales Allokationsergebnis im Sinne des Pareto-Kriteriums erreicht werden. „Gefragt wird nach der Marktstruktur, die ein Marktverhalten zur Folge hat, welches das optimale Allokationsergebnis garantiert. Wettbewerb wird damit zum Instrument gesellschaftlicher Wohlfahrtsmaximierung, das Konkurrenzgleichgewicht zum Referenzmodell für die Bewertung ökonomischer Zustände."[85]

Hayek ist der Auffassung, dass wenn jemandem wirklich all diese Voraussetzungen bekannt wären, sie „diesen Wettbewerb völlig uninteressant und nutzlos machen würden. Wenn irgend jemand tatsächlich all das wüßte, was die ökonomische Theorie als ‚Daten' bezeichnet, so wäre Wettbewerb gewiß eine höchst verschwenderische Methode zur Herbeiführung einer Anpassung an diese Tatsachen"[86].

Der Wettbewerb kann seiner Meinung nur damit gerechtfertigt werden, dass „wir die wesentlichen Umstände nicht kennen, die das Handeln der im Wettbewerb Stehenden bestimmen"[87]. Hayek sieht den Wettbewerb somit als ein „Verfahren zur Entdeckung von Tatsachen [...], die ohne sein Bestehen entweder unbekannt bleiben oder doch zumindest nicht genutzt werden würden"[88].

Der Wettbewerb der Anbieter um die Gunst der Abnehmer führt gemäß Hayek zu Produkt- und Prozessinnovationen und –imitationen. Sieht sich ein Unternehmer mit

---

[84] Vgl. Hayek, F.A. (1969), Siehe auch Schumpeter, J.A. (1987): Theorie der wirtschaftlichen Entwicklung: eine Untersuchung über Unternehmergewinn, Kapital, Kredit, Zins und den Konjunkturzyklus, 7. Auflage, Berlin

[85] Mussler, W., Wohlgemuth, M. (1994): Institutionen im Wettbewerb – Ordnungstheoretische Anmerkungen zum Systemwettbewerb in Europa, Diskussionsbeitrag 05-94, Max-Planck-Institut, Jena, S. 4

[86] Hayek, F.A. (1969), S. 249

[87] Hayek, F.A. (1969), S. 249

[88] Hayek, F.A. (1969), S. 249

schwindender Nachfrage konfrontiert, muss er nach neuen Problemlösungen suchen und ggf. seine Parameter wie Preis, Qualität und Produktart ändern. Durch diesen Wettbewerbsdruck können entweder neue Produkte und Prozesse entdeckt oder erfolgversprechende Verfahren der Konkurrenz imitiert werden. Teilweise kommt es dadurch zu kreativen „trial and error – Prozessen". Die Konkurrenten werden wiederum versuchen, zu neuartigen Innovationen zu greifen. Durch diesen Wettbewerbsprozess wird ständig neues Wissen geschaffen.

Das Ergebnis des Wettbewerbs als Entdeckungsverfahren ist unvorhersehbar und endet nicht in einem Gleichgewicht. Ein Gleichgewicht würde nämlich voraussetzen, dass „die relevanten Tatsachen schon entdeckt sind und der Prozess des Wettbewerbs daher zum Stillstand gekommen ist"[89]. Wettbewerbsprozesse können sich somit als „evolutorische Phänomene"[90] erweisen.

Wird das Konzept des Entdeckungswettbewerbs auf den Systemwettbewerb übertragen, bedeutet dies einen Entdeckungswettbewerb auf der Ebene der institutionellen Regelsysteme. Werden von einem bestimmten institutionellen Arrangement nicht genug mobile Faktoren angezogen, entsteht Handlungsdruck, das bestehende System zu modifizieren. Da mobile Faktoren nur in begrenzter Zahl zur Verfügung stehen, treten die Systeme in einen Wettbewerb. Da institutionelle Arrangements aber immer aus einem ganzen Güterbündel bestehen, muss nicht immer ersichtlich sein, welche Faktoren den Erfolg herbeigeführt haben. Wettbewerb und Imitation sind somit ein Prozess des Experimentierens.

Mussler und Wohlgemuth sehen in dem Wettbewerb auch ein sinnvolles Verfahren, „wenn anerkannt wird, dass Politiker irren können, da sie nicht vorab wissen, welches heute und in Zukunft die entscheidenden Probleme und die geeignetsten Problemlösungsversuche sind"[91]. Auch sie müssen aufgrund von Vermutungen handeln und experimentieren. Systemwettbewerb kann hier als „Anpassung an den konstitutionellen Wissensmangel verstanden werden"[92]. Der Wettbewerb bedeutet eine Chance, „Wissen über besondere Umstände von Raum und Zeit, also über eine jeweils geeignete institutionelle Infrastruktur zu erschließen, sowie einen Anreiz für Politiker, dieses Wissen aus eigenem Interesse bei der Bereitstellung von Institutionen zu nutzen"[93]. Systemwettbewerb und die Möglichkeit der Abwanderung bieten somit neben dem traditionellen Wahlmechanismus eine weitere Möglichkeit, den Politikern Missbilligung über ein institutionelles System auszudrücken.

Streit definiert den Systemwettbewerb als Entdeckungsverfahren somit als ein Verfahren, „ das es privaten Wettbewerbern ermöglicht, die Problemlösungsqualität vorhandener institutioneller Arrangements vergleichend zu prüfen. Zugleich regt es politische Wettbewerber an, attraktivere institutionelle Neuerungen zu entwickeln"[94].

---

[89] Hayek, F.A. (1969), S. 256
[90] Wohlgemuth, M. (1999): Systemwettbewerb als Entdeckungsverfahren, in: Streit, M.E., Wohlgemuth, M. (Hrsg.): Systemwettbewerb als Herausforderung an Politik und Theorie, Baden-Baden: Nomos, S. 51
[91] Mussler, W., Wohlgemuth, M. (1994), S. 9
[92] Mussler, W., Wohlgemuth, M. (1994), S. 9
[93] Mussler, W., Wohlgemuth, M. (1994), S. 9
[94] Streit, M.E. (1995): Systemwettbewerb und Harmonisierung im europäischen Integrationsprozess, Max-Planck-Institut zur Erforschung von Wirtschaftssystemen, Diskussionsbeitrag 09-95, S. 7

Eine Harmonisierung von institutionellen Regelsystemen würde gemäß Hayek den Prozess des Entdeckens und Experimentierens unterbinden. Für Mussler und Wohlgemuth bedeutet daher Harmonisierung „den voreiligen Verzicht auf Spielräume nicht nur für adaptive Fehlerkorrekturen, sondern auch für innovative Lösungsansätze, die nicht zuletzt aufgrund der laufenden Veränderung zu regelnder Problemlagen geboten bleiben"[95].

2.1.2 Vermeidung und Korrektur von Fehlern

Diese fehlende Möglichkeit, zu innovativen Lösungen zu gelangen, ist besonders dann folgenschwer, wenn z.B. aufgrund des konstitutionellen Wissensmangels der Zentrale eine Lösung implementiert wurde, die sich im nachhinein als ineffizient oder ungeeignet herausstellt. Insbesondere dann, wenn harmonisierte Lösungen durch Verhandlungen zustande kommen, können sich die Ergebnisse durch strategisches Verhalten, nationale Sonderinteressen, den Druck von mächtigen Lobbyisten und durch Kompromisse als kompliziert und kaum durchführbar erweisen. Auf die europäische Ebene bezogen zeigt sich gemäß Woolcock auch die Erfahrung, dass „EC directives may result in regulation which is determined more by political expediency and the need to reach a compromise than by good regulatory practice"[96].

Gemäß Wohlgemuth erweist sich der Wettbewerb zwischen dezentralen Problemlösungen als ein „chancenreicheres und risikoärmeres Verfahren der sozialen Fehlerkorrektur bei sich laufend ändernder Vielfalt von Präferenzen und Problemlagen"[97]. Harmonisierte Politiken sind dagegen schwer korrigierbar. „[...] Selbst erkannte Fehler harmonisierter Lösungen sind wegen des anspruchsvollen Einigungsprozesses (etwa im EU-Ministerrat [...]) in Form komplexer Stimmentausch-Arrangements nur mehr schwer revidierbar und können in Folge verfestigter status-quo-Orientierungen das gesamte ‚harmonisierte' Gebiet in verlängerte institutionelle Sklerose versetzen."[98]

2.1.3 Anpassung an Präferenzen

Ein weiterer Vorteil des Wettbewerbs besteht in seiner Funktion zur Aufdeckung bestehender und sich im Zeitablauf ändernder Präferenzen. Schon Oates hatte im Rahmen der traditionellen Theorie des Föderalismus die These aufgestellt, dass bei lokalen öffentlichen Gütern eine dezentrale Bereitstellung gegenüber einer zentralen zu bevorzugen sei, da somit regional unterschiedliche Präferenzen besser berücksichtigt werden könnten.[99] Tiebout hat in seinen Arbeiten eine Lösung zur Offenbarung der Präferenzen für lokale öffentliche Güter entwickelt. Unter der Voraussetzung einer vollständigen Mobilität, könnten die Bürger in diejenige Jurisdiktion wandern, in der die Mischung aus öffentlichen Gütern und Steuersätzen am ehesten ihren Präferenzen entspricht. Durch dieses System der Präferenzoffenbarung könne gemäß Tiebout ein pareto-optimales Angebot an öffentlichen Gütern erreicht werden.

Die Vertreter der hayekianisch-evolutorischen Sichtweise des Wettbewerbs sehen die Aufdeckung von Präferenzen durch die sog. „Abstimmung mit den Füßen" auch als einen Vorteil des Wettbewerbs an, jedoch kritisieren sie Tiebouts zu eng und sta-

---

[95] Mussler, W., Wohlgemuth, M. (1994), S. 11
[96] Woolcock, S. (1994): The Single European Market – Centralisation or Competition among National Rules?, The Royal Institute of International Affairs, London: Chameleon Press, S. 16
[97] Wohlgemuth, M. (1999), S. 65
[98] Wohlgemuth, M. (1999), S. 65
[99] Siehe Kapitel II A Punkt 3

tisch angelegte Effizienzüberlegungen. Für sie dient der Wettbewerb nicht nur zu Aufdeckung bestehender Präferenzen für institutionelle Arrangements, sondern ermöglicht auch das Entdecken der sich im Zeitablauf ändernden Präferenzen. Präferenzen, Probleme und Kenntnisse unterliegen in einem evolutorisch-dynamischen Prozess einem ständigen Wandel. Ein einmalig an Präferenzen orientiertes („optimales") institutionelles Arrangement muss im Zeitablauf nicht mehr das bevorzugte sein. Die mobilen Faktoren können ihre Präferenzänderung bzw. ihre Unzufriedenheit durch Protest (voice) oder durch Abwanderung in ein anderes System (exit), das ihren Präferenzen besser entspricht, äußern. Ohne Systemwettbewerb wäre das Entdecken der veränderten Präferenzen und die Anpassung der Systeme daran schwerer möglich. Politiker können unter Druck gesetzt werden, sich den Präferenzen der Bürger stärker anzupassen.[100]

2.1.4 Der Wettbewerb als Machtbegrenzungs- und Kontrollverfahren

Eine besonders wichtige Rolle spielt der Wettbewerb als Machtbegrenzungs- und Kontrollverfahren. Hier wird von den Verfechtern der evolutorischen Wettbewerbstheorie der von Brennan und Buchanan entwickelte Gedanke des Staates als „Leviathan" aufgegriffen. Der Systemwettbewerb solle diesen Leviathan zähmen. Auch hier wird wieder der Unterschied zur neoklassischen Wettbewerbstheorie bzw. zur ökonomischen Föderalismustheorie deutlich. „In Modellen, in denen [...] davon ausgegangen wird, dass der Staat sein Zwangsmonopol nach dem Bilde des wohlwollenden Diktators nutzt, welcher neben dem Wissen auch den Willen hat, Paretoeffiziente Politiken aufrechtzuerhalten, ist Systemwettbewerb weder als Entdeckungs- noch als Kontrollverfahren notwendig."[101]

Die Möglichkeit der Abwanderung in ein anderes System kann hier dazu genutzt werden, die „Macht" einer Zentrale bzw. der Politiker zu kontrollieren bzw. zu begrenzen. Hat der Staat eine Monopolstellung, kann er diese dazu benutzen, seine eigenen Interessen zu verfolgen. Er muss sich nicht an den Präferenzen orientieren, effizient handeln, nach Innovationen suchen oder die Wohlfahrt der Individuen erhöhen. Er kann sich auf dem Status quo ausruhen, da er nicht mit einer Abwanderung „bestraft" werden kann.

Je mobiler die Faktoren jedoch sind und je mehr Auswahlmöglichkeiten zwischen den Jurisdiktionen bestehen, desto eher können sie sich dem Machtbereich eines Systems zugunsten eines anderen entziehen und somit dessen Macht begrenzen. „Wettbewerbsfreiheit – hier im Sinne grenzüberschreitender Bewegungsfreiheit von Ressourcen – dient somit nicht nur der Entdeckung dezentraler Präferenzen und Handlungsalternativen. Sie beinhaltet auch die Möglichkeit der Betroffenen, der zwangsweisen Unterwerfung unter Politikern zu entgehen, die sich für sie als ungeeignet oder unerträglich erweisen."[102]

Übertragen auf den Systemwettbewerb innerhalb der EU könnte durch eine zu starke Angleichung und Vereinheitlichung der institutionellen Systeme der Mitgliedstaaten diese Kontroll- und Machtbegrenzungsfunktion durch die Möglichkeit der Abwanderung unterbunden werden. Obwohl die Möglichkeit der Abwanderung besteht, wäre es nicht mehr möglich, zwischen unterschiedlichen institutionellen Systemen auszuwählen. Zudem könnte sich durch eine zu starke Harmonisierung der Rechtsvor-

---

[100] Vgl. Mussler, W., Wohlgemuth, M. (1994), S. 14ff
[101] Mussler, W., Wohlgemuth, M. (1994), S. 13
[102] Mussler, W., Wohlgemuth, M. (1994), S. 14

schriften ein Leviathan in Brüssel ausbreiten, ohne dass er durch Abwanderung bestraft oder unter Druck gesetzt werden könnte. Besteht aber eine Öffnung nach außen, d.h. die mobilen Faktoren können die EU ungehindert verlassen, dann wäre auch hier eine „Abstimmung mit den Füßen“ als Machtbegrenzungsinstrument wirksam. Will der Leviathan aber die Kontrolle und Machtbegrenzung durch die Abwanderung verhindern, so wird er den „exit“ durch geeignete Regeln erschweren.

2.1.5 Folgen des Wettbewerbs

Umstritten ist, welche Folgen ein Wettbewerb nach sich zieht. Entweder es existieren weiterhin unterschiedliche Systeme nebeneinander oder der Wettbewerb der Regelsysteme könnte zu einer „Harmonisierung von unten“ bzw. im Vergleich zu einer ex-ante Harmonisierung zu einer ex-post Harmonisierung führen. Es könnte vermutet werden, dass es im Rahmen eines adaptiven Prozesses zu einer Konvergenz der besten Regulierung kommen könnte.

Die Vertreter der evolutorischen Wettbewerbstheorie sind der Auffassung, dass der Wettbewerb nicht zu einer Harmonisierung von unten oder zu einer Konvergenz der Systeme führt. Streit ist z.B. der Meinung, dass „unterschiedliche Regelungen auch deshalb koexistieren können, weil es bei den von Regulierung betroffenen Nutzern von Gütern und Diensten durchaus unterschiedliche Präferenzen hinsichtlich des Realisierungsgrades von Regulierungszielen geben kann“[103]. Innerhalb des Innovationswettbewerbes wird auch kontinuierlich nach neuen und überlegenen Lösungen gesucht. „Ein solcher Innovationsprozess kann dann im Schumpeterschen Sinne als Prozess der schöpferischen Zerstörung charakterisiert werden, der das Harmonisierungsziel nicht nur nicht enthält, sondern dieses geradezu ausschließt. Wettbewerb bewirkt nicht Gleichheit, sondern Differenzierung.“[104]

Da der Wettbewerb nicht zu einer Konvergenz führt, ist Streit der Auffassung, dass der Wettbewerb auch nicht als Alternative zur „ex-ante-Harmonisierung“ betrachtet werden dürfe.[105] Siebert und Koop hingegen sehen Wettbewerb und ex-ante Harmonisierung als Alternative an. Sie präferieren aber den institutionellen Wettbewerb, da er im Gegensatz zur ex-ante Harmonisierung die bessere Integrationsmethode darstellt. Der Wettbewerb ist eine „dynamic method of finding the best institutional arrangement“[106]. Hauser und Hösli sind auch der Auffassung, dass der Wettbewerb zu einer ex-post Harmonisierung führt. Wettbewerb „may lead to an assimilation of national regulations, since ineffective regulations are likely to be driven out by market forces. Thus, the competitive process among national regulations is likely to lead to harmonization ex post“[107]

2.1.6 Sicherung der individuellen Freiheit

Fraglich ist, ob der Wettbewerb die individuelle Freiheit des Bürgers besser schützt als eine Zentralregierung.
Wohlgemuth ist der Auffassung, dass der offene Wettbewerb die Freiheit des Bürgers besser schützt, da er dem Bürger eine Wahlfreiheit zwischen institutionellen Ar-

---

[103] Streit, M.E. (1995), S.8

[104] Schäfer, W. (1998): Soziale Harmonisierung oder Wettbewerb der Systeme in der Integration Europas, in: Biskup, R. (Hrsg.): Dimensionen Europas, Stuttgart: Haupt, S. 288

[105] Vgl. Streit, M.E. (1995), S. 8

[106] Siebert, H., Koop, M. (1990): Institutional Competition. A Concept for Europe?, in: Aussenwirtschaft, 45. Jhrg., Heft IV, S. 439

[107] Hauser, H., Hösli, M. (1991): Harmonization or Regulatory Competition in the EC (and the EEA), in: Aussenwirtschaft, 46, Heft III/IV, S. 498

rangements garantiert. „Hiermit geraten freiheitssichernde Institutionen in den Vordergrund positiver wie normativer Aussagen. Eingriffe in Marktprozesse mit dem Ziel, bestimmte Marktergebnisse zu erzwingen, werden hingegen als systemwidrige Bedrohungen der Funktionsfähigkeit spontaner Wettbewerbsordnungen abgelehnt."[108]

Streit ist der Auffassung, dass mit dem Wettbewerb häufig das Ziel und die Hoffnung der Sicherung der individuellen Freiheit vor übertriebenen staatlichen Eingriffen verbunden wird. Es würde vielfach behauptet werden, dass „die freiheitssichernde Funktion des Zentralstaates durch den Wettbewerb der Systeme besser erfüllt werden würde"[109]. Jedoch gibt es seiner Meinung nach im politischen wie im ökonomischen Sinne verschiedene Formen des Wettbewerbs, „und nur einige davon lassen sich als Wettbewerb im Interesse von Effizienz und individueller Freiheit identifizieren"[110]. Es gäbe auch andere Formen von Wettbewerb, wie z.B. Protektionismus und Subventions- und Deregulierungswettläufe, die die individuelle Freiheit beschränken könnten. Diese möglichen Formen des Wettbewerbs werden unter dem Punkt „Nachteile des Systemwettbewerbs" angesprochen.

2.1.7 Zusammenfassung der Vorteile

Die Vorteile des Systemwettbewerbs liegen in seiner Rolle als Entdeckungsverfahren, seiner Funktion der Vermeidung und Korrektur von Fehlern, seiner Funktion zur Offenbarung und Anpassung an Präferenzen und seiner Rolle als Kontroll- und Machtbegrenzungsverfahren.
Können z.B. durch die Verlagerung einer Kompetenz auf die Zentrale (die EU), neue und effizientere Lösungsmöglichkeiten nicht entdeckt, ineffiziente Normen nicht korrigiert, Regelungen im Zeitablauf nicht an sich wandelnde Präferenzen angepasst und ein Leviathan auf zentraler Ebene nicht bekämpft werden, dann entstehen zusätzliche Kosten, die in das Entscheidungskalkül Zentralisierung versus Dezentralisierung mit aufgenommen werden müssen. Diese Kosten, die durch einen fehlenden Wettbewerb entstehen, können auch Zentralisierungskosten genannt werden. Doch bevor endgültige Aussagen getroffen werden können, müssen auch die Nachteile des Systemwettbewerbs analysiert werden.

2.2 Nachteile des Systemwettbewerbs

Zu den Nachteilen des Systemwettbewerbs gehören hohe Transaktionskosten und Unsicherheit, die durch häufige Veränderungen des institutionellen Systems entstehen können. Zudem ist es nicht möglich, grenzüberschreitende externe Effekte allein durch Wettbewerb zu internalisieren.

Gewichtiger sind aber die Befürchtungen, dass der Wettbewerb zu einem Deregulierungswettbewerb, einem sog. „Race to the bottom" führen könnte, an dessen Ende eine suboptimale oder sogar keine Regulierung (zero-regulation) steht. Da mobile Faktoren nicht mehr ausreichend besteuert werden, können öffentliche Güter nicht mehr in angemessener Menge zur Verfügung gestellt werden und es würde kein Spielraum mehr für Umverteilung im Rahmen des Sozialstaats verbleiben.

Diese Befürchtungen beruhen insbesondere auf der Annahme, dass der marktliche Wettbewerbsmechanismus nicht ohne Einschränkungen auf den Wettbewerb der

---

[108] Wohlgemuth, M. (1999), S. 52
[109] Streit, M.E. (1995), S. 25
[110] Streit, M.E. (1995), S. 25

Staaten übertragen werden könne. Hier werden die Theorien des Marktversagens und des Staatsversagens miteinander konfrontiert.[111]

2.2.1 Hohe Transaktionskosten und Unsicherheit

Ein Nachteil des Wettbewerbes ist, dass er im Vergleich zu Harmonisierungslösungen höhere Transaktionskosten und Unsicherheit verursachen kann.
Einerseits kann der Wettbewerb Transaktionskosten senken, indem durch den Innovations- und Entdeckungsprozess und die schnelle Möglichkeit der Fehlerkorrektur das Verharren auf ineffizienten institutionellen Arrangements vermieden werden kann. Andererseits können sowohl bei den Anbietern als auch bei den Nachfragern hohe Kosten entstehen. Diese Kosten entstehen insbesondere durch die höheren Inflexibilitäten des institutionellen Systems im Vergleich zu den Gütermärkten.

Auf der Anbieterseite entstehen höhere Kosten, da die durch den Wettbewerb verursachten institutionellen Änderungen, wie z.B. Modifizierungen von Steuergesetzen, nicht kurzfristig vorgenommen werden können, sondern einen langen administrativen und politischen Prozess durchlaufen müssen. Bestehende Gesetze, Formulare und Prozesse müssen geändert und staatliche Stellen, Multiplikatoren, Unternehmen – und die mobilen Faktoren im In- und Ausland - über diese Modifikation in Kenntnis gesetzt werden. Da aufgrund dieser Kosten ein häufiges Ändern ausgeschlossen ist, müssen sich die Akteure des Systems zuerst umfassend über die institutionellen Arrangements ihrer Konkurrenten informieren und die Übertragbarkeit dieser Arrangements auf ihr System prüfen. Der Prozess des Generierens von Wissens verursacht hohe Informationskosten. Das einmalige Aufstellen von einheitlichen Regeln im Rahmen von Harmonisierung würde im Zeitablauf weniger Kosten verursachen.

Für die Nachfrager nach öffentlichen Gütern, hier die mobilen Faktoren, entstehen im Vergleich zum Güterwettbewerb auch höhere Transaktionskosten. Werden neue Regeln eingeführt, müssen sie sich darüber informieren und ihre Prozesse und Abläufe auf diese Neuerungen einstellen. Dieser Anpassungsprozess kann Kosten verursachen. Bei einer durch die neuen Regeln ausgelösten Standortverlagerung in ein anderes System entstehen ebenfalls hohe Kosten. Vor der Verlagerung müssen Informationen eingeholt und Kosten-Nutzen Analysen vorgenommen werden. Die Höhe der Verlagerungskosten richtet sich jedoch nach dem Grad der Mobilität. Das Abziehen von Kapitalanlagen ist ggf. kostengünstiger als das Umsiedeln eines ganzen Unternehmens. Aufgrund dieser hohen Kosten ist die Androhung einer Abwanderung bei den Entscheidungsträgern eines institutionellen Arrangements somit nicht immer glaubhaft.[112]

Ein zu häufiges Ändern von institutionellen Arrangements im Rahmen eines Innovations- und Entdeckungswettbewerbs kann zusätzlich die Unsicherheit bei den mobi-

---

[111] Ein bedeutender Kritiker des Systemwettbewerbs ist H.W. Sinn. Seine Thesen hat er in zahlreichen Veröffentlichungen mit unterschiedlichen Schwerpunkten dargelegt. Siehe u.a. Sinn, H.W. (1990): Tax Harmonization and Tax Competition in Europe, in: European Economic Review 34, S. 489-504, Sinn, H.W. (1994): Wie viel Brüssel braucht Europa?, in: Staatswissenschaften und Staatspraxis, Heft 2, S. 155-186, Sinn, H.W. (1995): Implikationen der vier Grundfreiheiten für eine nationale Fiskalpolitik, in: Wirtschaftsdienst, Heft V, S. 240-249, Sinn, H.W. (1997): Das Selektionsprinzip und der Systemwettbewerb, in: Schriften des Vereins für Socialpolitik, NF 253, S. 9-61, Sinn, H.W. (2001): Der neue Systemwettbewerb, CESifo München, Vortrag bei der Jahrestagung des Vereins für Socialpolitik in Magdeburg, September 2001

[112] Hohe Kosten fallen insbesondere für die kurze Frist an. Langfristig gesehen kann eine einmalige Standortverlagerung auch die Gesamtkosten senken.

len Faktoren erhöhen und sogar zu negativen Effekten führen. „There ist also a strong preference among many business interests for clarity and stability in regulation. If changes occur too often the flexibility of competition among rules could prove to be counter-productive."[113] Unternehmer und Kapitalanleger brauchen eine gewisse Stabilität, um konkurrierende Systeme bezüglich der Gewinnerwartung vergleichen zu können. Hohe Unsicherheiten und Intransparenzen erhöhen das Investitionsrisiko und verursachen zusätzliche Informations-, Anpassungs- oder auch Versicherungskosten.

2.2.2 Externe Effekte

Bereits die Vertreter der traditionellen Theorie des Föderalismus haben ein Problem erkannt, das die effiziente Bereitstellung von öffentlichen Gütern durch eine Jurisdiktion bzw. ein institutionelles System beschränken kann – externe Effekte. Externe Effekte verursachen soziale Kosten, die internalisiert werden müssen. Dazu wurden verschiede Instrumente vorgeschlagen – Finanzzuweisungen, Steuern, Verhandlungen oder eine Zentralisierung der Aufgabe. Wettbewerb allein kann diese Aufgabe nicht lösen. Auch Woolcock ist der Auffassung, dass das Problem von grenzüberschreitenden externen Effekten nicht gelöst werden kann, „unless there is cooperation and, in effect, some harmonization or approximation of policies with other countries"[114].

Im Einzelfall ist also zu prüfen, ob es vorteilhafter und kostengünstiger ist, bestimmte Regeln zur Internalisierung von externen Effekten bzw. zur Überwachung von Regeln zu harmonisieren, oder ob zwischenstaatliche Verhandlungslösungen zu bevorzugen sind.[115] Hauser führt an, dass sich in der Umwelttheorie die Erkenntnis durchgesetzt hat, „dass marktwirtschaftliche Instrumente (Haftungsregeln, handelbare Emmissionsrechte, Umweltabgaben) effizientere Instrumente zur Erreichung von Umweltschutzzielen sind als administrative Vorgaben für Produktionsprozesse und Produkte"[116]. Siebert und Koop vertreten demgegenüber die Auffassung, dass gerade im Umweltbereich zur Internalisierung von externen Effekten ein gewisser Grad an Harmonisierung notwendig ist. Sie schlagen z.B. eine europaweit harmonisierte CO2-Steuer vor.[117]

2.2.3 Race to the bottom

Von den Kritikern des Wettbewerbs wird als eine Folge des Systemwettbewerbs eine Abwärtsspirale im Bereich der Regulierungen und Steuern, ein „Race to the bottom" befürchtet. Der verstärkte Wettbewerb und die „exit-Option" der mobilen Faktoren zwinge die Staaten dazu, ihre Standards und Regulierungen so weit zu senken und zu unterbieten, bis es zu einer suboptimalen Regulierung oder sogar zu keiner Regulierung (zero-regulation) komme.

---

[113] Woolcock, S. (1994), S. 19
[114] Woolcock, S. (1994), S. 18
[115] Auf die Vor- und Nachteile wurde bereits in Kapitel II A eingegangen.
[116] Hauser, H. (1993): Harmonisierung oder Wettbewerb nationaler Regulierungssysteme in einem integrierten Wirtschaftsraum, in: Aussenwirtschaft, 48, Heft IV, S. 468
[117] Vgl. Siebert, H., Koop, M. (1993): Institutional Competition versus Centralization: Quo vadis Europe?, in: Oxford Review of Economic Policy, Vol. 9, No.1, S. 19

2.2.3.1 Dumping

Dieses gegenseitige Unterbieten von Regulierungen, das auch als „Dumping" bezeichnet wird[118], wird insbesondere im Umwelt-, Arbeits- und Sozialbereich vermutet. Hier wird insbesondere die Gefahr gesehen, dass reichere Staaten ihre Standards absenken, um so mit ärmeren Staaten, die ein weniger stark ausgeprägtes Sozialsystem aufweisen, konkurrieren zu können. Gemäß Sinn ist insbesondere im Sozialbereich „zu erwarten, dass die Intensivierung des innereuropäischen Wettbewerbs auf dem Wege über einen Abbau von Lohnnebenkosten in den schon weiter entwickelten Ländern zu einer Demontage der Gesundheits- und Sicherheitsstandards führt und auch die Löhne dieser Länder selbst unter Druck setzt"[119]. Von den Kritikern des Systemwettbewerbs wird daher vielfach der Ruf nach einer Harmonisierung dieser Standards bzw. nach Mindeststandards laut.

Schäfer sieht in dem Verhalten der ärmeren Länder aber kein Dumping, sondern nur das Ausnutzen ihres komparativen Vorteils. Da die ärmeren Länder „geringere wohlfahrtsstaatliche Kosten in die Kalkulation ihrer Produktionskosten einrechnen müssen, betreiben sie kein Dumping, sondern sie unterbieten einfach die Arbeitsmarktbedingungen in den Wohlfahrtsstaaten und machen sich dadurch wettbewerbsfähig"[120]. Ein harter Wettbewerb zwischen den ärmeren und den reichen Ländern stellt für ihn keine Wettbewerbsverzerrung dar, die durch Harmonisierung beseitigt werden müsste. „Sie ist vielmehr Ausdruck eines ökonomischen und institutionellen Wettbewerbs der Arbeitsmarktbedingungen innerhalb der EU."[121] Mit einer Harmonisierung würde man seiner Meinung nach den ärmeren Ländern ihre Wettbewerbsfähigkeit rauben und ihnen sozialpolitische Vorstellungen der Wohlfahrtsstaaten aufoktroyieren. Eine Harmonisierung würde die unterschiedlichen Präferenzen der Staaten missachten. Für die Wohlfahrtsstaaten bringe der Wettbewerb auch einen Vorteil. Aufgrund des Wettbewerbsdrucks müssten sie ihre Produktivität beim Angebot der sozialen Güter steigern.[122]

2.2.3.2 Unterversorgung mit öffentlichen Gütern

Im Rahmen des Fiskalwettbewerbs wird von den Kritikern des Wettbewerbs die These aufgestellt, dass es aufgrund der Steuerbefreiung von mobilen Faktoren, und insbesondere des Kapitals, zu einer Unterversorgung mit öffentlichen Gütern kommt. Die Staaten werden ihre Steuersätze auf Kapital immer weiter senken, um so Kapitalanlagen attrahieren zu können.[123] Will der Staat eine stärkere Besteuerung der immobilen Faktoren vermeiden, müsste er seine Ausgaben kürzen und das Angebot an öffentlichen Gütern reduzieren.[124]

---

[118] Das Wort Dumping wird in diesem Zusammenhang jedoch falsch benutzt. Dumping ist ein Begriff der Handelspolitik und bedeutet eine Form der regionalen Preisdifferenzierung zwischen In- und Auslandsmärkten.

[119] Sinn, H.W. (1994), S. 162

[120] Schäfer, W. (1998), S. 297

[121] Schäfer, W. (1998), S. 298

[122] Vgl. Siebert, H., Koop, M. (1993), S. 24-25; Schäfer sieht in dem Wettbewerb eine „disziplinierende Wirkung" für den Sozialstaat, siehe Schäfer, W. (1998), S. 293

[123] Sinn zeigt in seinem Vortrag anhand von empirischen Beispielen die „Erosionserscheinungen" bei der Körperschaftsteuer auf, siehe Sinn, H.W. (2001), S. 6-7

[124] Siehe insbesondere Zodrow, G.R., Mieszkowski, P. (1986): Pigou, Tiebout, Property Taxation, and the Underprovision of Local Public Goods, in: Journal of Urban Economics, 19, S. 256-370 und Wilson, J.D. (1986): A Theory of Interregional Tax Competition, in: Journal of Urban Economics, 19, S. 296-315

Die Gegenthese lautet, dass der Wettbewerb nicht zu einer Unterversorgung mit öffentlichen Gütern führt, da auch die mobilen Faktoren auf Infrastrukturleistungen angewiesen sind.[125] Siebert und Koop vertreten z.B. die Auffassung, dass Unternehmen zwar einerseits durch niedrige Steuern und Regulierungen angezogen werden, zu niedrige Steuern aber auch das Gegenteil bewirken können. Wenn der Staat aufgrund zu niedriger Steuersätze zu wenig Steuern einnimmt und dadurch weniger Infrastrukturleistungen anbieten kann, dann wird die Produktivität der Unternehmen sinken, bei denen gerade die Infrastruktur eine wichtige Rolle im Produktionsprozess spielt. Diesen Nachteil wird das Unternehmen in sein Wanderungskalkül einbeziehen.[126]

Zudem würden Unternehmen auch andere Faktoren in ihrer Standortentscheidung berücksichtigen, wie z.B. die Nähe zu Universitäten, Forschungseinrichtungen, kulturellen Angeboten und sauberen Erholungsgebieten, um so qualifizierte Arbeitskräfte für sich gewinnen zu können. Um diese Faktoren nutzen zu können, wären sie bereit, höhere Steuern zu entrichten. Da Investoren im Rahmen des Wettbewerbs nicht nur die absolute Höhe der Steuern bei der Standortwahl vergleichen, sondern das Angebot an öffentlichen Gütern mit der Höhe ihrer Zahllast, sei aus Sicht der Wettbewerbsbefürworter ein völliges Absenken der Steuern und ein sog. „destruktiver Steuerwettbewerb" nicht zu erwarten.

Sinn sieht in dem Infrastrukturargument aber nur die „halbe Wahrheit".[127] Er fände es schlimm genug, „wenn die Steuern, die vom Faktor Kapital entrichtet werden, nur ausreichen, die diesem Faktor zur Verfügung gestellte Infrastruktur zu bezahlen, also zu reinen Äquivalenzsteuern würden, denn das würde den Verzicht auf Umverteilung und Versicherungsschutz bedeuten". Außerdem sei „nicht einmal sichergestellt, dass die Steuern, die das mobile Kapital entrichtet, ausreichen, die Infrastruktur zu bezahlen"[128].

Wenn aber die immobilen Faktoren die Infrastrukturleistungen für die mobilen Faktoren mitfinanzieren würden, dann wäre gemäß Sinn das Ergebnis für den Sozialstaat noch schlimmer als bei Äquivalenzsteuern. „Die Eigentümer immobiler Faktoren, und zu ihnen werden gerade auch sehr viel Anbieter einfacher Arbeit, Kranke und Schwache gehören, erhalten kein Geld von den reichen Kapitalbesitzern, sondern subventionieren diese Kapitalbesitzer im Systemwettbewerb. Das ist kein Race *to* the Bottom, sondern in einem gewissen Sinne sogar ein Race *below* the Bottom."[129]

Auch wenn Sinn einen Race to the bottom befürchtet, sieht er die Lösung nicht unbedingt in einer Harmonisierung der Steuern. Auch andere Wege, wie z.B. der Ersatz des Quellenlandprinzips durch das Wohnsitzlandprinzip kommen für ihn zur Eindämmung des Standortwettbewerbs in Frage.[130]

---

[125] Siehe z.B. Oates, W.E., Schwab, R. (1988): Economic Competition among Jurisdictions. Efficiency Enhancing or Distortion Inducing?, in: Journal of Public Economics, Nr. 35, S. 333-254

[126] Vgl. Siebert, H., Koop, M. (1990), S. 448-449

[127] Siehe Sinn, H.W. (2001)

[128] Sinn, H.W. (2001), S. 16

[129] Sinn, H.W. (2001), S. 16

[130] Vgl. z.B. Sinn, H.W. (2001), S. 16-17

Siebert und Koop lassen sich von Sinns Argumenten jedoch nicht überzeugen. „The competing down of regulations and an insuffcient supply of public goods do not pose a threat to the proper functioning of institutional competition."[131]

2.2.4 Abbau des Sozialstaats

Zwischen den Befürwortern und Kritikern des Systemwettbewerbs wird auch umstritten diskutiert, ob der Systemwettbewerb einen Abbau oder sogar das Ende des Sozialstaates zur Folge hat.

Von den Kritikern wird vorgetragen, dass die aufgrund des Steuerwettbewerbes sinkenden Einnahmen des Staates dazu führen, dass weniger Geld für den Sozialstaat, d.h. für Sozialhilfe, öffentliche Schulen und Kindergärten und insbesondere für die Umverteilung zur Verfügung steht.[132] Selbst wenn die mobilen Faktoren für die Inanspruchnahme von Infrastrukturleistungen Steuerleistungen zu erbringen hätten, dann würden sie nicht für Umverteilungsmaßnahmen zahlen wollen. Die mobilen Faktoren können sich eher der Umverteilungsverpflichtung entziehen.

Eine mögliche Folge wäre wiederum, dass weniger mobile Faktoren, wie z.B. Arbeit stärker besteuert werden. Insbesondere relativ immobile, unqualifizierte Arbeit würde somit unverhältnismäßig stärker belastet. „At present labour mobility in the EC is limited, but one is already seeing increased mobility in the higher-skilled, professional groups of employees. This may, in the future, result in an intensification of the process as the burden of taxation also shifts from these groups onto the middle-income, less mobile workers, who would not be able to sustain a welfare state by themselves."[133] [134]

Eine andere Folge wäre die Erosion des Umverteilungssystems selber. Um einen Budgetüberschuss zu erzielen, hätten die Staaten einen Anreiz, ihr Umverteilungssystem so zu gestalten, dass Nettoempfänger abgeschreckt und Nettozahler angelockt werden würden. Die Nettoempfänger würden in den Staat wandern, in dem sie die höchsten Sozialleistungen erwarten könnten. Da aber eine Umverteilung nur zwischen Nettoempfängern nicht vorgenommen werden und ein Land nicht nur Nettoempfänger anziehen möchte, wird auch dieses seine Sozialleistungen senken. Die Folge wäre eine Erosion des Sozialstaats in allen Systemen.[135]

Denkbare Lösungen des Problems lägen gemäß Sinn in der Harmonisierung von Umverteilungsregeln oder in einer verzögerten Integration von Migranten in ein nationales Sozialsystem.[136] Eine europäische Umverteilung hält er aber solange für problematisch, „wie sich die Durchschnittseinkommen der Länder Europas stark unterscheiden"[137].

---

131 Siebert, H., Koop, M. (1993), S. 22

132 Vgl. z.B. Sinn, H.W. (1995), S. 245

133 Woolcock, S. (1994), S. 20

134 Eine Besteuerung des weniger mobilen Faktors Arbeit ist aber nicht zwingend. Auch der Faktor Boden ist immobil, hier könnte die Bodenrente besteuert werden. Wird aber die erhöhte Steuerbelastung über die Mieten wieder abgewälzt, dann würden indirekt wieder die Einkommensempfänger stärker belastet.

135 Vgl. Feld, L.P, Kirchgässner, G. (1995): Fiskalischer Wettbewerb in der EU: Wird der Wohlfahrtsstaat zusammenbrechen?, in: Wirtschaftsdienst, X, S. 562-563

136 Vgl. Sinn, H.W. (2001), S. 13-14; Sinn, H.W. (1997), S. 37-39

137 Sinn, H.W. (1995), S. 247

2.2.5 Marktversagen versus Staatsversagen

Sinn sieht die Ursachen für ein Scheitern des Systemwettbewerbs in dem sog. Selektionsprinzip.[138] Seiner Meinung nach leidet der staatliche Wettbewerb unter einem chronischen Marktversagen.

Das Selektionsprinzip besagt, „dass Staaten jene ökonomischen Aktivitäten übernommen haben, für deren Erledigung sich der private Markt als unfähig erwies. Da der Staat ein Lückenbüßer ist, der fehlende Märkte ersetzt und die Fehler existierender Märkte korrigiert, kann man nicht hoffen, dass die Wiedereinführung des Marktes durch die Hintertür des Systemwettbewerbs zu einem sinnvollen Allokationsergebnis führt. Vielmehr ist zu befürchten, dass die Fehler, die den Staat ursprünglich auf den Plan riefen, auf der höheren Ebene des staatlichen Wettbewerbs von neuem in Erscheinung treten“[139].

Dies träfe insbesondere für öffentliche Güter und den Sozialstaat zu. Öffentliche Güter würden gerade deshalb vom Staat angeboten, da aufgrund der für sie typischen Charakteristika wie Nicht-Ausschließbarkeit und Nicht-Rivalität kein Marktpreis gefunden werden könne. Der Sozialstaat sei gerade deshalb eine öffentliche Versicherungsleistung, da eine private Lösung aus Gründen der „adversen Selektion“ nicht angeboten werden könne. Es sei zu befürchten, dass eine adverse Selektion in Form von Armutswanderungen einen funktionstüchtigen Wettbewerb verhindere.

Auch Hauser ist der Auffassung, dass sich die Grenzen vom Regulierungswettbewerb analog zur Theorie des Marktversagens herleiten lassen. Jedoch ist er der Auffassung, dass aufgrund von Marktversagen nicht vorschnell auf harmonisierte Lösungen geschlossen werden dürfe. „Der Abwägung Marktversagen versus Staatsversagen im binnenwirtschaftlichen Bereich entspricht ein sorgfältiges Abwägen der Risiken aus dezentralem Regulierungswettbewerb und zentralisierten Harmonisierungslösungen.“[140] [141] [142]

2.2.6 Wettbewerbsverzerrungen

Es wird befürchtet, dass ein Systemwettbewerb ganz ohne gemeinsame Regeln oder eine Harmonisierung von Minimalstandards Wettbewerbsverzerrungen verursachen kann. Diese Verzerrungen können entstehen, wenn nationale Unterschiede den freien Wettbewerb verhindern und somit Wettbewerbshindernisse darstellen. Da tarifäre Beschränkungen wie Zölle innerhalb der EU nicht mehr existieren, sind hier insbesondere nichttarifäre Hindernisse, wie Qualitätsstandards, Kennzeichnungspflichten, Umweltschutzauflagen oder Subventionen gemeint.[143]

---

138 Siehe insbesondere Sinn, H.W. (1997)

139 Sinn, H.W. (2001), S. 12

140 Hauser, H. (1993), S. 467

141 Stark kritisiert wurden die Aussagen von Sinn (1995) von Blankart (1996). Sinn wiederum wirft Blankart vor, ihn nicht richtig verstanden zu haben. Siehe Sinn, H.W. (1995), Blankart, C.B. (1996): Braucht Europa mehr zentralstaatliche Koordination? Einige Bemerkungen zu Hans-Werner Sinn, in: Wirtschaftsdienst, Heft II, S. 87-91 und Sinn, H.W. (1996): Das Prinzip des Diapositivs, Einige Bemerkungen zu Charles B. Blankart, in: Wirtschaftsdienst, Heft II, S. 92-94

142 Sinn kann entgegengehalten werden, dass er seine Einschränkungen bzw. Kritikpunkte des hier aufgezeigten Systemwettbewerbs aus dem neoklassischen Wettbewerbsmodell ableitet. Wenn man aber, wie die Befürworter des Systemwettbewerbs, von einem anderen Wettbewerbsmodell ausgeht, dann unterliegen seine Gegenargumente einem methodischen Problem bzw. haben den Generalverdacht eines falschen Wettbewerbsmodells gegen sich.

143 Siehe u.a. Siebert, H., Koop, M. (1993), S. 19

Gemeinsame Regeln zur Errichtung des „Gemeinsamen Marktes“ und zur Sicherung der Grundfreiheiten wie freier Waren-, Dienstleistungs-, Kapital- und Personenverkehr sind daher im EG-Vertrag enthalten. Das Verbot innergemeinschaftlicher nichttarifärer Handelshemmnisse zur Sicherung des freien Warenverkehrs ist z.B. in Art. 28-30 EGV niedergelegt.

Als umstritten erweist sich z.B. Art. 100 EGV zur Angleichung gewisser Rechtsvorschriften für den Gemeinsamen Markt. Der Rat soll Richtlinien für die Angleichung derjenigen Rechts- und Verwaltungsvorschriften der Mitgliedstaaten erlassen, die sich unmittelbar auf die Errichtung oder das Funktionieren des Gemeinsamen Marktes auswirken. Einerseits können durch eine Angleichung der Rechtsvorschriften Handelshemmnisse beseitigt werden. Andererseits werden unterschiedliche Regulierungen nivelliert, die u.U. nicht mehr den Präferenzen der Mitgliedstaaten entsprechen. Eine vollkommene Harmonisierung nationalstaatlicher Regulierungen zur Schaffung eines „level-playing-field“ ist daher abzulehnen.[144]

Einen Durchbruch für die Freiheit des Warenverkehrs in der EU brachte das „Cassis de Dijon“-Urteil von 1979.[145] Mit diesem Urteil wurde das Ursprungslandprinzip durchgesetzt, welches die gegenseitige Anerkennung nationaler Rechtsvorschriften erfordert. Nationalstaatliche Regelungen dürfen somit im Regelfall auf Produkte von Mitgliedstaaten nicht angewandt werden.[146] Das Prinzip der gegenseitigen Anerkennung ist somit eine gemeinsame (harmonisierte) Regel, die den Systemwettbewerb befördert. Hauser und Hösli sehen auch hier wieder den Wettbewerb als Mittel zu Angleichung der nationalen Regulierungen. „One of the reasonings behind the approach is that the country-of-origin principle diminishes the requirement for centralized harmonization since it is likely to further the assimilation of national regulations by market forces.“[147]

2.3 Rahmenbedingungen für den Systemwettbewerb

Von den Befürwortern des Systemwettbewerbs wird daher konstatiert, dass der Systemwettbewerb geeigneter Rahmenbedingungen und Regeln bedarf. Mussler und Wohlgemuth stellen z.B. Überlegungen für eine „Wettbewerbsordnung für den Systemwettbewerb“ an. Rahmenbedingungen für den Systemwettbewerb sind u.a. die Garantie der Freizügigkeit, die Einklagbarkeit der wirtschaftlichen Grundfreiheiten und die Freiheit der Anbieter eines „exit“ in Drittländer.[148] Der Systemwettbewerb sei gemäß Streit auch „nur in dem Maße möglich, wie die Mitgliedstaaten (noch) über Regelungskompetenz verfügen. Mit der Ausweitung der durch die Union geregelten Rechtsgebiete nimmt der Einflussbereich potentiellen Systemwettbewerbs notwendig ab“[149].

Einerseits müsse der Systemwettbewerb „gemeinschaftsrechtlich durchgesetzt werden“, andererseits ist aber fraglich, in welchem Maße dies eine Harmonisierung von Rechts- und Verwaltungsvorschriften erforderlich macht.[150]

---

[144] Vgl. Schäfer, W. (1998), S. 291 und Siebert, H., Koop, M. (1990), S. 445ff

[145] EuGH (1979): Urteil vom 20.02.1979, Rechtssache 120/78, Rewe Zentral AG (Cassis-de-Dijon) gegen Bundesrepublik Deutschland, in: Sammlung der Rechtsprechung 1979, S. 649

[146] Nähere Details zum Urteil und der „Cassis-Formel“ siehe u.a. Fastenrath, U., Müller-Gerbes, M. (2000), S. 49-52

[147] Hauser, H., Hösli, M. (1991), S. 500

[148] Vgl. Mussler, W., Wohlgemuth, M. (1994), S. 16ff

[149] Streit, M.E. (1995), S. 10

[150] Vgl. Streit, M.E. (1995), S. 10

3. Harmonisierung

Dem Wettbewerbsgedanken entgegengesetzt ist somit das Instrument der Harmonisierung von institutionellen Regelungen. Innerhalb der EU bedeutet Harmonisierung, dass die Mitgliedstaaten eine Vereinheitlichung von einzelstaatlichen Regeln und Gesetzen vornehmen. Sind bestimmte Rechtsgebiete z.B. in Form von Verordnungen vereinheitlicht, dann dürfen die Mitgliedstaaten auf diesem Gebiet nicht mehr rechtsetzend tätig werden.[151] Gemäß Streit entspricht Harmonisierung aus der Perspektive des Systemwettbewerbs einer „Wettbewerbsbeschränkung analog der Kartellvereinbarung. Außenseiter des Kartells sind die Anbieter institutioneller Arrangements in Drittländern“[152].
Harmonisierung und Zentralisierung kann auch als eine „Monopolisierung der Politik“ angesehen werden. Das dahinter stehende Motiv liege dabei gemäß Apolte nicht in der Steigerung der Wohlfahrt, sondern in der „Festigung der Machtposition gegenüber Wählern und Steuerzahlern“[153].

Im Rahmen der Harmonisierung ist es aber auch möglich, nur Einzelaspekte eines Regulierungsbereichs z.B. durch Mindestnormen zu vereinheitlichen. Durch die Rechtsform der Richtlinie werden z.B. nur bestimmte Ziele vereinheitlicht, die Art und Weise der Umsetzung des Ziels bleibt den Mitgliedstaaten überlassen.

Im folgenden werden nun die ökonomischen Vor- und Nachteile der Harmonisierung dargestellt. Da sie im Wesentlichen das Spiegelbild der Vor- und Nachteile des Systemwettbewerbs verkörpern, wird hier nur kurz auf die wichtigsten Aspekte eingegangen.

3.1 Vorteile der Harmonisierung

3.1.1 Transparenz und Rechtssicherheit

Ein Vorteil der Harmonisierung liegt in der hohen Transparenz und Rechtssicherheit. Harmonisierte Regeln bleiben für einen längeren Zeitraum unverändert bestehen. Die Informationskosten für die Nachfrager fallen nur einmal zu dem Zeitpunkt an, an dem die harmonisierte Regel verabschiedet wird. Sind bestimmte Regeln europaweit harmonisiert und müssen sich die mobilen Faktoren nicht nach unterschiedlichen nationalen Gegebenheiten erkundigen, können die Mobilitätskosten erheblich gesenkt werden. Sicherheit und Stabilität ermöglichen langfristige Planungen bezüglich der Gewinnerwartungen und erleichtern so Investitionsentscheidungen.

3.1.2 Internalisierung von externen Effekten

Ein weiterer Vorteil der Harmonisierung liegt in der Möglichkeit der Internalisierung von externen Effekten. Sind die Kosten von (bilateralen) Verhandlungslösungen zur Internalisierung von externen Effekte, die viele oder fast alle Mitgliedstaaten betreffen, zu hoch, dann kann ggf. eine Harmonisierung von Regeln kostengünstiger sein. Im Umweltschutzbereich können z.B. gemeinsame Höchstgrenzen oder Regeln für Kompensationszahlungen festgelegt oder handelbare Verschmutzungszertifikate ausgegeben werden. Die zentrale Behörde kann auch die Einhaltung von gemeinsamen Regeln kontrollieren und Fehlverhalten sanktionieren.

---

[151] Siehe Kapitel 1
[152] Streit, M.E. (1995), S. 15
[153] Apolte, T. (1999), S. 6

3.1.3 Sicherung des Sozialstaats

Durch eine Harmonisierung von Standards und Steuern könnte auch ein mögliches „race to the bottom" vermieden und somit die Existenz des Sozialstaats gesichert werden.
Ein „ruinöser" Wettbewerb mit Hilfe der Absenkung von Arbeits- und Sozialstandards könnte durch die einheitliche Festlegung von Normen verhindert werden. Die Arbeitnehmer in den reicheren Staaten müssten im Wettbewerb nicht um ihre Sozialleistungen, ihre Arbeitssicherheit und Gesundheit fürchten. Die ärmeren Staaten wären angewiesen, ihre Standards zu erhöhen.

Würden Steuersätze auf mobile Faktoren und insbesondere auf Kapital europaweit angeglichen, dann könnte sich das Kapital innerhalb Europas nicht der Besteuerung entziehen. Den Mitgliedstaaten würde weiterhin genug Geld zur Verfügung stehen, öffentliche Güter, soziale Leistungen und die Umverteilung finanzieren zu können. Da Kapital aber auch das Gebiet der Europäischen Union verlassen kann, muss die angenommene positive Wirkung von harmonisierten Kapitalsteuern in Frage gestellt werden.

3.1.4 Beseitigung von Wettbewerbsverzerrungen

Durch eine Harmonisierung aller handelsbeeinflussenden Regulierungen können Wettbewerbsverzerrungen vermieden werden. Eine Bevorzugung von Inländern würde beseitigt, die Unterscheidung zwischen Ursprungs- und Bestimmungslandprinzip könnte faktisch aufgehoben werden.

Fraglich ist aber, welche nationalen Regulierungen Wettbewerbsverzerrungen hervorrufen können. Streng genommen können von fast allen staatlichen Vorschriften wie z.B. Arbeitszeit, Sicherheitsstandards oder auch Verkehrsregeln Wettbewerbseffekte ausgelöst werden. Würden alle Regulierungen vereinheitlicht, wäre der Systemwettbewerb fast komplett ausgeschaltet. Liegt aber im Einzelfall eine reelle Gefahr einer Wettbewerbsverzerrung vor, kann eine Harmonisierungslösung vorteilhaft sein.

3.2 Nachteile der Harmonisierung

3.2.1 Einschränkung der Entdeckungsfunktion

Ein Nachteil der Harmonisierung liegt in der Einschränkung der von Hayek postulierten Entdeckungsfunktion des Wettbewerbs. Ohne Wettbewerb würde ein gewisser „status-quo" etabliert. Neue und ggf. effizientere Lösungen könnten oder müssten nicht gefunden werden, da ohne Wettbewerb oder Kostendruck keine Notwendigkeit dazu besteht. Für sich wandelnde Umweltbedingungen und neue Herausforderungen könnten in einem harmonisierten System keine geeigneten Antworten und Anpassungen gefunden werden. Somit würde u.U. auf Wohlfahrtsgewinne und Wachstum verzichtet werden.

3.2.2 Präferenzunterdrückung

Durch eine Harmonisierung von Systemen würde es auch erschwert, unterschiedliche und sich im Zeitablauf ändernde Präferenzen zu entdecken. Somit würde der von Tiebout entwickelte Prozess der Präferenzoffenbarung ausgeschaltet werden. Würden alle Jurisdiktionen die gleichen Güter anbieten, könnte aufgrund von Wanderungsprozessen nicht mehr auf unterschiedliche Präferenzen geschlossen werden. Da sich Präferenzen im Zeitablauf ändern können, wäre es in einem harmonisierten

Raum nicht möglich, diese neuen Präferenzen zu erkennen. Zudem würde die Wahlfreiheit der Bürger eingeschränkt.

Schwerwiegender ist aber, dass eine harmonisierte Lösung von vornherein nicht den Präferenzen aller Bürger bzw. Staaten entsprechen muss. Insbesondere bei harmonisierten Lösungen die durch Mehrheitsentscheidungen zustande kommen, entsprechen die Regelungen nicht den Präferenzen der unterliegenden Minderheit. Werden z.B. Mindeststandards im Sozialbereich festgelegt, die über den Standards von einigen Mitgliedstaaten liegen, dann werden deren Präferenzen missachtet bzw. unterdrückt. Für diese Staaten entstehen Wohlfahrtsverluste in Form von hohen Präferenzkosten.

3.2.3 Einschränkung der Machtbegrenzungs- und Kontrollfunktion

Ein weiterer Nachteil der Harmonisierung von Regulierungen liegt in der Einschränkung der Machtbegrenzungs- und Kontrollfunktion des Wettbewerbs. Ohne die Möglichkeit unterschiedliche Systeme vergleichen zu können, würde es erschwert, einen „Leviathan" kontrollieren zu können. Die Zentrale könnte ihren eigenen Machtbereich ausdehnen, müsste die Präferenzen der Bürger nicht beachten oder nach Innovationen suchen. Ist es den Bürgern zudem nicht möglich die Politiker der Zentrale durch Abwahl zu bestrafen, bestünde kein geeignetes Kontrollverfahren mehr.

3.2.4 Kosten der Harmonisierung

Mit einer Harmonisierung sind auch zusätzliche Kosten verbunden. Kann z.B. durch mangelnde Flexibilität nicht auf neue Herausforderungen und Präferenzen reagiert, ineffiziente Regelungen nicht leicht korrigiert und ein Leviathan nicht kontrolliert werden, dann entstehen hohe Kosten der Harmonisierung (Zentralisierungskosten).

Desweiteren entstehen Kosten durch die Herbeiführung der Harmonisierungslösung selber. Liegt ein konstitutioneller Wissensmangel der Zentrale vor, entstehen u.U. hohe Informationskosten, bevor eine einheitliche Lösung präsentiert werden kann. Eine weitere Gefahr besteht, wenn die Harmonisierung das Ergebnis von Verhandlungen ist. Da Verhandlungslösungen durch Kompromisse, Tauschgeschäfte oder Paketlösungen zustande kommen können, sind einerseits hohe Verhandlungskosten aber auch Kosten durch ineffiziente Ergebnisse zu erwarten.

3.3 Rahmenbedingungen für Harmonisierung

Es ist also abzuwägen, unter welchen Voraussetzungen und Bedingungen eine Harmonisierungslösung dem Systemwettbewerb vorzuziehen oder gleichwertig ist.

Insbesondere dann, wenn gemeinsame Ziele erreicht werden sollen und europaweit homogene Präferenzen vorliegen, kann eine Harmonisierung vorteilhaft sein. Hier kommt insbesondere die Bereitstellung von europaweiten öffentlichen Gütern in Frage. Weniger bedenklich ist eine Harmonisierung in den Bereichen, in denen schon jetzt eine Konvergenz der Regulierungen existiert. Die jeweiligen Anpassungs- und Verhandlungskosten würden dann gering ausfallen. Auch zur Vermeidung von reellen Gefahren des Wettbewerbs und zur Sicherung eines produktiven Wettbewerbs in Europa sind gemeinsame Wettbewerbsregeln vonnöten.

Insbesondere in sensiblen Bereichen sollten die Staaten nicht ständigem Wettbewerb ausgesetzt sein. Durch die Vereinheitlichung der Geldpolitik im Rahmen der Wirtschafts- und Währungsunion und dem gemeinsamen Wunsch, den Finanzplatz

Europäische Union zu stärken und externes Kapital anzuziehen, sollte die EU Stabilität und Sicherheit aufweisen und nicht durch zu große Experimentierfreudigkeit in Regulierungen gekennzeichnet sein.[154]

Kritisch sollte auch hinterfragt werden, ob nicht auch ein Leviathan auf dezentraler Ebene existieren kann, der sich selber bereichern will und nicht unbedingt die Präferenzen der Bürger beachtet. Auf regionaler Ebene können auch Entscheidungen aufgrund des Drucks von Lobbyisten zustande kommen und es kann sich ein „Filz" entwickeln.

Steht daher die Entscheidung an, ob eine Aufgabe, die bisher von der Zentrale der nationalen Regierungen ausgeübt wurde, auf die EU-Ebene übertragen werden soll, dann wäre die Kompetenzverlagerung u.U. nur mit einem Weiterreichen des Leviathan-Problems verbunden. Eine Zentralisierung würde den Leviathan somit nicht unbedingt vergrößern. Es könnte im Gegenteil die These aufgestellt werden, dass durch die erhöhte Transparenz von Entscheidungen, der größeren Unabhängigkeit von nationalen politischen Konjunkturzyklen und den geringeren Einflussmöglichkeiten von finanzstarken nationalen bzw. regionalen Interessengruppen, sich der Leviathan sogar verringern könnte.[155]

3.4 Zwischenformen

In der Literatur und in der Europapolitik lassen sich auch einige Zwischenformen von Systemwettbewerb und Harmonisierung finden, die versuchen, die Vorteile der beiden Formen zu verbinden.

Ein Kompromissvorschlag zwischen Systemwettbewerb und Harmonisierung ist die sog. Sockelharmonisierung. Die Sockelharmonisierung sei gemäß Streit ein Kompromiss zwischen der Aufrechterhaltung von heimischer Regulierung und wohlfahrtstaatlichen Privilegien einerseits und Marktfreiheit andererseits. „Mit Hilfe einer Sockel- oder Mindestharmonisierung kann z.B. im Bereich der Regulierung eine Annäherung der einzelstaatlichen Positionen erreicht werden. Die verbleibenden Unterschiede wären dem Wettbewerb überantwortet, wenn die Sockelharmonisierung als ausschließliche Voraussetzung für eine gegenseitige Anerkennung gelten würde."[156]

Eine weitere Zwischenform von Wettbewerb und Harmonisierung stellt die Methode der offenen Koordinierung dar, die insbesondere im Rahmen der gemeinsamen Beschäftigungspolitik der EU angewandt wird. Kern der Beschäftigungspolitik ist ein jährliches Berichtsverfahren, dass die Einhaltung der sog. Beschäftigungspolitischen Leitlinien kontrollieren soll. Die vom Rat jährlich verabschiedeten Leitlinien sind für die Mitgliedstaaten nicht rechtsverbindlich. Durch die Überprüfung der nationalen Umsetzung der Leitlinien (Monitoring), der Veröffentlichung von bewährten Praktiken zum Abbau der Arbeitslosigkeit (best-practices) und dem Aufstellen eines Leistungs-

---

[154] Die Europäische Währungsunion ist das Paradebeispiel für eine ex-ante Harmonisierung. Durch die Abschaffung von Wechselkursrisiken ist der Markt vollkommener geworden. Dies bringt erhebliche Vorteile für die freie Entfaltung des Wettbewerbs. Jedoch erteilen die Stabilitätskriterien den Staaten erhebliche Restriktionen für ihre nationale Fiskalpolitik (Haushaltsdisziplin), so dass die Ziele der gemeinsamen Geldpolitik nicht gefährdet werden. Es wird u.a. auch diskutiert, ob die Finanzpolitik zentralisiert werden sollte, um als idealer „shock absorber" zu dienen. Siehe z.B. Tomann, H. (1997): Stabilitätspolitik, Berlin: Springer, hier insbesondere Kapitel 16 „Finanzpolitik in einer Währungsunion".

[155] Einen guten Überblick über unterschiedliche Leviathan- und Bürokratietheorien liefert Musgrave, R.A. u.a. (1994), S. 143ff.

[156] Streit, M.E. (1995), S. 18

vergleichssystems (Benchmarking), sollen die Mitgliedstaaten jedoch zu einem produktiven Wettbewerb im Bereich der Arbeitsmarkt- und Beschäftigungspolitiken angeregt werden.[157]

4. Schlussfolgerungen

Die Gegenüberstellung der Vor- und Nachteile des Systemwettbewerbs und der Harmonisierung haben gezeigt, dass die Effizienzkriterien der ökonomischen Theorie des Föderalismus allein nicht ausreichen, umfassende Empfehlungen für eine Zentralisierung bzw. Dezentralisierung von Kompetenzen abzuleiten.

Die ökonomische Theorie des Föderalismus hatte die Effizienzkriterien Präferenzorientierung, Ausnutzung von Skalenerträgen und Internalisierung von externen Effekten entwickelt. Die in diesem Zusammenhang von Breton und Scott definierten Organisationskosten umfassen Präferenzkosten und Verhandlungskosten. Unter die Organisationskosten fallen Verwaltungs- und Koordinierungskosten, die zwischen den lokalen Einheiten anfallen. Während die Verhandlungskosten mit zunehmenden Zentralisierungsgrad abnehmen, steigen die Präferenzkosten.

Zu diesen Kostenarten müssen nun weitere Zentralisierungs- und Dezentralisierungskosten hinzugerechnet werden. Zentralisierungskosten entstehen, wenn die Vorteile eines Systemwettbewerbs nicht ausgenutzt werden können. Dies sind z.B. Kosten durch fehlende und unentdeckte effiziente Lösungen, durch eine mangelhafte Korrektur von ineffizienten Lösungen, durch einen sich ausbreitenden unkontrollierten Leviathan und durch eine mangelhafte Anpassung an sich im Zeitablauf ändernde Präferenzen. Kosten der Dezentralisierung bzw. des Wettbewerbs umfassen einerseits hohe Transaktionskosten z.B. in Form von Informations- und Anpassungskosten und andererseits soziale Kosten, die durch eine fehlende oder mangelhafte Internalisierung von externen Effekten entstehen. Hinzuzurechnen sind mögliche Kosten des Marktversagens und von Wettbewerbsverzerrungen. Diese Kostenarten sind somit für jeden Fall zu identifizieren und miteinander abzuwägen. Aus dieser Analyse folgt, dass nicht von einer generellen Vorrangigkeit der Wettbewerbs- oder der Harmonisierungslösung gesprochen werden kann – der Einzelfall muss entscheiden.[158]

Woolcock warnt davor, dass gerade von Politikern in der Debatte um die Subsidiarität der Wettbewerb nur als Vorwand zum eigenen Machterhalt mißbraucht werden könnte. „If the objective is to limit the transfer of power to the EC and to retain regulatory control in the hands of national bodies, there will be a tendency to use competition among rules as a justification for such a policy.“[159]

---

[157] Siehe auch Maurer, A. (2002): Beschäftigungspolitik, in: Weidenfeld, W., Wessels, W. (Hrsg.): Europa von A bis Z, Taschenbuch der europäischen Integration, 8. Auflage, Bonn: Europa Union Verlag, S. 87-91; zu Benchmarking siehe insbesondere Rosin, N. (1999): Benchmarking – durch Vergleichbarkeit und Wettbewerb zum beschäftigungspolitischen Erfolg? (Teil 1), in: punkt, Ausgabe November / Dezember, Berliner Senatsverwaltung für Arbeit, Berufliche Bildung und Frauen, S. 2-4 und Rosin, N. (2000): Benchmarking – durch Vergleichbarkeit und Wettbewerb zum beschäftigungspolitischen Erfolg? (Teil 2), in: punkt, Ausgabe Januar / Februar, Berliner Senatsverwaltung für Arbeit, Berufliche Bildung und Frauen, S. 7-9

[158] Streit postuliert im Gegensatz dazu einen „Vorrang der Wettbewerbslösung vor der Harmonisierung“, siehe Streit, M.E. (1995), S. 15; Siebert und Koop dagegen bevorzugen „institutional competition where possible, ex-ante harmonization where necessary“, siehe Siebert, H., Koop, M. (1993), S. 22

[159] Woolcock, S. (1994), S. 14

Es bleibt festzuhalten, dass bei der Frage der Zentralisierung versus Dezentralisierung die ökonomischen Effizienzkriterien beachtet als auch die Vor- und Nachteile des Wettbewerbs der Mitgliedstaaten und der Vereinheitlichung und Zentralisierung von Maßnahmen auf EU-Ebene miteinander abgewogen werden müssen.

Anhand dieser in Kapitel A und B erarbeiteten Kriterien soll nun das Subsidiaritätsprinzip auf seine Leistungsfähigkeit überprüft werden. Es muss gefragt werden, ob das Subsidiaritätsprinzip die ökonomischen Kriterien der Kompetenzverteilung berücksichtigt.

C. Untersuchung der Leistungsfähigkeit des Subsidiaritätsprinzips anhand der ökonomischen Kriterien

1. Einführung

Die Überprüfung der Leistungsfähigkeit eines juristischen Rechtsprinzips, hier des Subsidiaritätsprinzips in Art. 5 EGV, anhand von ökonomischen Kriterien stößt unweigerlich auf Definitionsprobleme. Diese Probleme beziehen sich auf die Begriffe Kompetenzverteilung und Kompetenzausübung.

Die ökonomischen Kriterien der Theorie des Föderalismus und der Wettbewerbstheorien beziehen sich in erster Linie auf die Kompetenzverteilung (Kompetenzallokation) zwischen der zentralen und der dezentralen Ebene. Anhand dieser Kriterien dürfte nur die Kompetenzverteilung im Vertragswerk des EGV und das Subsidiaritätsprinzip als „politische Leitlinie" ökonomisch überprüft werden.

Da aber die Anwendung des hier zu überprüfenden Subsidiaritätsprinzips in Art. 5 Abs. 2 EGV bereits eine Kompetenz der Gemeinschaft voraussetzt, die Verteilung also schon erfolgt ist, ist seine Funktion die einer „Kompetenzausübungsregel". Anhand dieser Regel wird untersucht, ob die Gemeinschaft die ihr zugesprochene Rechtsetzungskompetenz ausüben soll oder ob diese bei den Mitgliedstaaten verbleibt. Streng genommen würden bei der ökonomischen Überprüfung der Leistungsfähigkeit des Subsidiaritätsprinzips in Art. 5 Abs. 2 EGV, ökonomische Kriterien der Kompetenzverteilung auf eine juristische Kompetenzausübungsregel angewandt werden.

Im folgenden soll aber von dieser strengen Unterscheidung abstrahiert werden. Bei der ökonomischen Frage der Kompetenzverteilung geht es ja darum, ob die Ausübung von Kompetenzen auf der zentralen oder der dezentralen Ebene ökonomisch effizienter ist. Es soll analysiert werden, welche Ebene unter welchen Umständen tätig werden soll. Die ökonomische Theorie impliziert dabei, dass wenn eine Ebene regelmäßig nicht tätig werden soll, sie eigentlich auch nicht berechtigt ist, diese Kompetenz zu besitzen. Die ökonomische Theorie würde an der zuvor juristisch vorgenommenen Kompetenzverteilung zweifeln. Deshalb soll hier die Leistungsfähigkeit der juristischen Kompetenzausübungsregel anhand ökonomischer Kriterien der Kompetenzverteilung überprüft werden.

Anhand der in Kapitel A und B erarbeiteten ökonomischen Kriterien soll untersucht werden, ob sich vor allem die Voraussetzungen des Subsidiaritätsprinzips in Art. 5 Abs. 2 EGV, unter denen die Gemeinschaft ihre Kompetenz ausüben kann bzw. ein Bedarf zum Handeln ermittelt wird, an diesen orientieren bzw. diese berücksichtigen, so dass ökonomisch effiziente Ergebnisse, bzw. eine ökonomisch effiziente Kompetenzausübung gewährleistet werden kann.

Um die Berücksichtigung von ökonomischen Effizienzkriterien umfassend beurteilen zu können, wird auch das Verhältnismäßigkeitsprinzip in Art. 5 Abs. 3 EGV, das über die „Art und Weise" der Ausübung der Kompetenz entscheidet, in die Untersuchung einbezogen. Das Prinzip der begrenzten Einzelermächtigung wird nur in seiner Funktion betrachtet. Die bestehende Kompetenzverteilung innerhalb des Vertrages wird nicht auf ihre Effizienz überprüft. Das auf dem Gipfel von Amsterdam 1997 beschlossene Protokoll über die Anwendung der Grundsätze der Subsidiarität und der Verhältnismäßigkeit, das die Voraussetzungen für die Kompetenzausübung näher spezifiziert und auch zum Primärrecht gehört, wird in die Analyse einbezogen (siehe Anlage 2).[160]

2. Überprüfung der Berücksichtigung von ökonomischen Effizienzkriterien

2.1 Dezentralisierungstheorem

Zuerst ist festzustellen, dass sowohl die Theorie des Föderalismus als auch das Subsidiaritätsprinzip von einer „Überlegenheit" der Dezentrale ausgehen.
Ergibt die Prüfung anhand der ökonomischen Kriterien, dass die Effizienz der Ausübung einer Kompetenz auf zentraler oder dezentraler Ebene gleich ist, dann ist die dezentrale Ebene der zentralen vorzuziehen. Gemäß Hansjürgens wird im Rahmen der Föderalismustheorie die Aufgabenkompetenz „solange bei der unteren Ebene vermutet, wie durch eine Kompetenzverlagerung auf eine übergeordnete Ebene keine Effizienzgewinne in einem Umfang zu realisieren sind, die die zu erwartenden Wohlfahrtsverluste im Zuge der Zentralisierung kompensieren können."[161]
Auch der Subsidiaritätsgedanke der katholischen Soziallehre besagt, dass die größere Gemeinschaft im Zweifel nachrangig jene Aufgaben wahrnehmen soll, die eine kleinere Einheit zu bewältigen vermag.[162]

Das Subsidiaritätsprinzip in Art. 5 EGV enthält in seiner Formulierung diesen Gedanken. Gemäß der Kommission impliziert das Prinzip der begrenzten Einzelermächtigung in Abs. 1 eine „erste – allzu oft verkannte – Auswirkung des Subsidiaritätsprinzips; danach ist die einzelstaatliche Zuständigkeit die Regel und die Gemeinschaftszuständigkeit die Ausnahme."[163] [164]

Das Subsidiaritätsprinzip im engeren Sinne in Art. 5 Abs. 2 EGV geht auch von einer primären Zuständigkeit der Mitgliedstaaten aus. Erst wenn das Negativkriterium erfüllt ist, also „die Ziele der in Betracht gezogenen Maßnahme auf Ebene der Mitgliedstaaten nicht ausreichend erreicht werden können" und zusätzlich das Positivkriterium bejaht werden kann, dass die Ziele „wegen ihres Umfangs oder ihrer Wirkungen besser auf Gemeinschaftsebene erreicht werden können", dann darf die Gemeinschaft ihre Kompetenz ausüben und tätig werden. Die Gemeinschaftsmaßnahmen

---

[160] Da das Subsidiaritätsprinzip schon 1992 in den Vertrag von Maastricht einfügt wurde und sich die Kommission mit der Anwendung des Prinzips auseinandersetzen musste, werden auch Dokumente der Kommission aus dieser Zeit herangezogen.
[161] Hansjürgens, B. (1996), S. 91
[162] Siehe Kap. I A, Punkt 3.1 „Geschichte des Subsidiaritätsprinzips"
[163] Kommission der Europäischen Gemeinschaften (1992): Mitteilung der Kommission an den Rat und an das Europäische Parlament betreffend das Subsidiaritätsprinzip, SEC (92) vom 27.10.1992, abgedruckt in Merten, D. (1993): Die Subsidiarität Europas, Berlin: Duncker und Humblot, S. 117
[164] Dies deckt sich mit der Meinung von Calliess, siehe Kap. I A , Punkt 2.2

müssen „deutliche Vorteile“[165] bzw. einen deutlichen „Mehrwert“[166] mit sich bringen.[167]

2.2 Präferenzorientierung

Ein grundlegendes Kriterium der ökonomischen Föderalismustheorie ist die Orientierung an den Bürgerpräferenzen bzw. an den Präferenzen der Nutzer. Eine dezentrale Bereitstellung öffentlicher Güter kann gemäß Oates die regional unterschiedlichen Präferenzen besser berücksichtigen.[168]

In der Präambel des Protokolls ist eine Orientierung an den Bürgerpräferenzen erkennbar. Die Anwendung der Bestimmungen des Protokolls soll sicherstellen, „dass Entscheidungen in der Union so bürgernah wie möglich getroffen werden“.
Fraglich ist in diesem Zusammenhang, wie Bürgernähe definiert wird. Das Subsidiaritätsprinzip unterscheidet bei der Ausübung der Kompetenzen nur zwischen der Ebene der Gemeinschaft und der Ebene der Mitgliedstaaten. Eine bürgernähere Ebene, wie z.B. die der Regionen, wird von dem Prinzip nicht erfaßt.[169] Vielmehr ist davon auszugehen, dass die Präferenzorientierung sich an den Präferenzen der unterschiedlichen Mitgliedstaaten ausrichtet. Die (von den Verhandlungsführern des jeweiligen Mitgliedstaates ausgedrückte) Präferenz der Mitgliedstaaten sollte sich im Idealfall an den Präferenzen seiner Bürger orientieren.[170]

Insbesondere die in Art. 5 Abs. 3 EGV enthaltenen Prinzipien der Verhältnismäßigkeit und der Erforderlichkeit können als Schutz der heterogenen Präferenzen der Mitgliedstaaten angesehen werden. Das Prinzip der Erforderlichkeit kann dahingehend interpretiert werden, dass die Maßnahmen der Gemeinschaft nicht „über das für die Erreichung der Ziele dieses Vertrages erforderliche Maß“ hinausgehen dürfen, so dass für die Mitgliedstaaten ein an ihren Präferenzen orientierter großer Handlungsspielraum verbleibt. Absatz sechs des Protokolls spezifiziert das Prinzip der Verhältnismäßigkeit dahingehend, dass „unter sonst gleichen Gegebenheiten eine Richtlinie einer Verordnung und eine Rahmenrichtlinie einer detaillierten Maßnahme vorzuziehen“ wäre. Richtlinien sind zwar hinsichtlich ihres Ziels verbindlich, sie überlassen den Mitgliedstaaten aber die Wahl der Form und der Mittel.

---

[165] Gemäß Protokoll Abs. 5 dritte Leitlinie

[166] Gemäß Kommission der Europäischen Gemeinschaften (1992), S. 122

[167] Auf den damit verbundenen Effizienztest wird später eingegangen.

[168] Vgl. Oates, W.E. (1972)

[169] Lambers weist darauf hin, dass eine Einbeziehung von bürgernäheren Instanzen mit dem Grundsatz der Wahrung der nationalen Identität der Mitgliedstaaten nicht vereinbar ist. Der Art. F EUV besagt, dass die Union „die nationale Identität ihrer Mitgliedstaaten, deren Regierungssysteme auf demokratischen Grundsätzen beruhen“ achtet. Die Union darf nicht in die innerstaatlichen Ordnungen eingreifen. Der Artikel sieht nur vor, dass die Regierungssysteme auf demokratischen, nicht aber ausdrücklich auf bürgernahen Grundsätzen, beruhen sollen. Vgl. Lambers, H.J. (1993): Subsidiarität in Europa – Allheilmittel oder juristische Leerformel?, in: EuR, Heft ¾, S. 229-242

[170] Dass die nationale Ebene der Mitgliedstaaten die Präferenzen der Bürger berücksichtigt ist jedoch nicht gesichert. Hier liegt auch ein theoretischer Mangel vor. Sowohl Oates als auch Tiebout gehen bei ihrem Postulat der Präferenzorientierung immer nur von lokalen öffentlichen Gütern aus. Die Präferenzen für nationale öffentliche Güter sind entweder gleich (Oates) oder schon gegeben (Tiebout). Einen Mechanismus zur Aufdeckung der Präferenzen für nationale Güter haben sie nicht entwickelt. Vgl. Kapitel II A und B
Hier wird auch das Demokratiedefizit der EU deutlich. Die Verhandlungsführer auf EU-Ebene sind in den Räten die jeweiligen Minister bzw. ihre Vertreter. Da Minister nicht direkt gewählt werden, können sie für eine mangelnde Orientierung an den Präferenzen ihrer Bürger nicht durch Abwahl bestraft werden. Minister vertreten im Idealfall eine abgestimmte Regierungsmeinung, die sich aber nicht unbedingt mit der Meinung der Mehrheit der Bürger decken muss.

Auch die Art und der Umfang des Handelns der Gemeinschaft wird im Protokoll (Absatz 6) angesprochen. Bei Maßnahmen der Gemeinschaft sollte „so viel Raum für nationale Entscheidungen bleiben, wie dies im Einklang mit dem Ziel der Maßnahme und den Anforderungen des Vertrages möglich ist. Unter Einhaltung der gemeinschaftlichen Rechtsvorschriften sollten bewährte nationale Regelungen sowie Struktur und Funktionsweise der Rechtssysteme der Mitgliedstaaten geachtet werden. Den Mitgliedstaaten sollten in den Gemeinschaftsmaßnahmen Alternativen zur Erreichung der Ziele der Maßnahmen angeboten werden, sofern dies für eine ordnungsgemäße Durchführung der Maßnahmen angemessen und erforderlich ist."

2.3 Internalisierung von externen Effekten

Ein weiteres Effizienzkriterium der ökonomischen Theorie des Föderalismus ist die Internalisierung von externen Effekten. Im Idealfall sollten Nutzer und Zahler von öffentlichen Gütern übereinstimmen (Äquivalenzprinzip), so dass es zu keinen Ineffizienzen bei der Versorgung mit öffentlichen Gütern kommt. Ist die optimale Struktur von Gebietskörperschaften nicht erreichbar, kann versucht werden, externe Effekte durch Verhandlungen oder durch die Delegation der Aufgabenerfüllung auf die zentrale Ebene zu internalisieren.[171]

Die Möglichkeit der Internalisierung von externen Effekten durch die Delegation der Aufgabe an die nächst höhere Ebene (hier die der Gemeinschaft) wird in Absatz fünf des Protokolls angesprochen. Die „Delegation an die nächst höhere Ebene" meint im Zusammenhang mit Art. 5 Abs. 2 EGV, dass die Gemeinschaft ihre Kompetenz ausüben soll.

Eine Voraussetzung für die Ausübung der Kompetenz durch die Gemeinschaft ist die Erfüllung des Negativtests. Dieser Negativtest muss ermitteln, ob „die Ziele der in Betracht gezogenen Maßnahmen auf Ebene der Mitgliedstaaten nicht ausreichend erreicht werden können." Zur näheren Präzision der Voraussetzung „nicht ausreichend" soll gemäß der Leitlinie eins des Absatzes fünf untersucht werden, ob der betreffende Bereich „transnationale Aspekte" aufweist, „die durch Maßnahmen der Mitgliedstaaten nicht ausreichend geregelt werden können." Transnationale Aspekte sind externe Effekte, die mehr als einen Mitgliedstaat betreffen. Doch welchen Wirkungskreis diese „transnationalen Aspekte" aufweisen oder wieviele Mitgliedstaaten in welchem Ausmaß betroffen sein müssen, so dass ein Bedarf für das Handeln der Gemeinschaft begründet werden kann, ist nicht näher geregelt.
Kritisiert werden kann, dass andere Internalisierungsstrategien, wie z.B. Verhandlungslösungen zwischen den Staaten, hier nicht in Erwägung gezogen werden. Es ist nicht ersichtlich, ob die Effizienz bestehender Verhandlungslösungen zur Internalisierung der externen Effekte untersucht und als „nicht ausreichend" erklärt werden müssen, bevor die Gemeinschaft diese Kompetenz ausüben darf. Das Protokoll Abs. 5 Leitlinie 2 nennt als weitere Voraussetzung für das Handeln der Gemeinschaft, dass „alleinige Maßnahmen der Mitgliedstaaten oder das Fehlen von Gemeinschaftsmaßnahmen" gegen die „Anforderungen des Vertrages" verstoßen würden. Diese Leitlinie kann dahingehend interpretiert werden, dass „bisherige Verhandlungslösungen" dem „Fehlen von Gemeinschaftsmaßnahmen" gegenübergestellt werden. Diese Sichtweise läßt aber außer Acht, dass die Gemeinschaft auch Verhandlungen der Mitgliedstaaten unterstützen oder bewachen könnte.

---

[171] Weitere Möglichkeiten wie z.B. Finanzzuweisungen und Steuern im Sinne von Pigou werden hier aufgrund der derzeit geringen Integrationstiefe der EU im fiskalischen Bereich nicht weiter untersucht.

Es ist also nicht ersichtlich, welche anderen Formen der Zusammenarbeit der Staaten (Kooperation, Koordinierung) bei der Internalisierung von externen Effekten in Erwägung gezogen oder untersucht werden müssen, bevor die Maßnahmen als „nicht ausreichend" beurteilt werden und die Kompetenz von der Gemeinschaftsebene ausgeübt werden darf.

Erst bei der Wahl des Aktionsmittels im Rahmen des Verhältnismäßigkeitsprinzips kann die Gemeinschaft auch auf andere Formen als Harmonisierung oder Rechtsangleichung zurückgreifen. Die Kommission nennt in ihren Berichten z.B. das Prinzip der gegenseitigen Anerkennung, Empfehlungen, Förderung der Zusammenarbeit zwischen Mitgliedstaaten, Anreize zum Handeln oder auch Förderung bzw. Koordinierung freiwilliger Vereinbarungen.[172]

2.4 Skalenerträge

Als weiteres Effizienzkriterium nennt die ökonomische Theorie des Föderalismus die kostenminimale Produktion bzw. Bereitstellung von öffentlichen Gütern. Die Ausnutzung von Skalenerträgen kann als ein Argument für die Zentralisierung der Aufgabe angesehen werden.

Der in Art. 5 Abs. 2 EGV enthaltene Begriff des „Umfangs" kann als eine Orientierung an dem Kriterium der Ausnutzung von Skaleneffekten interpretiert werden. Die Gemeinschaft darf nur tätig werden, wenn Maßnahmen „wegen ihres Umfangs oder ihrer Wirkungen besser auf Gemeinschaftsebene erreicht werden können". Umfang und Wirkungen der betreffenden Maßnahme werden gemäß der Kommission anhand des Komparativen Effizienztests und des Mehrwert-Tests gemessen. Im Rahmen des Komparativen Effizienztests wird geprüft, ob die Mitgliedstaaten über Mittel, „einschließlich der finanziellen Mittel", zur Erreichung der Ziele verfügen. Der Mehrwert-Test mißt die Effizienz der Gemeinschaftsmaßnahme, z.B. anhand der Kriterien Umfang, grenzüberschreitende Probleme, Kosten der Untätigkeit und kritische Masse. [173]

Diese Gemeinschaftsmaßnahme müsste gemäß der dritten Leitlinie des Absatzes 3 des Protokolls wegen ihres Umfangs oder ihrer Wirkungen im Vergleich zu Maßnahmen auf der Ebene der Mitgliedstaaten „deutliche Vorteile" mit sich bringen. Was genau einen „deutlichen Vorteil" ausmacht, ist nicht näher beschrieben. Auch wird der deutliche Vorteil nur als Gesamtaggregat gesehen, eine genaue Analyse für welche Mitgliedstaaten dies einen Vorteil, für welche aber auch ein Nachteil bedeuten könnte, wird nicht gefordert. Welchen „Mehrgewinn" die Skalenerträge mit sich bringen müssen, damit die Gemeinschaft tätig werden kann, ist nicht näher spezifiziert.

2.5 Systemwettbewerb

Neben der Berücksichtigung der Effizienzkriterien der traditionellen ökonomischen Theorie des Föderalismus ist das Subsidiaritätsprinzip in Art. 5 EGV dahingehend zu untersuchen, ob es bei der Überprüfung der Kompetenzausübung eine Abwägung zwischen den Vor- und Nachteilen eines Systemwettbewerbs zwischen den Staaten und den Vor- und Nachteilen einer Harmonisierung auf Gemeinschaftsebene ermöglicht bzw. vorsieht.[174] Selbst wenn es zu einer Kompetenzübertragung auf die Ebene

[172] Siehe auch Kapitel III B, Punkt 2.1.5.1

[173] Vgl. Kommission der Europäischen Gemeinschaften (1992)

[174] Es ist bei der Untersuchung jedoch zu bedenken, dass mit der Übertragung einer Kompetenz auf die Gemeinschaft nicht der ganze Systemwettbewerb der Mitgliedstaaten in diesem Bereich ausge-

der Gemeinschaft kommen sollte, ist zu fragen, ob das Subsidiaritätsprinzip (bzw. genauer das Verhältnismäßigkeitsprinzip) den Mitgliedstaaten noch genug Freiraum für eigenstaatliches Handeln und daher für Systemwettbewerb belässt.

Es ist demnach zu analysieren, inwieweit die Vorteile des Wettbewerbs, wie z.B. das Entdeckungsverfahren, die Korrektur und Vermeidung von Fehlern, die Anpassung an Präferenzen und die Kontrolle des Leviathan mit den möglichen Nachteile z.B. in Form von hohen Transaktionskosten, Rechtsunsicherheit und Wettbewerbsverzerrungen abgewogen werden.

Lecheler ist der Auffassung, dass das Subsidiaritätsprinzip in seiner Schutzfunktion „für gesellschaftliche Freiheit und dezentrale staatliche Organisationseinheiten" die Konkurrenz fördert. „Indem das Subsidiaritätsprinzip das Eingreifen der übergeordneten Ebene begrenzt, an die Bedürfnisse der jeweils nachgeordneten Ebene bindet, fördert es die Konkurrenz einer Vielfalt gewachsener Einheiten und steht so totalitaristisch-zentralistischen Zugriffen des Staates im Wege."[175] Die Förderung der Vielfalt der Staaten wurde auch schon im Rahmen der Beachtung der Präferenzen der Mitgliedstaaten angesprochen.

Gemäß Art. 5 Abs. 2 EGV des Subsidiaritätsprinzips wird die Gemeinschaft nur tätig, „sofern und soweit die Ziele der in Betracht gezogenen Maßnahmen auf Ebene der Mitgliedstaaten nicht ausreichend erreicht werden können und daher wegen [...] ihrer Wirkungen besser auf Gemeinschaftsebene erreicht werden können". Die Leitlinie zwei des Abs. 5 des Protokolls spezifiziert die Voraussetzungen für ein Handeln der Gemeinschaft dahingehend, dass „alleinige Maßnahmen der Mitgliedstaaten oder das Fehlen von Gemeinschaftsmaßnahmen" gegen die „Anforderungen des Vertrages" verstoßen würden. Ob die Mitgliedstaaten in einem bestimmten Bereich selber handeln dürfen, ist somit von den Zielen der Gemeinschaft und den Anforderungen des Vertrages abhängig.

Die Leitlinie nennt drei Beispiele für die Anforderungen des Vertrages, wovon eine für diese Diskussion relevant ist: Die Erfordernis der Korrektur von Wettbewerbsverzerrungen. Soll der Binnenmarkt somit vor Verfälschungen und Wettbewerbsverzerrungen geschützt werden (Art. 3 EGV) und reichen die Maßnahmen der Mitgliedstaaten dazu nicht aus, dann sollte diese Aufgabe von der Gemeinschaftsebene wahrgenommen werden.

Da für die Kompetenzausübung durch die Gemeinschaft zwei Kriterien, das Negativkriterium (nicht ausreichend) und das Positivkriterium (besser), erfüllt sein müssen, könnte diese Voraussetzung eine Abwägung zwischen den Vor- und Nachteilen von Wettbewerb und Harmonisierung implizieren. Erst wenn das Negativkriterium erfüllt ist, also die Nachteile des Wettbewerbs die Vorteile überwiegen, so dass die Mitgliedstaaten ein Ziel nicht ausreichend erfüllen können, dann ist das Positivkriterium

---

schaltet wird; nicht jede Kompetenzübertragung ist eine Harmonisierung. Die Möglichkeiten des Wettbewerbs sind im Einzelfall vom Inhalt und der Reichweite des zu regelnden Bereichs abhängig. Desgleichen gilt auch, dass mit dem Verbleib einer Kompetenz auf der Ebene der Mitgliedstaaten nicht explizit ein Systemwettbewerb verbunden ist. Es soll hier also nur vereinfachend von der Tendenz ausgegangen werden, dass erstens die Chancen für einen Wettbewerb mit dem Verbleib der Kompetenz auf der Ebene der Mitgliedstaaten höher sind und dass zweitens mit der Kompetenzausübung durch die Gemeinschaft die Risiken der für die Harmonisierung identifizierten Nachteile steigen.

[175] Lecheler, H. (1993): Das Subsidiaritätsprinzip: Strukturprinzip einer Europäischen Union, Berlin: Duncker und Humblot, S. 66

zu überprüfen. Ergibt das Positivkriterium, dass die Vorteile einer Vergemeinschaftung die Nachteile einer Vergemeinschaftung überwiegen, so dass das Ziel besser erreicht werden kann als durch einen mit Mängeln behafteten Wettbewerb, dann ist die Kompetenz durch die Gemeinschaft auszuüben. Diese Argumentationskette ist jedoch sehr theoretisch konstruiert und trifft, wenn überhaupt, nur auf bestimmte Politikbereiche zu. Es bleibt festzuhalten, dass das Subsidiaritätsprinzip in Art. 5 Abs. 2 EGV und das Protokoll keine weiteren Kriterien zur Abwägung der Vor- und Nachteile des Wettbewerbs und der Harmonisierung wie z.B. Marktversagen versus Staatsversagen bieten.

Anders sieht es jedoch bei den Prinzipien der Verhältnismäßigkeit und der Erforderlichkeit aus. Sie sind darauf angelegt, den Mitgliedstaaten Freiraum für eigenstaatliches Handeln zu überlassen und somit einen Wettbewerb der Mitgliedstaaten zu fördern.
Im Protokoll wird in Abs. 7 erwähnt, dass bei Maßnahmen der Gemeinschaft „so viel Raum für nationale Entscheidungen bleiben [sollte], wie dies im Einklang mit dem Ziel der Maßnahme und den Anforderungen des Vertrages möglich ist." Auch der Wettbewerb der Rechtssysteme sollte im Rahmen des möglichen erhalten bleiben. „Unter Einhaltung der gemeinschaftlichen Rechtsvorschriften sollten bewährte nationale Regelungen sowie Struktur und Funktionsweise der Rechtssysteme der Mitgliedstaaten geachtet werden." Dadurch, dass den Mitgliedstaaten „Alternativen zur Erreichung der Ziele" angeboten werden, kann ein Wettbewerb unter diesen Alternativen stattfinden, bzw. können die nationalen Präferenzen zum Ausdruck kommen.

Das Verhältnismäßigkeitsprinzip in Art. 5 Abs. 3 EGV beinhaltet auch die Intensität einer Maßnahme. Bei der Wahl der Aktionsmittel stehen auf der einen Seite die Angleichung der Rechtsvorschriften und auf der anderen Seite die vollständige oder punktuelle Harmonisierung (Rechtsvereinheitlichung). Doch aufgrund des Gebots des schonendsten Mittels, muss die Harmonisierung nicht im Vordergrund stehen, um z.B. das Funktionieren des gemeinsamen Binnenmarktes zu fördern. Aufgrund des Prinzips der gegenseitigen Anerkennung wird die Vielfalt nationaler Regelungen gefördert, ohne dass der Binnenmarkt behindert wird.

Neben den Gesetzgebungsmaßnahmen gibt es auch komplementäre Maßnahmen der Gemeinschaft in den Bereichen, in denen aufgrund des Vertrages eine Harmonisierung ausdrücklich ausgeschlossen ist. Dort sollen die Maßnahmen der Mitgliedstaaten lediglich ergänzt oder unterstützt werden.[176] Nur falls das „notwendige Maß an Einheitlichkeit im Hinblick auf den angestrebten Zweck, insbesondere die Notwendigkeit der Gleichbehandlung und der Rechtssicherheit" erforderlich ist, sollte gemäß der Kommission eine Gesetzgebungsmaßnahme den Vorrang haben. Liegt solch ein Erfordernis nicht vor, sollte eine „Bevorzugung von Programmen zur Stützung der Koordinierung einzelstaatlicher Maßnahmen anstatt Harmonisierung der Rechtsvorschriften" erfolgen.[177] Im Rahmen des Verhältnismäßigkeitsprinzips werden somit die Vorteile der Harmonisierung wie Rechtssicherheit und Gleichbehandlung mit dem Erfordernis eines nationalen Regelungsspielraums abgewogen.

2.6 Kosteneffekte

Wie bereits in Kapitel A und B festgestellt, müssen zur Beurteilung der Vorteilhaftigkeit von Zentralisierung oder Dezentralisierung ökonomische Kosten miteinander ab-

---

[176] Wie z.B. gemäß Art. 149 EGV im Bereich der Bildung.
[177] Vgl. Kommission der Europäischen Gemeinschaft (1992), S. 123

gewogen werden. Fraglich ist also, ob im Rahmen der Subsidiaritätsprüfung eine Kostenanalyse vorgenommen wird.

Mögliche finanzielle Belastungen, die durch ein Tätigwerden der Gemeinschaft entstehen können, werden im Protokoll erwähnt. Gemäß Abs. 9 des Protokolls sollte die Kommission unbeschadet ihres Initiativrechts „gebührend berücksichtigen, dass die finanzielle Belastung und der Verwaltungsaufwand der Gemeinschaft, der Regierungen der Mitgliedstaaten, der örtlichen Behörden, der Wirtschaft und der Bürger so gering wie möglich gehalten werden und in einem angemessenen Verhältnis zu dem angestrebten Ziel stehen müssen." Hier muss die Kommission auf die finanziellen Belastungen eingehen, die direkt durch die umzusetzende Maßnahme entstehen.

Von der Kommission wird somit nicht eine Analyse der gesamten ökonomischen Kosten gefordert. Idealerweise müssten die Kosten einer Zentralisierung bzw. der Vergemeinschaftung mit den Kosten einer dezentralen Bereitstellung abgewogen werden.[178]

3. Kongruenz von juristischen und ökonomischen Problemen?

Um zu einer umfassenden Beurteilung der Leistungsfähigkeit des Subsidiaritätsprinzips zu gelangen, ist nun zu untersuchen, ob sich die juristischen Kritikpunkte am Subsidiaritätsprinzip durch die ökonomischen Gesichtspunkte bestätigen oder widerlegen lassen. Aufgrund der juristischen Kritik am Subsidiaritätsprinzip wird dessen sinnvolle und wirksame Funktion und Anwendung als Kompetenzausübungsregel bzw. als Instrument zur Kompetenzbegrenzung erheblich bezweifelt.

3.1 Abgrenzung ausschließlicher und konkurrierender Kompetenzen

Als ein Hauptproblem bei der Anwendung des Subsidiaritätsprinzips wird die ungenaue Abgrenzung von ausschließlichen und nicht-ausschließlichen (konkurrierenden) Kompetenzen genannt. Da das Subsidiaritätsprinzip als Kompetenzausübungsregel in Art. 5 EGV nur auf die nicht-ausschließlichen Kompetenzen angewandt werden darf, kann dieses Abgrenzungsproblem zu Kompetenzkonflikten führen.

Gemäß Olson würde es im Idealfall keine konkurrierenden, sondern nur ausschließliche Kompetenzen geben. Um gemäß des Prinzips der fiskalischen Äquivalenz sicherzustellen, dass Nutzer und Zahler übereinstimmen, müsste es für jedes öffentliche Gut mit einem spezifischen Wirkungskreis eine Regierungsinstitution geben. Ineffizienzen durch externe Kosten oder Nutzen-Spillovers wären ausgeschlossen. Jede Körperschaft würde eine ausschließliche Kompetenz besitzen, die keine andere für sich beansprucht.[179]
Da es aber diese optimale Anzahl von Regierungsinstitutionen nicht geben kann, werden in der ökonomischen Theorie die Kompetenzen je nach Effizienz, also unter Berücksichtigung und Abwägung der erwähnten Kriterien wie Präferenzorientierung, Internalisierung von externen Effekte, Ausnutzung von Skaleneffekten usw., auf die bestehenden Ebenen, also die Zentrale oder die Dezentrale verteilt. Es wird nicht explizit zwischen ausschließlichen und nicht-ausschließlichen bzw. konkurrierenden Kompetenzen unterschieden. Genau wie beim Subsidiaritätsprinzip in Art. 5 Abs. 3 EGV ist auch nach der ökonomischen Theorie des Föderalismus ein Effizienztest durchzuführen.[180]

---

[178] Zu den einzelnen Kostenarten sei Kap. B Punkt 4 in Erinnerung zu rufen.
[179] Vgl. Olson, M. (1969)
[180] Auf die Unterschiede in den Effizienztests wird in Punkt 2.3 eingegangen.

Aus dieser Sichtweise ist es unverständlich, warum die ausschließlichen Kompetenzen in ihrer Wirkung und Rechtfertigung nicht anhand der Leitidee des Subsidiaritätsprinzips untersucht werden sollten. Die einer Aufgabenzuordnung zugrundeliegenden Kriterien können sich im Zeitablauf ändern, eine für einen bestimmten Zeitraum notwendige Vergemeinschaftung kann sich im Zeitablauf als nicht mehr zweckmäßig erweisen oder von den Staaten nicht mehr präferiert werden. Es ist fraglich, ob es überhaupt eine Kompetenz geben kann, die unwiderruflich langfristig effizienter auf zentraler Ebene ausgeübt werden kann.

Da sich Präferenzen, Streukreise der externen Effekte, Produktionsmöglichkeiten, Wirtschaftskraft und sonstige ökonomische Daten im Zeitablauf ändern können, müssten eigentlich alle Kompetenzen konkurrierend sein, so dass die Effizienz der Kompetenzverteilung (bzw. der Ausübung) regelmäßig überprüft werden kann.

Döring ist der Auffassung, dass es aus ökonomischer Sicht angemessener wäre, „die den verschiedenen Gebietskörperschaften zugewiesenen Aufgaben unter Berücksichtigung anfallender Kontroll- und Veränderungskosten in weiten, aber regelmäßigen Abständen auf notwendige Reformen in der Zuständigkeitsverteilung hin zu überprüfen."[181]

Für die Ökonomie ist die juristische Unterscheidung in ausschließliche und konkurrierende Kompetenzen in der Theorie irrelevant, da sowohl die Verteilung der Kompetenzen als auch die Ausübung der Kompetenz durch eine Ebene regelmäßig einem Effizienztest unterworfen werden müsste. Auch Neuordnungen oder Rückverlagerungen von Kompetenzen können ökonomisch sinnvoll sein.

Es könnte sogar die These aufgestellt werden, dass der Wettbewerb um die Kompetenz bzw. die Ausübung der Kompetenz im Rahmen der konkurrierenden Kompetenzen, die Wohlfahrt aller erhöhen kann. Sowohl die Gemeinschaftsorgane als auch die Mitgliedstaaten streben in einem Entdeckungsverfahren nach (ökonomisch) effizienteren Ergebnissen. Die Mitgliedstaaten streben somit fortwährend an, die gemeinschaftlichen Ziele „ausreichend" zu erreichen, so dass der Negativtest des Subsidiaritätsprinzips nicht erfüllt wird. Strengen sich die Mitgliedstaaten nicht an, hätte die Gemeinschaft es einfacher zu beweisen, dass sie die Ziele „besser" erreichen kann. Ein „Leviathan" kann sich schwerer einschleichen, wenn es möglich ist, die Kompetenz wieder zu verlieren.

Diesen Vorteilen des „produktiven" Kompetenzstreits müssen aber auch die Nachteile der hohen Unsicherheit und der damit bedingten hohen Transaktionskosten, z.B. durch laufende Gesetz- und Vertragsänderungen, gegenübergestellt werden.[182] Auch würde dies dem in Art. B EUV gemeinschaftlichen Ziel der „vollen Wahrung des gemeinschaftlichen Besitzstandes" zuwider laufen.

3.2 Zielbezogenheit

Ein weiterer Grund für die Abgrenzungsschwierigkeiten zwischen ausschließlichen und konkurrierenden Kompetenzen bzw. für Kompetenzkonflikte wird in der funktionalen Ausrichtung der Handlungsbefugnisse gesehen. Kritiker wollen diese funktionale Ausrichtung durch sachgebietsbezogene Kompetenzen ersetzen.

---

[181] Döring, T. (1996b): Das Subsidiaritätsprinzip in der Europäischen Union – Konkretisierungsversuche und offene Fragen in ökonomischer Sicht, in: ORDO, Bd. 47, S. 302

[182] Siehe auch Punkt 1.6 zum Systemwettbewerb bzw. Kapitel II B, Punkt 2.2.1

Ein Blick auf die ökonomische Theorie des Föderalismus zeigt, dass auch sie sich bei der Frage der Kompetenzverteilung nicht auf Ziele, sondern auf Sachgebiete bzw. bestimmte Aufgaben bezieht. Es wird gefragt, welches öffentliche Gut effizienter von welcher Ebene produziert oder bereitgestellt werden kann.

Doch die Zielbezogenheit ist auch der Wirtschaftspolitik nicht fremd. Schon Musgrave entwickelte die Dreiteilung der staatlichen Ziele: Distribution, Allokation und Stabilität.[183] Insbesondere Zielkonflikte stehen im Vordergrund des wirtschaftswissenschaftlichen Interesses. „Magische" Zielkonflikte bestehen zwischen den Zielen Vollbeschäftigung, Preisniveaustabilität, angemessenem Wirtschaftswachstum und außenwirtschaftlichem Gleichgewicht. Gemeinsame Ziele können auch hier von unterschiedlichen Akteuren auf unterschiedlichen Ebenen in unterschiedlichen Aufgabenbereichen angestrebt werden. Das Ziel Vollbeschäftigung kann durch die Politik der Gewerkschaften im Rahmen der Lohnverhandlungen, durch die Fiskalpolitik des Staates, die Geldpolitik einer unabhängigen Zentralbank und auch durch die effiziente Tätigkeit von Arbeitsamtsmitarbeitern gemeinsam erreicht werden.

Deshalb kann grundsätzlich eine Zielorientierung der Gemeinschaftsaufgaben nicht abgelehnt werden. Es ist dann anhand der ökonomischen Kriterien zu hinterfragen, wie ein Ziel am effizientesten erreicht werden kann. Dabei können den unterschiedlichen Ebenen je nach Ziel unterschiedliche Aufgaben zugeordnet werden. Ein Ziel der Gemeinschaft ist es z.B. gemäß Art. 2 EGV zu einem „hohen Beschäftigungsniveau" beizutragen. In Art. 127 EGV wird das Ziel des hohen Beschäftigungsniveaus näher spezifiziert: „Die Gemeinschaft trägt zu einem hohen Beschäftigungsniveau bei, indem sie die Zusammenarbeit zwischen den Mitgliedstaaten fördert und deren Maßnahmen in diesem Bereich unterstützt und erforderlichenfalls ergänzt. Hierbei wird die Zuständigkeit der Mitgliedstaaten beachtet."

Das gemeinsame Ziel, bzw. die Aufgabe der Erhöhung des Beschäftigungsniveaus, ist somit keine Gemeinschaftszuständigkeit geworden. Die Gemeinschaft besitzt nur die Kompetenz, die Zusammenarbeit zu fördern und Maßnahmen zu unterstützen oder zu ergänzen. In diesem Beispiel wurde von den Mitgliedstaaten als „Herren der Verträge" die Notwendigkeit einer Förderung der Zusammenarbeit gesehen, um das Ziel der Erhöhung des Beschäftigungsniveaus zu erreichen. Sie haben der Gemeinschaft diese Kompetenz übertragen. Ob die Gemeinschaft die Kompetenz in einem spezifischen Fall auch ausüben soll, wird die Prüfung des Art. 5 Abs. 2 EGV ergeben.

Es kann somit festgehalten werden, dass sowohl die Verteilung von Kompetenzen als auch die Aufstellung von Kriterien für die Ausübung von Kompetenzen zielorientiert und somit ökonomisch effizient erfolgen kann. Ziele können in Teilkompetenzen zerlegt werden, die dann an die Ebene verteilt bzw. von der Ebene ausgeübt werden sollten, die diese am effizientesten verfolgen kann.

Kritisiert werden könnte aber die mangelhafte Beschreibung der Begriffe „Förderung" oder „Unterstützung" oder „Ergänzung". Es ist nicht ersichtlich, was genau mit diesen Begriffen gemeint ist und welche Maßnahmen der Gemeinschaft sie umfassen dürfen. Diese Tätigkeiten müssten z.B. einen ökonomischen Mehrwert unter Beachtung der Zuständigkeit der Mitgliedstaaten mit sich bringen. Nicht durch die Zielorientie-

[183] Vgl. Musgrave, R.A. (1959), bzw. Musgrave, R.A., u.a. (1994)

rung selber, aber durch die Verwendung unpräziser Begriffe innerhalb der Normen können Kompetenzkonflikte entstehen. Doch diese Defizite können nicht dem Subsidiaritätsprinzip angelastet werden.

3.3 Subsidiarität als Effizienzprinzip

Zu untersuchen ist hier, ob das Subsidiaritätsprinzip einem ökonomischen Effizienzprinzip entspricht. Gemäß eines ökonomischen Effizienzvergleichs, z.B. anhand der Kriterien der ökonomischen Theorie des Föderalismus, müsste die Ebene die Kompetenz ausüben, die es am effizientesten bzw. am kostengünstigsten kann. Falls die Gemeinschaft eine Aufgabe effizienter als die Mitgliedstaaten erfüllen kann, müsste sie auch die Kompetenz ausüben dürfen. Dies entspräche dem Positivkriterium „besser" des Subsidiaritätsprinzips in Art. 5 Abs. 2 EGV. Doch das Subsidiaritätsprinzip enthält auch ein Negativkriterium. Die Gemeinschaft darf ihre Kompetenz nur ausüben, wenn ein Ziel auf Ebene der Mitgliedstaaten „nicht ausreichend" erreicht werden kann. Für die Kompetenzausübung durch die Gemeinschaft reicht es also nicht, effizienter als die Mitgliedstaaten zu sein. Nur wenn eine bestimmte „Mindesteffizienz" von den Mitgliedstaaten nicht erreicht wird, darf die effizientere Ebene diese Aufgabe ausführen. Diese Vorgehensweise widerspricht einem strengen ökonomischen Effizienztest, der eine Optimierung in der Kompetenzverteilung bzw. –ausübung anstrebt. Das ökonomische Optimum kann mit diesem Rechtsprinzip u.U. nie erreicht werden.[184]

In Frage gestellt werden kann, ob bei der Kompetenzverteilung bzw. –ausübung ein ökonomisches Optimum erreicht werden muss.[185] Gemäß des Dezentralisierungstheorems, das insbesondere eine Präferenzorientierung anstrebt, sollen Kompetenzen, selbst wenn sie von beiden Ebene gleich effizient erreicht werden können, auf der dezentralen Ebene verbleiben. Aufgrund der auch von Oates gefürchteten „Uniformität" eines zentralen Angebots ist mit Wohlfahrtsverlusten zu rechnen. Im Zweifel wird somit die Dezentrale bevorzugt.

Selbst wenn der Effizienztest im EGV kein ökonomisches Optimum anstrebt, ist dennoch zweifelhaft, wie diese „Mindesteffizienz" der Mitgliedstaaten ermittelt wird. Die Effizienz der Kompetenzausübung der Gemeinschaft kann zwar „besser" sein als die der Mitgliedstaaten, da sie aber die „Mindesteffizienz" der Mitgliedstaaten im gerade noch ausreichenden Bereich nur minimal übertrifft, darf sie nicht tätig werden.

3.4 Unbestimmte Rechtsbegriffe

Insbesondere in Bezug auf die richterliche Überprüfbarkeit der Anwendung des Subsidiaritätsprinzips, werden von den Juristen die vielen unbestimmten Rechtsbegriffe kritisiert. Die Kritiker favorisieren daher klare Kriterien, die die Voraussetzungen für die Kompetenzausübung besser konkretisieren.

Einerseits wäre es aus ökonomischer Sicht zu begrüßen, wenn bei der Formulierung von Kriterien für die Anwendung des Subsidiaritätsprinzips ökonomische Aspekte stärker in Betracht gezogen werden würden. In Art. 5 Abs. 2 EGV und im Protokoll sind zwar implizite Bezüge zur Bürgernähe, Internalisierung räumlicher externer Effekte oder zu realisierender Skalenerträge zu finden, doch sind diese nur unzurei-

---

[184] Pieper nennt das Subsidiaritätsprinzip in Art. 5 Abs. 2 EGV in diesem Zusammenhang ein „mit Effizienzgesichtspunkten angereichertes Subsidiaritätsprinzip". Siehe Pieper, U. (1993): Subsidiaritätsprinzip – Strukturprinzip der Europäischen Union?, in: DVBl., 01.Juli 1993, S. 709

[185] Siehe folgende Diskussion in Kapitel III.

chend konkretisiert. In Kapitel II C, Punkt 1 ist auf diese Mißstände bereits hingewiesen worden. Eine genauere Ausformulierung von ökonomischen Leitlinien zur Konkretisierung der Anwendung des Subsidiaritätsprinzips können zu einer verstärkt ökonomisch orientierten Kompetenzausübung und zu mehr Klarheit führen. Die Entscheidungen der Kommission und des Rates könnten besser nachvollzogen und Kompetenzkonflikte vermieden werden.

Andererseits sollte aber ein zu starres „Kriterienraster" vermieden werden, denn eine gewisse Auslegungsoffenheit von Kriterien kann auch ökonomisch vorteilhaft sein. Das Ausmaß von externen Effekten ab dem eine Kompetenz von der Gemeinschaftsebene auszuüben ist, läßt sich z.B. nicht von einer allgemeingültigen Skala ablesen. Technische Möglichkeiten, natürliche Faktoren oder auch Präferenzen können sich im Zeitablauf ändern. Fraglich ist auch, wer diese Skala nach welchen Kriterien erarbeitet, wo diese festgeschrieben wird und wann die Prüfergebnisse veröffentlicht werden sollen. Würde aber ganz auf ökonomische Anhaltspunkte verzichtet werden, bestünde die Gefahr, dass die Konkretisierung des Subsidiaritätsprinzips zum Gegenstand von politischen Interessenausgleichen oder Paketverhandlungen zwischen Mitgliedstaaten gemacht würde.

Insbesondere bei der Diskussion um unbestimmte Rechtsbegriffe im Rahmen der Kompetenzausübung wird der Konflikt zwischen zwei Lösungsformen der Entscheidung unter Unsicherheit deutlich. Die Unsicherheit bei der Auslegung kann durch genauere Begriffe und Prüfregeln ex ante vermindert werden. Andererseits zwingt die Unsicherheit über zukünftige Faktoren und Präferenzen zu einer gewissen Auslegungsoffenheit der Prüfkriterien.

Als Kompromiss zwischen beiden Lösungswegen könnte die Überprüfung der Kompetenzausübung die Beantwortung eines offenen Fragenkataloges beinhalten, der eine bessere Beschreibung und Ausfüllung der unbestimmten Rechtsbegriffe einfordert. So kann auch ohne spezifische Werte vorgeben zu müssen überprüft werden, ob sich der Entscheidungsträger (z.B. die Kommission) auch mit technischen Fragen und ökonomischen Fragen auseinander gesetzt hat.[186]

3.5 Konkurrierende Rechtsnormen

Von juristischer Seite wurde kritisiert, dass sich das Subsidiaritätsprinzip in seiner Wirkung relativiert, da es mit gegenläufigen Rechtsnormen, wie z.B. dem Solidaritätsprinzip konkurriert. Der Solidarität wird eine bestandssichernde Funktion unterstellt, welche eine Dezentralisierung bereits zentralisierter Kompetenzen ausschließt.

In der Ökonomie werden Konflikte zwischen Prinzipien häufig in Zielbeziehungen dargestellt und analysiert. Es kann versucht werden Konflikte dadurch zu lösen, dass ein oberstes Ziel definiert und quantifiziert wird. Das Oberziel kann z.B. die maximale Bedürfnisbefriedigung oder das Wohlfahrtsmaximum sein.

Sollen mehrere Ziele erreicht werden, werden die Auswirkungen eines trade-off zwischen den Zielen berechnet, um so einen optimalen Zielerreichungsgrad bzw. einen optimalen Kompromiss zu ermitteln. „Als optimal ist dabei jene Kombination von Zielerreichungsgraden anzusehen, bei der der zusätzliche Nutzen einer weiteren Annäherung beim einen Ziel geringer ausfällt als der damit verbundene Nutzenentgang

[186] Dieser Gedanke wird in Kapitel III C wieder aufgegriffen.

(Opportunitätskosten) beim jeweils anderen Ziel."[187] Für diese Berechnung müssen aber die jeweiligen Opportunitätskosten bekannt sein.

Häufig wird in der Ökonomie eine Zielhierarchie als vorgegeben betrachtet, so dass Konflikte, die sich aus unterschiedlichen Meinungen bezüglich des Zielsystems ergeben, ausgeklammert werden. Dennoch müssen Ziele hinsichtlich ihrer Realisierbarkeit, ihrer Konsistenz oder Kompatibilität untersucht werden. Zur Lösung des angeblichen Konflikts zwischen dem Ziel der Subsidiarität und der Solidarität könnte entweder eines der Ziele als Oberziel deklariert oder es könnte der Trade-off zwischen beiden Zielen berechnet werden. Doch die Berechnung der Opportunitätskosten von den Zielen Subsidiarität und Solidarität dürfte mit einigen Schwierigkeiten verbunden sein.[188]

Fraglich ist aus ökonomischer Sicht, ob die beiden Prinzipien wirklich in einer Konfliktbeziehung zueinander stehen. Wenn das Subsidiaritätsprinzip streng und transparent angewandt und die Entscheidung für eine Kompetenzausübung den Mitgliedstaaten so verdeutlicht wird, dass sie eine breite Akzeptanz findet, kann damit auch das Ziel der Solidarität gefördert werden. Somit besteht kein Trade-off zwischen den beiden Prinzipien. Die Solidarität kann eher unter der Anwendung nicht klar definierter oder nicht akzeptierter Ziele oder Regeln leiden, als unter dem Subsidiaritätsprinzip als solchem.

Pernice ist der Meinung, dass dieses Spannungsverhältnis zwischen Subsidiaritätsprinzip und Solidaritätsprinzip gar nicht aufgelöst werden muss. Seiner Meinung nach ist es die Tugend eines „lebendigen Föderalismus, dieses Spannungsverhältnis als Rahmen dynamischer Allokation und Balance von politischer Macht je nach Aufgabenstellung im Sinne größtmöglicher Effizienz bei größtmöglicher Autonomie positiv zugunsten der Bürger zu nutzen. Jede starre Aufteilung würde die Anpassungsfähigkeit des Systems und damit sein Überleben in Frage stellen."[189]

3.6 Justitiabilität des Subsidiaritätsprinzips

In der juristischen Debatte wird häufig das Subsidiaritätsprinzip als wirkungsvolle Verfahrensregel in Frage gestellt, da dessen Anwendung oder Umsetzung nicht juristisch kontrollierbar sei. Einem Gericht könne nicht zugemutet werden, unbestimmte Rechtsbegriffe wie „nicht ausreichend" oder „besser" inhaltlich zu bewerten.

Die Ökonomie befasst sich von der Natur der Sache her nicht mit Fragen der Justitiabilität. Dennoch könnte die Ökonomie natürlich behaupten, dass es im Falle einer optimalen Kompetenzverteilung gar nicht zu Konflikten kommen kann, die gerichtlich entschieden werden müssten. Hätte z.B. ein wohlwollender und allwissender Diktator eine Verteilung festgelegt, bedarf es keiner auslegungsbedürftigen Kompetenzausübungsregeln.

---

[187] Döring, T. (1996b), S. 313

[188] Dies ist nicht nur ein Kosten- sondern solange es keine Marktpreise gibt auch ein Werturteilsproblem.

[189] Pernice, I. (2001c): Antworten auf den Fragenkatalog, Europaausschuss A.-Drs. 14/1448, in: Deutscher Bundestag, Ausschuss für Angelegenheiten der Europäischen Union: Zur Verfassungsdiskussion in der Europäischen Union, Öffentliche Anhörung vom 14. März 2001, Texte und Materialien, Band 22, S. 147

Doch aus ökonomischer Sicht kann eine einfache These aufgestellt werden: Je weniger Auslegungs- und Anwendungszweifel bestehen, so dass Kompetenzkonflikte schon im Vorfeld vermieden werden können, desto seltener wird ein Gericht überhaupt in die Situation kommen, die Umsetzung der Kompetenzausübungsregel beurteilen zu müssen. Zur Erreichung dieses Ziels können, wie schon bei der Debatte um die unbestimmten Rechtsbegriffe aufgezeigt, entweder möglichst genaue und klare Prüfkriterien definiert oder die Begründungspflichten der Kommission erhöht werden. Die Gemeinschaft muss ihr Tätigwerden begründen und legitimieren. Eine solche Begründung der Rechtsprechung zu überlassen, würde die Entscheidung aus dem politischen Willenbildungsprozess herauslösen und noch bürgerferner werden lassen. Wie auch von der herrschenden Meinung vertreten, sollte das Gericht eher die Einhaltung des Verfahrens kontrollieren als direkt auf die Überprüfung der Kriterien eingehen. Diese Kontrolle kann durch die Begründungspflichten erleichtert werden.

Sollte es dennoch zu einer Klage wegen Verletzung des Subsidiaritätsprinzips kommen, sind vom Kläger Nutzen und Kosten abzuwägen. Wenn z.B. nur ein Mitgliedstaat klagt, ist anzunehmen, dass die anderen Mitgliedstaaten mit der Entscheidung einverstanden sind und keinen Verstoß gegen das Subsidiaritätsprinzip sehen. Einige Mitgliedstaaten werden aus dieser Entscheidung sogar einen Nutzen ziehen. Hätte es eine Mehrheit gegen den Rechtsakt gegeben, wäre er wohl nicht verabschiedet worden. Wenn nun dieser Mitgliedstaat gegen eine Entscheidung klagt, von der andere profitieren, muss dieser Mitgliedstaat seinen Nutzen aus einer möglichen erfolgreichen Klage mit möglichen Folgekosten abwägen. Zu den möglichen Folgekosten zählen politische Gegenmaßnahmen in anderen Bereichen oder sogar Gegenklagen, falls der betreffende Mitgliedstaat bei einer anderen Entscheidung Nutznießer ist. Aus diesen ökonomischen Gründen ist die Gefahr einer hohen Zahl von Subsidiaritätsklagen nicht sehr wahrscheinlich.[190]

3.7 Landes-Blindheit

Insbesondere von einigen deutschen Juristen wird die „Landes-Blindheit" des Subsidiaritätsprinzips bemängelt. Dieser Kritik wird das Argument einer völkerrechtlichen Vereinbarung entgegen gehalten, die die innerstaatlichen Strukturen nicht berücksichtigen muss.

Doch aus ökonomischer Sicht ist es auch fraglich, warum z.B. die Ebene der Regionen nicht vom Subsidiaritätsprinzip erfaßt wird. Im Rahmen der Effizienzprüfung kann es zu kurz greifen, wenn nur die Effizienz einer Ausübung auf Gemeinschaftsebene mit der auf Ebene der Mitgliedstaaten verglichen wird. Die Möglichkeit, dass eine Aufgabe effizienter auf regionaler Ebene, eventuell auch durch die Zusammenarbeit von grenzüberschreitenden Regionen, erreicht werden kann, wird außer Acht gelassen. Eine „neutrale" ökonomische Prüfung müsste von bestehenden Kompetenzverteilungen abstrahieren und alle Aufgaben einzeln auf ihre Effizienz beurteilen, um dann den optimalen Zentralisierungsgrad ermitteln zu können.[191]

[190] Vgl. Döring, T. (1996b)

[191] Ein berechtigter Einwand wäre hier, dass die ökonomische Theorie des Föderalismus auch nur zwischen zwei Ebenen unterschieden hat. Doch dies tat sie nur, weil sie ursprünglich für nationale Kompetenzverteilungen in einem Zweiebenensystem entwickelt wurde. Der Grundgedanke kann aber auch auf ein Mehrebenensystem übertragen werden.

Die „Landes-Blindheit“ ist ein besonderes Problem für föderal organisierte Staaten. Kompetenzen für bestimmte Aufgaben können innerstaatlich auf die Länderebene delegiert bzw. dort belassen worden sein, weil sie dort effizienter erledigt werden können. Zu fragen ist, wie die Kommission überprüft, ob ein Ziel auf Ebene der Mitgliedstaaten „nicht ausreichend“ erreicht werden kann. Werden alle unterschiedlichen Staatsordnungen als gleich angesehen? Die Formulierung des Subsidiaritätsprinzips spricht dafür. Es wird nur die Ebene der Mitgliedstaaten angesprochen, Regionen werden nicht einbezogen.

Ein Konflikt kann hier mit der Regionalpolitik der Gemeinschaft gesehen werden. Ein Ziel der Gemeinschaft ist es gemäß Art. 158 EGV „die Unterschiede im Entwicklungsstand der verschiedenen Regionen und den Rückstand der am stärksten benachteiligten Gebiete oder Inseln, einschließlich der ländlichen Gebiete, zu verringern.“ Somit reichen die Kompetenzen der Gemeinschaft bis in die Regionen, die eigenen Kompetenzen der Regionen im innerstaatlichen Gefüge werden aber nicht beachtet. Erinnert sei hier an die Forderungen der deutschen Länder zur Regierungskonferenz 1996. Sie forderten eine stärker regional orientierte Formulierung des Subsidiaritätsprinzips. Gemäß ihren Forderungen soll die Gemeinschaft nur tätig werden „sofern und soweit die Ziele der in Betracht gezogenen Maßnahmen auf der Ebene der Mitgliedstaaten oder der regionalen und lokalen Gebietskörperschaften, die nach dem internen Recht der Mitgliedstaaten über eine Zuständigkeit verfügen, nicht ausreichend erreicht werden könnten“[192].

4. Ökonomische Beurteilung der Leistungsfähigkeit des Subsidiaritätsprinzips

Zur ökonomischen Beurteilung der Leistungsfähigkeit des Subsidiaritätsprinzips wurde zuerst untersucht, ob die Regeln zur Kompetenzausübung in Art. 5 EGV und in dem Protokoll über die Anwendung der Grundsätze der Subsidiarität und der Verhältnismäßigkeit ökonomische Kriterien berücksichtigen. Danach wurde überprüft, ob sich die juristischen Kritikpunkte am Subsidiaritätsprinzip durch die ökonomische Sichtweise bestätigen oder widerlegen lassen.

Es wurde festgestellt, dass sich die Kriterien zur Kompetenzausübung am Dezentralisierungstheorem und der Präferenzorientierung ausrichten und externe Effekte und Skalenerträge berücksichtigen. Die Vorteile eines Systemwettbewerbs bzw. des eigenstaatlichen Handelns werden insbesondere durch das Verhältnismäßigkeitsprinzip beachtet. Auch wenn aus ökonomischer Sicht die impliziten Bezüge zu den ökonomischen Kriterien zu begrüßen sind, könnten diese noch stärker berücksichtigt und konkretisiert werden, um bei der Überprüfung der Kompetenzausübung noch ökonomisch effizientere Ergebnisse erzielen zu können. Insbesondere mangelt es an einer Abwägung ökonomischer Kosten.

Die juristische Kritik am Subsidiaritätsprinzip bezieht sich vielfach auf die Anwendungsprobleme des Subsidiaritätsprinzips als Kompetenzausübungsregel. Die Anwendungsprobleme haben u.a. ihre Ursache in mangelhaften Abgrenzungen (ausschließliche und nicht-ausschließliche Kompetenzen), mangelhaften Definitionen (Ziele der Gemeinschaft) und mangelhaft konkretisierten Begriffen (unbestimmte Rechtsbegriffe).

[192] Siehe Bundesrat (1995b): Beschluss des Bundesrates, Entschließung des Bundesrates „Forderungen der Länder zur Regierungskonferenz 1996“, BR-Drucksache 667/95 (Beschluss), 15.12.1995

In einigen Punkten teilt die Ökonomie die juristische Kritik. So muss z.B. bei der Untersuchung der externen Effekte (transnationalen Aspekten) nicht angegeben werden, welche oder wieviele Mitgliedstaaten in welcher Weise betroffen sein müssen, bevor ein Handeln der Gemeinschaft begründet werden kann. Der „Mehrwert" oder die „deutlichen Vorteile" einer Gemeinschaftsmaßnahme sind nicht genauer spezifiziert. Viele unbestimmte Rechtsbegriffe und fehlende Begründungen können die Unsicherheit über die Kompetenzausübung erhöhen.

Andererseits können konkurrierende Kompetenzen und eine gewisse Offenheit in den Auslegungskriterien ökonomisch sinnvoll sein. Sie ermöglichen eine dynamische Anpassung der Kompetenzausübung im Zeitablauf und fördern einen vertikalen „Kompetenzwettbewerb" zwischen der Gemeinschaft und den Mitgliedsstaaten. Die Mitgliedstaaten sind bestrebt, Ziele mindestens „ausreichend" zu erreichen, während die Gemeinschaft eine „bessere" Umsetzung beweisen muss. Vertikale Kompetenzkonflikte zwischen der Ebene der Gemeinschaft und den Mitgliedstaaten sind in einem dynamischen System somit nicht auszuschließen und können sogar produktiv sein, wenn dadurch Wissen und Innovationen gefördert werden. Andererseits sind die Vorteile einer dynamischen Anpassung mit den Argumenten der Klarheit, der Rechtssicherheit und der Transparenz abzuwägen.

Zu den vertikalen Konflikten können noch horizontale Konflikte zwischen den Mitgliedstaaten treten, die sich aus der Heterogenität der Mitgliedstaaten ergeben und die Anwendung des Subsidiaritätsprinzips beeinträchtigen können. Diese, sich primär an der Heterogenität der Glieder entzündenden Konflikte bezeichnet Renzsch als „echte" Zuständigkeitskonflikte. Da zwischen den Mitgliedstaaten erhebliche Differenzen z.B. in Wirtschaftskraft und Einkommen pro Einwohner bestehen, wird „die Frage, wem ein Tätigwerden zum Erreichen bestimmter Ziele zukommt, [...] in den einzelnen Mitgliedstaaten je nach den ökonomischen, administrativen und sonstigen Strukturen unterschiedlich beantwortet werden."[193] Während regelungsfreudige und ökonomisch stärkere Staaten Kompetenzen für sich beanspruchen und darauf hinweisen, dass die Gemeinschaft es nicht besser regeln kann, bevorzugen andere Staaten europäische Regelungen, „weil sie aufgrund politischer Widerstände oder aufgrund administrativer Schwächen selbst diese Aufgaben *nicht ausreichend* wahrnehmen können."[194] Gemäß Renzsch dürfte sich diese Heterogenität der Mitgliedstaaten als „gravierendes Problem für eine sinnvolle Anwendung des Subsidiaritätsprinzips erweisen."[195]

Ob das Subsidiaritätsprinzip im Endeffekt eine ökonomisch effiziente Kompetenzverteilung bzw. Kompetenzausübung gewährleistet, kann nicht abschließend beantwortet werden. Die ökonomische Theorie bietet zahlreiche Kriterien zur Konkretisierung und Auslegung des Subsidiaritätsprinzips an. Da das Subsidiaritätsprinzip einerseits eine fundierte ökonomische Prüfung anhand dieser Kriterien nicht forciert, andererseits aber auch nicht behindert, wird das Ergebnis davon abhängig sein, inwieweit die vorhandenen Kriterien in Art. 5 EGV und im Protokoll erstens in der Praxis angewandt und zweites mit Hilfe der ökonomischen Ansätze ausgelegt werden.

---

193 Renzsch, W. (1993): Die Subsidiaritätsklausel des Maastrichter Vertrages: Keine Grundlage für die Kompetenzabgrenzung in einer Europäischen Politischen Union, in: Zeitschrift für Parlamentsfragen (ZParl), Heft 1/93, S. 113

194 Renzsch, W. (1993), S. 113

195 Renzsch, W. (1993), S. 113

D. Schlussfolgerungen

In Kapitel I wurde aufgrund von Kompetenzkonflikten zwischen der Gemeinschaft und den Mitgliedstaaten das Problem einer grundsätzlichen Systematik für eine effektive Kompetenzabgrenzung aufgeworfen. Es wurde nach Kriterien gesucht, anhand derer Kompetenzen auf die Gemeinschaft übertragen werden könnten. Dabei ging es einerseits um die Kompetenzverteilung und andererseits um die Kompetenzausübung im Rahmen des Subsidiaritätsprinzips gemäß Art. 5 EGV. Konflikte bei der Kompetenzausübung entstehen in erster Linie durch Konkretisierungs- und Auslegungsprobleme des Subsidiaritätsprinzips.

Das Kapitel II A und B lieferte eine ökonomische Sichtweise der Kompetenzverteilung. Hierbei wurden die ökonomische Theorie des Föderalismus und die Vor- und Nachteile des Systemwettbewerbs und der Harmonisierung dargestellt. In Kapitel II C wurde untersucht, ob diese ökonomischen Kriterien durch das Subsidiaritätsprinzip in Art. 5 EGV berücksichtigt werden.

Anhand der Untersuchungen in diesem Kapitel können nun insbesondere zwei Schlussfolgerungen gezogen werden. Diese betreffen die Kompetenzverteilung und die Kompetenzausübung.

Als erstes kann festgestellt werden, dass es auch bei der Kompetenzverteilung eine Orientierung am Subsidiaritätsprinzip geben sollte. Kompetenzübertragungen auf die Gemeinschaft durch die Mitgliedstaaten als „Herren der Verträge“ sollten einem ökonomischen Effizienztest, ähnlich dem im Art. 5 Abs. 2 EGV unterliegen. Insbesondere bei einer Rückübertragung von Gemeinschaftskompetenzen an die Mitgliedstaaten sollten ökonomische Kriterien berücksichtigt werden. Auch Kompetenzverteilungen müssen im Zeitablauf überprüft werden. Rückverlagerungen und Neuverteilungen sind aber mit den Kriterien der Rechtssicherheit, Unsicherheit und den anfallenden Transaktionskosten abzuwägen.

Wichtiger jedoch ist, dass der Prozess der Subsidiaritätsprüfung durch die Auslegungsoffenheit der zu überprüfenden Kriterien nicht konfliktfrei ist. Insbesondere im Hinblick auf die EU-Osterweiterung, bei der ab 2004 zehn weitere Staaten der EU beitreten sollen, dürften sich die Konflikte z.B. bei der Beurteilung von externen Effekten und / oder von Skalenerträgen verschärfen.

Da das Subsidiaritätsprinzip allein diese Konflikte nicht lösen kann, ist nach einer Kompetenzordnung zu suchen, die die Kompetenzkonflikte minimieren helfen oder lösen kann. Dabei kommen zwei Kompetenzordnungen in Frage – starre Ordnungen oder prozedurale Ordnungen.

Innerhalb von starren Ordnungen wird versucht, durch möglichst genaue Definitionen, Kompetenzkategorien und Kompetenzverteilungen Auslegungsspielräume zu minimieren, um so ex-ante Konflikte zu vermeiden. Bei einer optimalen Kompetenzordnung würden die Kompetenzen so verteilt, dass es gar nicht zu der Debatte um eine Kompetenzausübung käme. Im Gegensatz dazu versuchen Prozedurale Ordnungen das Verfahren der Kompetenzausübung innerhalb des Subsidiaritätsprinzips bzw. das Verfahren der Kompetenzkontrolle zu verbessern, um so die Transparenz erhöhen und Konflikte vermeiden zu können. Eine Auseinandersetzung mit den Vor- und Nachteilen dieser Kompetenzordnungen folgt im nächsten Kapitel.

III. Dritter Teil: Welche Kompetenzordnung für die Europäische Union?

Wie in den Schlussfolgerungen von Kapitel II festgestellt, ist nach einer Kompetenzordnung zu suchen, die Kompetenzkonflikte, die insbesondere bei der Abgrenzung der Kompetenzen von der Ebene der Gemeinschaft und der Ebene der Mitgliedstaaten auftreten, möglichst vermeidet oder vermindert. Die Suche nach dieser Kompetenzordnung für die Europäische Union soll auch einige der Fragen behandeln, die in der Erklärung zur Zukunft der Union in Nizza aufgeworfen wurden. Dies beinhaltet

- die Frage, wie eine genauere, dem Subsidiaritätsprinzip entsprechendere Abgrenzung der Zuständigkeiten zwischen der Europäischen Union und den Mitgliedstaaten hergestellt und danach aufrechterhalten werden kann;
- eine Vereinfachung der Verträge, mit dem Ziel, diese klarer und verständlicher zu machen, ohne sie inhaltlich zu ändern;
- die Rolle der nationalen Parlamente in der Architektur Europas.

Im folgenden sollen zwei denkbare Formen von Kompetenzordnungen vorgestellt und diskutiert werden – starre und prozedurale Ordnungen.

Die starren Kompetenzordnungen setzen an der Kompetenzverteilung an. Sie versuchen u.a. anhand einer möglichst genauen Kompetenzverteilung, klaren Definitionen und präzisen Kompetenzkategorien mögliche Anwendungs- und Auslegungskonflikte bei der Kompetenzausübung ex-ante auszuschließen. Dies hat u.U. eine völlige Neuordnung und Umstrukturierung der Verträge und der Rechtsetzungsnormen zur Folge. Zuerst wird daher die Möglichkeit einer optimalen Kompetenzordnung diskutiert. Es wird gefragt, ob eine optimale Kompetenzordnung im Sinne einer allokativ effizienten Kompetenzverteilung für die Europäische Union gefunden werden kann und / oder angestrebt werden sollte. Danach werden kurz vier Vorschläge für Kompetenzkataloge vorgestellt, die auch den starren Ordnungen zuzurechnen sind.

Bei den prozeduralen Kompetenzordnungen stehen hingegen nicht eine starre Kompetenzverteilung, sondern Regeln und Verfahren zur Kompetenzausübung und Verfahren zur Kontrolle der Kompetenzausübung im Vordergrund.
Im Gegensatz zu der allokativen Effizienz, die bei den starren Ordnungen im Vordergrund steht, soll hier das Kriterium der institutionellen Effizienz eingeführt werden, um mit diesem Verfahren der Kompetenzausübung zu prüfen und zu legitimieren. Institutionelle Effizienz bedeutet, dass ein Vorschlag, wie z.B. über eine Verbesserung der Kompetenzabgrenzung, bei den Entscheidungsträgern zustimmungsfähig sein muss. Es wird von der These ausgegangen, dass eine Zustimmung zu Verfahren eher zu realisieren ist als eine Zustimmung zu Ergebnissen (starren Verteilungen).

Um die eigentlichen Konflikte bei der Kompetenzausübung identifizieren zu können, werden zuerst die im Primärrecht verankerten Verfahren zur Kompetenzausübung und Kompetenzkontrolle untersucht. Dabei steht die Subsidiaritätsprüfung gemäß Art. 5 EGV und die Kontrolle durch den EuGH im Vordergrund. Danach werden einige aktuelle Vorschläge zur Verbesserung dieser Verfahren vorgestellt und bewertet. Die Vorschläge beziehen sich auf gerichtliche und politische Lösungen.

Ausgehend von den Schlussfolgerungen aus den Kapitel I und II, den Erkenntnissen aus der Gegenüberstellung der starren und prozeduralen Ordnungen, der Analyse der aktuellen Vorschläge und den Fragen, die in der Erklärung zur Zukunft der Union aufgeworfen werden, soll ein eigener Vorschlag für eine Kompetenzordnung erarbeitet werden. Zur Erarbeitung des Vorschlags wird u.a. gefragt, ob sich die Anwendungskonflikte der Subsidiaritätsprüfung durch eine Verbesserung der bestehenden Regeln und Verfahren, durch neue Regeln und Institutionen oder durch eine verbesserte Überwachung und Kontrolle der bestehenden Regeln lösen lassen. Ausgehend von diesen Überlegungen wird im Rahmen des Vorschlags eine Empfehlung für eine praktikable Rechtsänderung gegeben.

A. Eine starre Kompetenzordnung

In diesem Kapitel sollen die Vor- und Nachteile von starren Kompetenzordnungen diskutiert werden. Starre Ordnungen haben insbesondere das Ziel, durch eine möglichst genaue Kompetenzverteilung und genaue Definitionen und Kategorien Anwendungs- und Auslegungsspielräume zu verringern, um so Kompetenzkonflikte zu vermeiden. Zuerst sollen die Realisierungschancen einer optimalen Kompetenzordnung im Rahmen eines Kompetenzkataloges dargestellt und diskutiert werden. Im Anschluss erfolgt eine kurze Übersicht über vier Vorschläge für Kompetenzkataloge.

1. Eine optimale Kompetenzordnung

Das Finden einer optimalen, allokativ effizienten Kompetenzverteilung würde voraussetzen, dass zuerst alle Politikbereiche innerhalb der Europäischen Union nach den Prüfkriterien der ökonomischen Theorie des Föderalismus wissenschaftlich untersucht werden und dann einer Entscheidungsebene zugeordnet werden müssten. Für jeden Politikbereich müssten z.B. die Präferenzen der Bürger abgefragt, das Ausmaß der externen Effekte berechnet, die Größe der Skaleneffekte ermittelt und die Transaktionskosten auf ihr Minimum reduziert werden.

Diese optimale Kompetenzzuordnung wäre aber nur realisierbar, wenn keine Rücksicht auf bestehende Kompetenzen, nationale Souveränitäten oder Partikularinteressen genommen werden würde. Entweder der „wohlwollende Diktator“ würde für alle Bürger entscheiden und die Verteilung festlegen, oder die Entscheidungsträger müssten dem von John Rawls geprägten „veil of ignorance“, dem Schleier der Unwissenheit, unterliegen.[1] Dieses Gedankenkonstrukt besagt, dass es nur unter dem Schleier der Unwissenheit möglich ist, eine optimale Verfassung zu erstellen. Dabei wird unterstellt, dass die Entscheidungsträger nicht wissen, wie sich die Gesellschaft entwickeln wird. Sie wissen auch nicht, welche Stellung sie in dieser Gesellschaft einnehmen werden. Daher ist es für den einzelnen nicht sinnvoll, sich auf eine bestimmte Verfassung festzulegen, die nur dann optimal wäre, wenn er in der Zukunft eine bestimmte Position einnehmen würde. Die Entscheidungsträger müssen davon ausgehen, dass alle denkbaren Gesellschaftsformen mit gleicher Wahrscheinlichkeit auftreten können. Da keine Eigeninteressen im Spiel sind, erarbeiten sie eine für alle optimale Verfassung.

Übertragen auf die Erstellung einer optimale Kompetenzverteilung könnte dieses Gedankenkonstrukt bedeuten, dass ein allokativ effizientes Ergebnis nur dann zu erzielen ist, wenn die Entscheidungsträger nicht wissen, welche Position sie in der Zukunft einnehmen werden. Sie wissen nicht, welchen Beruf sie ausüben, welcher Institution, welchem Land oder welcher Ebene sie angehören werden. Die so ermit-

[1] Siehe Rawls, J.A. (1971): A Theory of Justice, Cambridge: Cambridge University Press

telte Kompetenzverteilung müsste dann „nur noch" vertraglich oder im Rahmen einer Verfassung festgehalten werden.

1.1 Vorteile einer optimalen Kompetenzordnung im Rahmen eines Kompetenzkataloges

Ein Kompetenzkatalog wäre eine mögliche Form, die auf diese Weise gefundene optimale Kompetenzverteilung zu fixieren. Ein Kompetenzkatalog ist im Idealfall ein übersichtlich gegliederter und sachgegenständlich geordneter Katalog von Aufgaben. Er gibt Auskunft darüber, wer unter welchen Voraussetzungen und in welcher Art und Weise eine Kompetenz ausüben darf. Durch eine klare und für die Bürger transparente Zuständigkeitsordnung ist schnell erkennbar, wer die Verantwortung für politische Entscheidungen trägt. Es würde im Idealfall keine Kompetenzausübungsregeln im Sinne des Subsidiaritätsprinzips geben. Auslegungs- und Anwendungsschwierigkeiten und vertikale und horizontale Zuständigkeitskonflikte wären ausgeschlossen.

Wollte man diesen Idealzustand anstreben, müsste der EGV neu verfasst werden. Die verstreuten Einzelermächtigungen würden entfallen und die Zielbestimmung der Aufgaben würde einer Präzisierung aller Sachgegenstände weichen. Neben der erhöhten Transparenz bietet der optimale Katalog durch seine statische Natur in der Kompetenzverteilung Rechtssicherheit und Stabilität.

1.2 Probleme einer optimalen Kompetenzordnung

1.2.1 Entscheidungsträger

Die erste Schwierigkeit, die sich im Hinblick auf die Ausarbeitung einer optimalen Kompetenzverteilung stellt, ist die Frage der Entscheidungsbefugnis. Es ist fraglich, wer über diese Kompetenzverteilung entscheiden bzw. wie ein mögliches Entscheidungsgremium zusammengesetzt sein soll. In der Realität existiert kein „veil of ignorance". Außerdem ist zu vermuten, dass die Entscheidungsträger die allokative Effizienz nicht als Oberziel anerkennen werden. Ihre Entscheidungen werden zusätzlich von eigenen, persönlichen und politischen Interessen und Zielen beeinflusst, denen sie u.U. sogar eine höhere Priorität einräumen.

Falls die endgültige Entscheidung über die Kompetenzverteilung Einstimmigkeit verlangt, muss ein Kompromiss zwischen den unterschiedlichen Vorstellungen und Zielen gefunden werden. Die Berechnung von Opportunitätskosten, um eine möglichst geringe Abweichung vom Optimum zu finden, scheidet aus Praktikabilitätsgründen eher aus. Das Einstimmigkeitserfordernis erhöht die Verhandlungs- und Transaktionskosten. Ein Kompromiss stellt unter diesen Umständen, falls er überhaupt erzielt wird, kein ökonomisch effizientes Ergebnis dar. Hetmeier stellt sogar die These auf, dass „Defizite des Gemeinschaftsvertrages in punkto Klarheit und Systematik nicht Ergebnis willkürlicher Ungenauigkeit sind, sondern der Schwierigkeit einer Kompromissfindung zwischen den Mitgliedstaaten geschuldet werden"[2].

Ein weiteres Problem ist die Gefahr einer Fehlentscheidung. Da die Entscheidungsträger unter einem „konstitutionellen Wissensmangel" leiden können, ist die Gefahr sehr groß, sich auf eine Kompetenzverteilung zu einigen, die zu einer Fehlallokation und erhöhten Transaktionskosten führt. Eine einmalig festgelegte Verteilung ist schwer zu revidieren.

---

[2] Hetmeier, H., Richter, A.V.(2001): Kompetenzabgrenzung in der Europäischen Union, in: ZG 4/2001, S. 306

1.2.2 Ausgangssituation

Das Finden einer optimalen Kompetenzordnung würde bedeuten, dass alle bestehenden Kompetenzordnungen – d.h. alle nationalen und supranationalen Verträge, Verfassungen, Grundgesetze usw. auf den Prüfstand gestellt und ggf. angepasst werden müssten. Eine optimale Kompetenzordnung würde der Gemeinschaft, unabhängig von der bestehenden Verteilung, u.U. auch in den Bereichen Kompetenzen zuordnen, die jetzt noch unter die Souveränität der Mitgliedstaaten fallen. Da eine ausschließliche Kompetenz auf Gemeinschaftsebene eine Kompetenz auf Ebene der Mitgliedstaaten ausschließt, müssten auch die nationalen Verfassungen angepasst werden. Zudem könnte eine optimale Kompetenzverteilung auch die Kompetenzen der Regionen klären. Diese Regelungen würden tief in die innerstaatlichen Kompetenzordnungen hineingreifen. Es ist offenkundig, dass solch eine umfassende Revision nicht realisierbar ist. Eine Möglichkeit wäre, von der bestehenden Kompetenzordnung auszugehen und eine Neuverteilung vorzunehmen, doch diese Lösung würde nicht den Optimalitätskriterien entsprechen.

1.2.3 Interdependenz von Kompetenzen

Ein Hindernis bei der Umstellung der zielorientierten Kompetenzordnung des EGV auf einen sachgegenständlich geordneten Katalog stellt die Interdependenz von Politikbereichen und Ermächtigungsnormen dar, die zwar den Ebenen unterschiedliche Kompetenzen zuordnen, diese aber teilweise aufeinander beziehen und inhaltlich verknüpfen. So kann z.B. eine Kompetenz für Wirtschaftspolitik nicht unabhängig von der Finanz- und Beschäftigungspolitik festgelegt werden, die Umweltpolitik ist im Sachzusammenhang zu Gesundheits- und Verkehrspolitik zu sehen.

Die Umstellung des zielorientierten gemeinschaftlichen Kompetenzsystems auf eine Aufgabenauflistung müsste zudem alle einzelnen Teilbereiche der Politikfelder und deren Interdependenzen klar auflisten und voneinander abgrenzen. Dies entspräche z.B. der Forderung von Clement, der sich eine „kleinteiligere und damit präzisere Zuweisung von politischen Einzelmaterien" wünscht. „Wir müssen je nach Charakter der betreffenden Materie einzelne Politikbereiche – wie Klimapolitik – oder gar Unterbereiche – wie Maßnahmen gegen klimaschädliche Immissionen im Verkehrsbereich – unterschiedlich behandeln, d.h. unterschiedlichen Ebenen zuweisen."[3] Die Umsetzung dieser Forderung würde zu so einem umfassenden Katalog führen, dem es letztendlich an Klarheit und Transparenz mangeln würde.

Außerdem ist es fraglich, ob es überhaupt möglich ist, die funktional orientierten Ermächtigungen, wie z.B. die der Verwirklichung des Binnenmarktes, in Sachgebiete aufzuteilen. Auch Schwarze fragt sich, wie „bei der heute bestehenden Interdependenz der Problemlagen und des Ineinandergreifens unterschiedlicher Fragestellungen einzelne Aufgaben und Sachbereiche hinreichend deutlich abgegrenzt und in angemessener Form dem Zuständigkeitsbereich eines der verschiedenen Akteure zugewiesen werden können"[4]. Als Beispiel für komplexe Sachverhalte und sich überlappende Fragestellungen nennt er die Förderung der grenzüberschreitenden Dienstleistungs- und Warenverkehrsfreiheit und die nationalstaatliche Sozialpolitik. Diese Grundfreiheiten müssen auch in den Bereichen garantiert werden, die nicht der Kompetenz der Gemeinschaft unterliegen.

---

[3] Clement, W. (2001): Die Kompetenzordnung der EU nach Nizza, Vortrag an der Humboldt-Universität zu Berlin am 12. Februar 2001, S. 7

[4] Schwarze, J. (1998): Das schwierige Geschäft mit Europa und seinem Recht, in: JZ, Nr. 22, 53. Jahrgang, 20. November 1998, S. 1085

1.2.4 Kompetenzausweitung

Schwarze und Hetmeier sehen u.a. die Gefahr, dass der Übergang von den Zielbeschreibungen im Vertrag auf einen sachgegenständlichen Katalog nicht das erhoffte Ziel der Kompetenzbegrenzung, bzw. der Begrenzung der extensiven Ausnutzung der Gemeinschaftskompetenz erreichen muss. Im Gegenteil, ein Kompetenzkatalog könnte sogar die Konsequenz haben, "dass die Gemeinschaftsorgane von den insoweit eingeräumten Kompetenzen dann auch tatsächlich in verstärktem Umfang Gebrauch machen"[5]. „Eine fehlende oder ungenaue sachgegenständliche Bindung von Befugnisnormen mag eine ausufernde Kompetenzausübung begünstigen."[6]

Zielvorgaben im Vertrag können auch kompetenzbegrenzend wirken. Ein Beispiel für den kompetenzbegrenzenden Charakter von Zielvorgaben ist das Tabak-Werbeurteil des EuGH.[7] Darin wurde festgestellt, dass das Ziel der Verwirklichung des Binnenmarktes keine Kompetenz zur umfassenden Regelung des Binnenmarktes umfasst.[8]

1.2.5 Statik des Kataloges

Der größte Nachteil eines solches Kompetenzkataloges ist dessen statische Natur. Der Katalog würde eine Kompetenzverteilung fixieren, die gerade in dem Moment der Aufstellung als optimal gilt. Mit der Zementierung eines status quo würde die gesamte europäische Integration ihrer erforderlichen Dynamik beraubt.

Präferenzen, Externalitäten und Skaleneffekte können sich in bestimmten Politikbereichen im Zeitablauf ändern, die eine Neuordnung der Kompetenzverteilung erforderlich machen würden. Würde dieses Erfordernis nicht erfüllt, würde die Kompetenzverteilung vom Optimum abweichen. Eine fortwährende Revision des Kataloges andererseits, würde hohe Transaktionskosten verursachen und nicht den Zielen der Transparenz und Rechtssicherheit entsprechen.

Ein weiteres Problem liegt darin, dass sich im Zeitablauf neue Probleme, Politikfelder und Sachzwänge eröffnen können, für deren Bewältigung sich im Kompetenzkatalog keine Regelungen finden. Entweder bliebe dieses Problem wegen Unzuständigkeit aller Ebenen unbewältigt, oder es müsste wiederum eine Revision des Vertrages erfolgen. Doch eine denkbare Öffnungsklausel für „unvorhergesehene Fälle" bzw. Kompetenzlücken bietet wiederum Platz für Kompetenzstreitigkeiten.

Auch Schwarze ist der Auffassung, dass ein statischer Kompetenzkatalog dem europäischen System seine Flexibilität und Dynamik berauben könnte, „auf die die Gemeinschaft gerade heute angesichts der politischen und ökonomischen Wandlungsprozesse in Europa wie auf weltweiter Ebene angewiesen ist, um auf die vielfältigen neuen Herausforderungen angemessen reagieren zu können"[9].

---

[5] Schwarze, J. (1995): Kompetenzverteilung in der Europäischen Union und föderales Gleichgewicht – Zu den Forderungen der deutschen Bundesländer im Hinblick auf die Regierungskonferenz 1996, in: DVBl., Heft 23, 01. Dezember 1995, S. 1268

[6] Hetmeier, H. (2001), S. 307

[7] EuGH (2000b): Urteil vom 05.10.2000, Rechtssache C-376/98, Bundesrepublik Deutschland ./. Europäisches Parlament u. Rat der Europäischen Union. Richtlinie 98/43/EG – Werbung und Sponsoring zugunsten von Tabakerzeugnissen, in: Sammlung der Rechtsprechung 2000, Seite I-08419

[8] Siehe auch ausführliche Anmerkungen zum Urteil von Götz, V. (2001): Anmerkungen zum Tabakwerbeverbot, in: JZ 1/2001, S. 34-36

[9] Schwarze, J. (1995), S. 1268

Die ökonomische und politische Verflechtung der Nationalstaaten muss auch nicht an den Grenzen der Europäischen Union halt machen. Im Rahmen von zunehmender Globalisierung oder auch politischem Handlungsdruck ist es für die Zukunft auch denkbar, dass die Europäische Union Kompetenzen an eine andere Ebene, z.B. an eine supranationale Organisation abgeben muss.

1.2.6 Ausschaltung des Wettbewerbs

Durch die statische Fixierung einer (optimalen) Kompetenzordnung würde auch der horizontale und vertikale Kompetenzwettbewerb ausgeschaltet werden.
Insbesondere durch die Anwendung des Subsidiaritätsprinzips als Kompetenzausübungsregel im Bereich der nicht-ausschließlichen Zuständigkeiten findet ein vertikaler Wettbewerb zwischen der Gemeinschaft und den Mitgliedstaaten um die ausreichende und bessere Zielerreichung statt. Da die Gemeinschaft nur tätig werden kann „sofern und soweit die Ziele der in Betracht gezogenen Maßnahmen auf Ebene der Mitgliedstaaten nicht ausreichend erreicht werden können und daher wegen ihres Umfangs oder ihrer Wirkungen besser auf Gemeinschaftsebene erreicht werden können", müssen sich die Mitgliedstaaten somit anstrengen, dieses Ziel „ausreichend" zu erreichen, während die Gemeinschaft bei nicht ausreichender Zielerreichung beweisen muss, dass sie dieses „besser" kann. Im Rahmen dieses Wettbewerbs können neue und effizientere Lösungen entdeckt werden, die ohne Wettbewerb nicht gefunden worden wären. Die Gesellschaft würde auf einem ineffizienten Ergebnis verharren.

Ein weiterer Nachteil des fehlenden Wettbewerbs ist der sich einschleichende „Leviathan". Da die Bürokraten auf einer Kompetenzebene keinen Kompetenzverlust fürchten müssen, können sie ihre Monopolstellung ausnutzen. Statt nach effizienteren Lösungen zu suchen, würden sie ihre eigene Macht und ihren Eigennutz erhöhen. Die Stärkung der eigenen Macht könnte auch in der Ausdehnung des eigenen Budgets gesehen werden. Würde z.B. die Gemeinschaft die Kompetenz besitzen, eine Steuer zur Finanzierung ihrer Aufgaben bei den Mitgliedstaaten oder Bürgern zu erheben, könnte das von Brennan und Buchanan gefürchtete Problem der „übermäßigen Besteuerung" bzw. der „fiskalischen Ausbeutung" durch die Zentrale auftreten.[10]
Würde die Kompetenzverteilung auch die unterschiedlichen Regulierungen in den Mitgliedstaaten fixieren, könnte der Systemwettbewerb als produktiver Leistungswettbewerb zwischen den Staaten ausgeschaltet werden.

1.2.7 Supranationalität

Die Befürworter von Kompetenzkatalogen nehmen sich häufig die bereits in Nationalstaaten existierenden Kompetenzkataloge zum Vorbild. So wird von den deutschen Ländern auf die Kompetenzordnung zwischen Bund und Ländern hingewiesen, wie sie in Art. 70 ff. GG festgelegt ist.

Schwarze sieht diesbezüglich in der Abgrenzung der Zuständigkeiten ein schwieriges Unterfangen, da die EU, im Vergleich zu den Mitgliedstaaten, ein auf Entwicklung hin angelegtes Gebilde ist. Dies wird angesichts der bevorstehenden EU-Osterweiterung besonders deutlich. „Es ist einfacher, in einem gewachsenen Nationalstaat und bei

---

[10] Siehe Brennan, G., Buchanan, J. (1980): The Power to Tax, Cambridge: Cambridge University Press

einer mehr auf Statik angelegten Verfassung die Kompetenzen zwischen Bund und Ländern zu verteilen als in der Europäischen Union."[11]

Hobe unterstützt diese Auffassung und führt an, dass ein Kompetenzkatalog eher eine für einen Bundesstaat angemessene Zuständigkeitsfestlegung sei. Die Europäische Union sei „aber gerade kein Bundesstaat, sondern ein Staatenverbund". Außerdem müsse man sich der Tatsache bewusst sein, „dass von Kompetenzkatalogen in Bundesstaaten tendenziell unitaristische Wirkung ausgeht. Sofern es also um eine gewisse Begrenzung des Tätigwerdens der Gemeinschaft geht, könnte ein Kompetenzkatalog geradezu kontraproduktiv sein"[12].

Ministerpräsident Clement spricht sich auch gegen die Übertragung des deutschen Systems auf die EU aus. „Wegen der unterschiedlichen Verfassungstraditionen könnte die Forderung nach Kompetenzkatalogen in anderen Mitgliedstaaten den Eindruck erwecken, die Deutschen wollten ihr Verfassungssystem anderen aufoktroyieren. Die zu erwartenden Widerstände könnten das ganze Projekt einer verbesserten Kompetenzabgrenzung gefährden."[13]

Zudem wird in der Literatur, als auch von den Bundesländern selber, die deutsche Regelung häufig kritisiert, da in der Vergangenheit eine Erosion der Länderkompetenzen trotz Kompetenzkatalog nicht verhindert werden konnte. „Die Erfahrungen mit dem Kompetenzkatalog im Grundgesetz zeigen im übrigen, dass Kompetenzkataloge eher zu einer Ausweitung der Kompetenzen auf die übergeordneten Organe führen als umgekehrt."[14]

1.3 Fazit

Die Analyse der Anforderungen an die Erstellung einer optimalen Kompetenzordnung hat gezeigt, dass diese in der Praxis nicht zu realisieren ist. Den möglichen Vorteilen einer stärkeren Transparenz der Kompetenzverteilung und der Rechtssicherheit in Form eines Kompetenzkataloges stehen insbesondere die Nachteile der Statik und des fehlenden Wettbewerbs gegenüber. Eine besondere Schwierigkeit bei der Umstellung der bestehenden Kompetenzordnung auf einen sachgebietsbezogenen Kompetenzkatalog liegt in der Interdependenz von Politikbereichen. Zudem ist es fraglich, ob überhaupt ein Katalog in der erforderlichen Regelungstiefe ausgearbeitet werden kann, der alle Auslegungsspielräume minimiert, Konflikte vermeidet und von allen Mitgliedstaaten befürwortet wird.

2. Vorschläge für Kompetenzkataloge

Auch wenn kein optimaler Katalog erstellt werden kann, ist es dennoch fraglich, ob nicht auch ein „eingeschränkter" Katalog in der Praxis bei der Reduzierung von Kompetenzkonflikten hilfreich sein kann. Zur Erörterung dieser Frage werden nun

---

[11] Schwarze, J. (1998), S. 1085

[12] Hobe, S. (2001): Anworten auf den Fragenkatalog, Europaausschuss A.-Drs. 14/1445, in: Deutscher Bundestag, Ausschuss für die Angelegenheiten der Europäischen Union (2001a): Zur Verfassungsdiskussion in der Europäischen Union, Öffentliche Anhörung vom 14. März 2001, Texte und Materialien, Band 22, S. 99

[13] Clement, W. (2001), S. 7

[14] Huber, P. (2001): Anworten zum Fragenkatalog, Europaausschuss A.-Drs. 14/1446, in: Deutscher Bundestag, Ausschuss für die Angelegenheiten der Europäischen Union (2001a): Zur Verfassungsdiskussion in der Europäischen Union, Öffentliche Anhörung vom 14. März 2001, Texte und Materialien, Band 22, S. 130

kurz vier Vorschläge aus der Praxis vorgestellt, die in der aktuellen europapolitischen Debatte diskutiert werden. Alle vorgeschlagenen Kataloge haben gemeinsam, dass sie entweder durch die Festlegung von im Vertrag bereits bekannten Kompetenzarten, ausschließlichen und konkurrierenden Kompetenzen, oder durch die Formulierung von neuen Kompetenzarten, mögliche Abgrenzungs- und Auslegungsspielräume bei der Kompetenzausübung verringern wollen. Diese Vorschläge setzen in erster Linie nicht an der Kompetenzausübung durch das Subsidiaritätsprinzip, sondern an der Kompetenzverteilung an. Dabei wollen sie entweder die bestehende Kompetenzverteilung beibehalten oder neu definieren. Alle Vorschläge beinhalten für ihre Umsetzung eine grundlegende Neuordnung des Primärrechts.

2.1 Vorschlag des Bundesrates

Der Bundesrat hatte schon 1995 zur Vorbereitung der Regierungskonferenz 1996 einen sachgebietesbezogenen Kompetenzkatalog gefordert, um eine „klarere Kompetenzabgrenzung" zu erzielen.[15] Da ein Tätigwerden der Europäischen Union nicht auf Grundlage von Zielsetzungen erfolgen dürfe, schlägt der Bundesrat vor, den „bisherigen weitgefassten Zielkatalog des Artikels 3 EGV durch einen sachgebietsbezogenen Kompetenzkatalog zu ersetzen oder zumindest in einen Aufgabenkatalog umzuwandeln [...]"[16]. Zudem solle eine eindeutige Differenzierung zwischen ausschließlichen und nicht-ausschließlichen Kompetenzen vorgenommen werden. Die Bereiche der ausschließlichen Kompetenzen sind enumerativ aufzuzählen. Das Subsidiaritätsprinzip solle auch als Regel für die Verteilung von Kompetenzen dienen.[17]

2.2 Das Berliner Modell

Ein weiterer Entwurf eines Kompetenzkataloges ist das sog. „Berliner Modell" der Berliner Senatskanzlei.[18] Die Senatskanzlei schlägt einen sachgebietsbezogenen Kompetenzkatalog vor, der gemeinsam „mit einer den Art. 70ff. GG entsprechenden enumerativen Aufzählung der europäischen Kompetenzen"[19] im Primärrecht der EU verankert werden soll. Es soll in erster Line aufgezeigt werden, wie die Kompetenzen des EGV „kategorisiert und katalogisiert"[20] werden könnten.

Die einzelnen Gemeinschaftskompetenzen werden in ausschließliche, konkurrierende, ergänzende und koordinierende Kompetenzen unterteilt. Dem sachgebietsbezogenen Kompetenzkatalog, der nur die Aufgabenfelder aufzählt, in denen die Gemeinschaft tätig werden darf, sind allgemeine Grundsätze zur Ausübung der einzel-

---

[15] Vgl. Bundesrat (1995a): Entschließung des Bundesrates zur Vorbereitung der Regierungskonferenz 1996, Beschluss des Bundesrates, BR-Drucksache 169/95 (Beschluss) vom 31.05.1995 und Bundesrat (1995b): Entschließung des Bundesrates „Forderungen der Länder zur Regierungskonferenz 1996", Beschluss des Bundesrates, BR-Drucksache 667/95 (Beschluss) vom 15.12.1995

[16] Bundesrat (1995a), S. 2

[17] Gemäß des Bundesrates sollen unter Beachtung des Subsidiaritätsprinzips die Kompetenzen so verteilt werden, dass die Kompetenzen für Energie- und Fremdenverkehrspolitik und Raumordnung bei den Mitgliedstaaten und Regionen verbleiben, die Kompetenzen der EU im Bereich der Handelspolitik eingeschränkt werden und die EU zusätzliche Kompetenzen in den Bereichen der Außen- und Sicherheitspolitik sowie der Innen- und Rechtspolitik erhält. Vgl. Bundesrat (1995b), S.4-5. Fraglich ist natürlich, warum es eigentlich noch eine Prüfung gemäß des Subsidiaritätsprinzips geben solle, wenn die Kompetenzen durch den Bundesrat auch ohne Subsidiaritätsprüfung schon so eindeutig verteilt werden können.

[18] Siehe Berliner Senatskanzlei (1999): Verbesserte Kompetenzabgrenzung zwischen der Europäischen Gemeinschaft und den Mitgliedstaaten – Entwurf eines Kompetenzkataloges, Berlin, den 21.01.1999

[19] Berliner Senatskanzlei (1999), S. 4

[20] Berliner Senatskanzlei (1999), S. 9

nen Kompetenzen vorangestellt worden. Die im derzeitigen Primärrecht festgeschriebenen Verbote, die Zielvorgaben und die „einzelnen Verfahren und Instrumentarien zur Ausübung der einzelnen Kompetenzen“[21] finden im Kompetenzkatalog keine Berücksichtigung.

2.3 Dualer Kompetenzkatalog

Die Bertelsmann Stiftung schlägt einen sog. Dualen Kompetenzkatalog vor.[22] In einem dualen Katalog werden Primär- und Partialkompetenzen für die Europäische Union *und* für die Mitgliedstaaten definiert. „Die Primärkompetenzen umschreiben dabei den Regelfall für Handlungsbefugnisse der mitgliedstaatlichen bzw. europäischen Ebene in einem Politikfeld, während die Partialkompetenzen der jeweils anderen Ebene die Ausnahmen von dieser Regel benennen.“[23] Eine reine Aufzählung der Kompetenzen der übergeordneten Ebene, wie es z.B. im Kompetenzkatalog des GG aufzufinden ist, wird für ungeeignet gehalten, da auch eine einseitige Auflistung von Kompetenzen anfällig für Zentralisierungstendenzen sei.[24]

Zur Erstellung dieses Kompetenzkataloges wird die Kompetenzverteilung zwischen der EU und den Mitgliedstaaten anhand eines Prüfrasters vorgenommen. Dieses Prüfraster wird in Analogie zu den bestehenden Leitlinien für die Kompetenzausübung entwickelt. Da anhand des Prüfrasters jedoch Kompetenzen verteilt werden, wird das Subsidiaritätsprinzip zur Kompetenzzuweisungsregel ausgebaut.

2.4 Negativkataloge

Ein weiterer Vorschlag zur Einschränkung der „umfassenden Kompetenzausweitungen“[25] der Europäischen Gemeinschaft sind sog. Negativkataloge. Gemäß Laufer und Arens kann „ein Bereich sinnvoller staatlicher Autonomie für die Mitgliedstaaten nur dadurch erhalten werden, dass durch Negativkataloge Bereiche festgelegt werden, in denen jedes Tätigwerden der Gemeinschaft untersagt ist“[26]. Everling hält den Vorschlag einerseits für positiv, da der Negativkatalog den „zentripetalen Kräften“ entgegenwirken würde. Andererseits käme es aber auch hier zu Überschneidungen und Konflikten.[27]

3. Fazit

Anhand der Darstellung der vier Vorschläge ist festzustellen, dass auch bei ihnen die aufgezeigten Nachteile von starren Ordnungen überwiegen. Somit sind die Vorschläge auch nicht „eingeschränkt“ zur Ausarbeitung einer neuen Kompetenzordnung hilfreich.

---

[21] Berliner Senatskanzlei (1999), S. 11

[22] Fischer, T., Schley, N. (1998): Europa föderal organisieren, Gütersloh: Verlag Bertelsmann; bzw. Fischer, T., Schley, N. (1999): Europa föderal organisieren – Ein neues Kompetenz- und Vertragsgefüge für die Europäische Union, Bonn; Dieser Vorschlag knüpft nach Angaben der Verfasser an einen bereits 1994 von der Europäischen Strukturkommission vorgelegtes Konzept an, siehe u.a. Weidenfeld, W. (Hrsg.)(1995): Reform der Europäischen Union: Materialien zur Revision des Maastrichter Vertrages 1996, Gütersloh: Verlag Bertelsmann

[23] Fischer, T., Schley, N. (1998), S. 20

[24] Vgl. Fischer, T., Schley, N. (1999), S. 81

[25] Laufer, H., Arens, U. (1995): Die kontinuierliche Ausweitung der EG-Kompetenzen, in: Weidenfeld, W. (Hrsg.)(1995): Reform der Europäischen Union: Materialien zur Revision des Maastrichter Vertrages 1996, Gütersloh: Verlag Bertelsmann, S. 200

[26] Laufer, H., Arens, U. (1995), S. 199-200

[27] Vgl. Everling, U. (1995): Kompetenzordnung und Subsidiarität, in: Weidenfeld, W. (Hrsg.)(1995): Reform der Europäischen Union: Materialien zur Revision des Maastrichter Vertrages 1996, Gütersloh: Verlag Bertelsmann, S. 173

Sowohl der Bundesrat als auch die Berliner Senatsverwaltung schlagen sachgebietsbezogene Kompetenzkataloge vor, die an die Struktur der Kompetenzverteilung im deutschen Grundgesetz angelehnt sind. Doch insbesondere die aufgezeigte Interdependenz von Politikbereichen würde den Übergang zu einem Kompetenzkatalog erhebliche Schwierigkeiten bereiten. Auch ist es fraglich, ob ein „typisch deutsches" Modell Akzeptanz bei der anderen Mitgliedstaaten fände. Die Einführung von neuen und kleinteiligen Kompetenzkategorien trägt zudem nicht zu einer Erhöhung der Transparenz bei. Eine vollkommene Neustrukturierung der Verträge entspricht auch nicht dem Auftrag von Nizza.
Der Vorschlag der dualen Kompetenzkataloge verkörpert sogar eine noch größere Inflexibilität als die an das deutsche Grundgesetz angelehnten Vorschläge. Hier sollen in einem Katalog nicht nur die Kompetenzen der Gemeinschaft, sondern auch die der Mitgliedstaaten determiniert werden. Dieser Vorschlag ist abzulehnen, da die Festlegung von ausschließlichen Kompetenzen der Mitgliedstaaten im Rahmen eines europäischen Kompetenzkatalogs zu tief in die nationale Souveränität der Mitgliedstaaten eingreift.
Die grundsätzliche Idee der Negativkataloge, Bereiche festzulegen, in denen ein Tätigwerden der Gemeinschaft untersagt ist, ist prinzipiell nicht abzulehnen. Jedoch sollten diese Bereiche nicht in Negativkatalogen, sondern in den jeweiligen Ermächtigungsnormen in Form von Negativklauseln festgelegt werden. Wie bereits erwähnt, wurde in vergangenen Vertragsrevisionen vermehrt dazu übergegangen, Handlungsermächtigungen mit negativen Kompetenzbestimmungen zu verbinden. Diese Negativklauseln sind dazu geeignet, die Grenzen des Gemeinschaftshandelns *innerhalb* eines Sach- bzw. Tätigkeitsbereichs zu verdeutlichen.

B. Prozedurale Kompetenzordnungen

Wie unter A dargelegt, kann zwar durch die starre Zuordnung von Kompetenzen der Ermessens- und Auslegungsspielraum bei der Kompetenzausübung verkleinert werden – eine völlige Ausschaltung von Konflikten kann aber nicht erreicht werden. Es wird auch schwierig sein, einen Konsens über eine starre Kompetenzverteilung zu erzielen.

Trotz einiger Vorteile von starren Ordnungen soll nun gefragt werden, ob nicht auch verbesserte Verfahren und Regeln der Kompetenzausübung und Kompetenzkontrolle zu vermehrter Transparenz und Klarheit beitragen und Kompetenzkonflikte vermeiden bzw. lindern helfen können. Es ist zu untersuchen, ob dieser Weg nicht vorteilhafter wäre und der Auftrag von Nizza auch ohne eine Neuordnung der Verträge erfüllt werden könnte.

Zuerst soll in einem theoretischen Teil der Schritt von der allokativen zur institutionellen Effizienz vollzogen werden. Das Kriterium der institutionellen Effizienz fordert eine Zustimmung der Betroffenen zu einer Kompetenzordnung. Diese Kompetenzordnung kann dadurch Legitimation erlangen, dass nicht eine Einigung über Kompetenzen bzw. eine Kompetenzverteilung, sondern eine Einigung über gemeinsame Verfahren und Regeln einstimmig erzielt wird. Wird den Verfahren und Regeln zugestimmt, sind die Ergebnisse effizient.

Um zu untersuchen, ob die geltenden Verfahren und Regeln im Vertrag, die sich auf die Kompetenzausübung und Kompetenzkontrolle beziehen, verbesserungswürdig sind, werden diese im zweiten Abschnitt dargestellt und analysiert. Die Verfahren sind die Subsidiaritätsprüfung gemäß Art. 5 EGV und die Kompetenzkontrolle durch den EuGH. Zuletzt werden aktuelle Vorschläge vorgestellt, die diese Verfahren und Regeln reformieren bzw. ergänzen wollen. Dabei wird zwischen gerichtlichen und politischen Lösungswegen unterschieden.

1. Theorie

1.1. Institutionelle Effizienz

Im Zusammenhang mit der Suche nach einer Kompetenzordnung für die Europäische Union ist fraglich, ob an dem ökonomischen Effizienzprinzip festgehalten werden sollte. Wie schon erwähnt, sollen bei der Reform der Kompetenzordnung auch andere Ziele, wie z.B. Transparenz und Dynamik erreicht werden. Zu hinterfragen ist, inwieweit das ökonomische Effizienzziel mit einer juristischen Kompetenzordnung in Einklang gebracht werden kann.

Kirchner hat sich im Rahmen der „Ökonomischen Theorie des Rechts" mit der Kooperation von Rechts- und Wirtschaftswissenschaft auseinandergesetzt.[28] Die Ökonomische Theorie des Rechts versucht das Instrumentarium der Wirtschaftswissenschaft auf rechtliche Fragestellungen anzuwenden. Seine These ist, dass die Fixierung auf das Effizienzziel für eine Kooperation zwischen diesen beiden Disziplinen „nicht ungefährlich" ist.[29]

Erfolgt eine Fixierung auf das Effizienzziel, wird das Effizienzziel als Oberziel angenommen und eine Zielhierarchie als gegeben betrachtet. Konflikte, die sich aus unterschiedlichen Auffassungen bezüglich der Zielhierarchie ergeben, werden ausgeklammert. Wenn nun aber von den Adressaten der Empfehlung, bzw. von den Entscheidungsträgern, ein anderes Ziel als das Effizienzziel als höherrangig eingestuft wird, „läuft die ökonomische Analyse Gefahr, insgesamt als nicht zielführend eingeschätzt - und ignoriert – zu werden"[30]. Die Konzentration auf allokative Effizienz kann somit problemrelevante Interessenkonflikte verdecken. Effizienz in Form der Maximierung des Outputs bzw. des gesellschaftlichen Wohlstands kann die individuelle Betroffenheit als entscheidungsirrelevant deklarieren. Bei Veränderungen rechtlicher Rahmenbedingungen wird die Wirkung auf die persönliche Stellung aber sehr wohl als entscheidungsrelevant eingestuft.

Um nun zu einem ökonomischen Test für Rechtsnormen zu kommen, wird der Schritt von der allokativen Effizienz zur institutionellen Effizienz vollzogen. Das Effizienzkonzept der Outputmaximierung wird durch einen Zustimmungstest auf der Ebene der rechtlichen Arrangements ergänzt. Dieser Zustimmungstest verfolgt anstatt eines normativen, einen positiven Ansatz: „Institutionell effizient ist eine Regeländerung, die auf die Zustimmung der relevanten Betroffenen stößt."[31]

Der Test verläuft in drei Schritten, wobei die Allokationseffizienz nicht als Ziel, sondern als Mittel eingesetzt wird. Zuerst werden die institutionellen Alternativen und ihre Folgen für den Output gesucht, um die outputmaximierende Lösung zu finden. Dann werden die Outputwirkungen disaggregiert, um die jeweiligen Auswirkungen

[28] Vgl. Kirchner, C. (1997b): Ökonomische Theorie des Rechts, Berlin: de Gruyter
[29] Kirchner, C. (1997b), S. 6
[30] Aufterheide, D. (2000): Nicht allokative, sondern institutionelle Effizienz als Ziel der Rechtsetzung: Die ökonomische Theorie des Rechts nach Ronald H. Coase, in: Pies, I., Leschke, M. (Hrsg.)(2000). Ronald Coase' Transaktionskosten-Ansatz, Tübingen: Mohr Siebeck, S. 155
[31] Aufterheide, D. (2000), S. 158

auf die relevanten Interessengruppen darstellen und analysieren zu können. Auch hier bleibt das ökonomische Effizienzdenken erhalten – die Interessengruppen werden als Nutzenmaximierer modelliert. Werden Gruppen identifiziert, die diesem Vorschlag nicht zustimmen können, ist eine Modifikation dieses Vorschlags notwendig. Dieses rekursive Verfahren ist dann beendet, wenn das Ziel der institutionellen Effizienz – also die Zustimmung der relevanten Interessengruppen – erreicht ist. In diesem positiven Konzept ist eine Zustimmung der Betroffenen auch ohne einen „Schleier der Unwissenheit" möglich.

Aufterheide bettet das Konzept der institutionellen Effizienz in eine ökonomische Staatstheorie ein: „Weil zwar nicht die Befolgung einer Rechtsnorm im Einzelfalle, wohl aber die Existenz des Rechts als solches im Interesse der Akteure ist, weist das Recht den Charakter eines Kollektivgutes auf [...]."[32]

Fraglich ist nun, wie oft und bei welcher Art von Rechtsänderungen die Zustimmung der Betroffenen eingeholt werden soll. Soll über jede Rechtsänderung bzw. jede Rechtsnorm oder über das Rechtssystem als Ganzes abgestimmt werden?

1.2. Legitimation durch Verfahren

Buchanan und Tullock haben sich im Rahmen des Verfassungsproblems mit der Frage beschäftigt, wie kollektiver Zwang mit der Norm der individuellen Freiheit kompatibel gemacht werden kann.[33] Wird z.B. die Bereitstellung von Kollektivgütern nicht durch freiwillige Vereinbarungen oder durch das Gewissen der einzelnen ermöglicht, müssen diese Güter durch Gesetze bereitgestellt werden. Zur Durchsetzung von Gesetzen wird notfalls kollektiver Zwang angewandt werden müssen. Wenn aber nun nicht alle Kollektiventscheidungen mit Zwang verbunden sein sollen, gibt es zwei Lösungen. Entweder man könnte den kollektiven Zwang mit Blick auf die individuelle Freiheit ablehnen und somit auf Kollektivgüter verzichten oder man müsste die Freiheit der Individuen dem Zwang der staatlichen Herrschaft unterwerfen.

Der Grundgedanke von Buchanan und Tullock ist nun, dass dieser Widerspruch von kollektivem Zwang und individueller Freiheit sich nicht auf der Ebene des Entscheidungsergebnisses auflösen läßt. Es sei aber möglich, diesen Widerspruch auf der Ebene des Entscheidungsverfahrens aufzulösen. „Wenn der Widerspruch zwischen kollektivem Zwang und individueller Freiheit auf der Ebene des Entscheidungsverfahrens aufgelöst ist, hat er auf der Ebene des Entscheidungsergebnisses seine Bedeutung verloren."[34]

Die Gedanken von Buchanan und Tullock bedeuten, dass in Kollektiven (z.B. Ländern, Ausschüssen) getroffene Entscheidungen häufig von einigen Individuen nicht akzeptiert werden. Entweder es ist eine Einstimmigkeit nicht zu erzielen oder die Einstimmigkeitsregel selber ist mit hohen Kosten verbunden und daher nicht zweckmäßig. Was Buchanan und Tullock nun meinen ist, dass es einfacher ist, sich einstimmig auf ein Entscheidungsverfahren, eine Verfassung, zu einigen als auf Ergebnisse. „Gelingt es aber, die Bedingungen für einen solchen einstimmigen Verfassungskonsens zu schaffen, d.h. einigen sich die Kollektivmitglieder einstimmig auf

---

[32] Aufterheide, D. (2000), S. 160

[33] Vgl. Buchanan, J.M., Tullock, G. (1962). The Calculus of Consent. Logical Foundations of Consitutional Democracy, Ann Arbor: The University of Michigan Press, nachzulesen auch in: Kirsch, G. (1993): Neue Politische Ökonomie, Düsseldorf: Werner

[34] Kirsch, G. (1993): Neue Politische Ökonomie, Düsseldorf: Werner, S. 109

ein Entscheidungsverfahren, dann mögen zwar noch die über dieses Verfahren später getroffenen Kollektiventscheidungen die Präferenzen einzelner verletzen. Doch selbst wenn dies der Fall ist, werden jene, deren Zielvorstellungen verletzt werden, dann nicht mit der Verletzung ihrer individuellen Freiheit argumentieren können, wenn sie dem Verfahren, über das die entsprechende Entscheidung getroffen worden ist, vorher zugestimmt haben."[35] Auch wenn ein Individuum mit dem Ergebnis des Entscheidungsverfahrens nicht einverstanden ist, ist seine individuelle Freiheit, also seine Autorität nicht in Frage gestellt worden.

Ein gutes Beispiel in der Europäischen Union ist z.B. die einstimmige Entscheidung darüber gewesen, die gemeinsame Geldpolitik in die Hand der unabhängigen Europäischen Zentralbank zu geben. Im Vorfeld hat man sich über den Aufbau, die Struktur und die Aufgaben, also die Verfassung der Bank geeinigt. Auch wenn jetzt einige Politiker nicht mit dem Ergebnis der Geldpolitik wie z.B. der Höhe der Zinssätze einverstanden sind, so waren sie mit der Übertragung dieser Aufgabe einverstanden gewesen.

1.3 Schlussfolgerungen

Aus diesen theoretischen Überlegungen können nun zwei Schlussfolgerungen gezogen werden. Die erste betrifft die Aufgabe bzw. das Verfahren innerhalb des Konvents zur Erarbeitung einer neuen Kompetenzordnung, die andere die Verfahren der Kompetenzausübung innerhalb dieser Ordnung.

1.3.1 Verfahren für eine Kompetenzordnung

Der Vorschlag von Buchanan und Tullock beinhaltet die Verlagerung des Entscheidungsproblems von der Ergebnis- auf die Verfahrensebene. Bezogen auf die Frage der Kompetenzabgrenzung im Rahmen des Auftrags von Nizza wäre zu untersuchen, ob es auch hier nicht zweckmäßiger ist, sich einstimmig auf Verfahren und Regeln der Kompetenzausübung als über eine strikte Kompetenzverteilung im Rahmen eines Kataloges zu einigen.

Der Auftrag des Konvents ist gemäß der Erklärung von Laeken[36] die Prüfung verschiedener Fragen, wie z.B. die der Zuständigkeitsverteilung und der Anwendung des Subsidiaritätsprinzips. Nach der Prüfung der Fragen erstellt der Konvent ein Abschlussdokument, „das entweder verschiedene Optionen mit der Angabe, inwieweit diese Optionen im Konvent Unterstützung gefunden haben, oder – im Falle eines Konsenses – Empfehlungen enthalten kann."[37] Dieses Abschlussdokument dient zusammen mit anderen Unterlagen dann als Ausgangspunkt für die Arbeiten der künftigen Regierungskonferenz, die die endgültigen Beschlüsse fasst.

Der Konvent hat also die Aufgabe, genau wie beim unter 1.1 beschriebenen Verfahren zur Herbeiführung der institutionellen Effizienz vorzugehen. Er erarbeitet Optionen, stellt die Wirkungen dar und führt den Zustimmungstest der Interessengruppen bzw. deren Vertreter im Konvent durch. Wird Einstimmigkeit erzielt, ist eine Empfehlung erarbeitet worden, die womöglich auch auf der Regierungskonferenz ihre Zustimmung findet. Wird nun auch der Gedanke von Buchanan und Tullock berücksich-

---

[35] Kirsch, G. (1993), S. 109-110

[36] Schlussfolgerungen des Vorsitzes (2001): Europäischer Rat (Laeken), 14. und 15. Dezember 2001, Dokument SN 300/01, darin: Anlage I: Erklärung von Laeken zur Zukunft der Europäischen Union, S. 2-9

[37] Schlussfolgerungen des Vorsitzes (2001), S. 8

tigt, dann sollte der Konvent als Optionen im Rahmen der Kompetenzfrage in erster Linie unterschiedliche Verfahren bzw. Verfahrensarten erarbeiten und zur Abstimmung stellen. Erfolgt während der Regierungskonferenz eine einstimmige Verabschiedung über ein Verfahren zur Kompetenzausübung, dann sind auch die Ergebnisse dieses Verfahrens institutionell legitimiert.

1.3.2 Verfahren der Kompetenzausübung

Es können anhand der theoretischen Grundlagen auch noch weitere Anforderungen an das legitimierte Verfahren zur Kompetenzausübung gestellt werden. Einerseits können (und sollten) ökonomische Effizienzkriterien bei der Untersuchung von Kompetenzverlagerungen berücksichtigt werden. Es können z.B. Skalenerträge und externe Effekte quantifiziert werden, um einen „europäischen Mehrwert" durch die Ausübung einer Kompetenz auf EU-Ebene zu rechtfertigen. Dann sollte dieser Vorschlag aber nach Interessengruppen disaggregiert und die unterschiedlichen Wirkungen des Vorschlags auf die Mitgliedstaaten untersucht und dargestellt werden. Kleine und einkommensschwache Mitgliedstaaten sehen in bestimmten Fragen eventuell schneller einen europäischen Mehrwert als große Mitgliedstaaten. Schon bei der Formulierung eines Vorschlags zur Kompetenzausübung (einer Gesetzesinitiative) sollte der Grad der möglichen Zustimmung untersucht werden. Ist mit einer geringen Unterstützung zu rechnen, muss der Vorschlag überarbeitet werden. Eine Einstimmigkeit über den Vorschlag ist hier aber nicht mehr zwingend erforderlich, da schon das Verfahren im Konsens verabschiedet wurde. Eine Orientierung an einer theoretischen Einstimmigkeit wäre aber dennoch wünschenswert.

2. Verfahren im Vertrag

Bevor eine Untersuchung der Verfahren im Vertrag erfolgt, muss im Hinblick auf die vorgestellte Theorie der institutionellen Effizienz und der Zustimmung zu Verfahren festgestellt werden, dass im Primärrecht bereits Verfahren existieren, die einstimmig beschlossen wurden. Die Verfahren, die hier analysiert werden, sind das Verfahren zur Kompetenzausübung (Subsidiaritätsprüfung) durch Kommission, Rat und EP und die gerichtlichen Verfahren der Kompetenzkontrolle durch den EuGH. Streng genommen müssten die Entscheidungsträger mit den Ergebnissen der Verfahren einverstanden sein, da sie ja im Vorfeld diese Verfahren einstimmig beschlossen haben. Somit sind alle Ergebnisse der Verfahren institutionell legitimiert.

Da es aber dennoch zu Konflikten bei der Kompetenzausübung kommt, sind die existierenden Verfahren daraufhin zu untersuchen, ob sie entweder selber mangelhaft sind, so dass sie einer Korrektur bedürfen, ob die Regeln der Verfahren bei ihrer Durchführung nicht ausreichend beachtet oder angewandt werden, so dass die Kontrolle verstärkt werden muss, oder ob beides korrekt erfolgt und „nur" gewisse Interessengruppen mit dem Output nicht einverstanden sind. Doch auch für diese Gruppen ist nach Möglichkeiten zu suchen, wie sie im Verfahren ihre Interessen einbringen können. Die Verfahrensmängel sind wiederum mit den Vorteilen von starren Ordnungen abzuwägen.

2.1 Subsidiaritätsprüfung

Das wichtigste Verfahren im Rahmen der Kompetenzausübung durch die Gemeinschaft ist im Subsidiaritätsprinzip in Art. 5 EGV enthalten.[38] Dieser Artikel umfasst das Prinzip das Einzelermächtigung, das Subsidiaritätsprinzip i.e.S. und das Verhält-

---

[38] Siehe auch Kapital I C

nismäßigkeitsprinzip. Das Protokoll über die Anwendung der Grundsätze der Subsidiarität und der Verhältnismäßigkeit präzisiert die Kriterien für die Anwendung dieser Grundsätze und soll die strikte Beachtung und kohärente Anwendung dieser Grundsätze durch alle Organe gewährleisten.

Zunächst soll kurz das Prüfschema der Kompetenzausübung dargestellt werden, wie es in Art. 5 EGV und dem Protokoll vorgeschrieben ist.[39] Danach wird untersucht, wie gewährleistet werden soll, dass die Kommission diesen Anforderungen der Subsidiaritätsprüfung auch nachkommt.[40] Gefragt wird, ob der Prozess von dem Vorschlag einer Rechtsvorschrift bis zu dessen Inkrafttreten hinreichend Kontrollen über die Einhaltung des Art. 5 EGV bietet. Es muss auch gefragt werden, ob dieser Prozess transparent genug ist, so dass Kompetenzkonflikte möglichst schon vor der Verabschiedung des Gesetzes vermieden werden können.

Zur Beurteilung dieses Prozesses und der Umsetzung dieser Vorgaben durch die Kommission werden einerseits die gemäß Abs. 9 des Protokolls von der Kommission zu erstellenden jährlichen Berichte über die Anwendung des Artikels und andererseits die Subsidiaritätsberichte der Bundesregierung untersucht.

2.1.1 Subsidiaritätsprüfung in Art. 5 EGV

Die Subsidiaritätsprüfung in Art. 5 EGV sieht drei Schritte für die Überprüfung einer Gesetzesinitiative vor. Gemäß des Prinzips der Einzelermächtigung muss zuerst festgestellt werden, ob die Gemeinschaft in dem betreffenden Sachbereich eine Kompetenz zum Handeln besitzt. Dies muss sich aus einer der Ermächtigungsnormen des Vertrages ergeben.

Liegt eine Ermächtigung vor und fällt dieser Bereich nicht in die ausschließliche Zuständigkeit der Gemeinschaft, erfolgt die Überprüfung des Subsidiaritätsprinzips gemäß Art. 5 Abs. 2 EGV. Hier wird festgestellt, ob die Gemeinschaft ihre Kompetenz ausüben soll. Das Subsidiaritätsprinzip fungiert somit als Kompetenzausübungsregel. Die zwei Elemente dieser Regel sind das Negativ- und das Positivkriterium. Die Gemeinschaft darf gemäß Art. 5 Abs. 2 EGV nur tätig werden, „sofern und soweit die Ziele der in Betracht gezogenen Maßnahme auf Ebene der Mitgliedstaaten nicht ausreichend erreicht werden können und daher wegen ihres Umfangs oder ihrer Wirkung besser auf Gemeinschaftsebene erreicht werden können".

Zur Beurteilung, ob die Voraussetzungen des Negativkriteriums „nicht ausreichend" erfüllt sind, enthält das Protokoll in Abs. 5 Leitlinien, die bei der Prüfung befolgt werden sollten. Entweder weist der betreffende Bereich „transnationale Aspekte auf, die durch die Maßnahmen der Mitgliedstaaten nicht ausreichend geregelt werden können" oder „alleinige Maßnahmen der Mitgliedstaaten oder das Fehlen von Gemeinschaftsmaßnahmen würde gegen die Anforderungen des Vertrages verstoßen oder auf sonstige Weise die Interessen der Mitgliedstaaten erheblich beeinträchtigen".

---

[39] Eine ausführliche Darstellung des Prüfschemas erfolgte bereits in Kapitel I.
Die ökonomische Analyse der Prüfkriterien selber hat schon in Kap. II C stattgefunden und soll hier nicht noch einmal wiederholt werden. Die dabei entdeckten Mängel und Unklarheiten werden im Vorschlag unter Punkt C einfließen.
[40] In Kapitel II C wurde festgestellt, dass die ökonomische Leistungsfähigkeit des Subsidiaritätsprinzips davon abhängt, ob erstens die Kriterien in Art. 5 EGV im Protokoll in der Praxis angewandt und zweites mit Hilfe der ökonomischen Ansätze ausgelegt werden.

Bei der Feststellung, dass ein Gemeinschaftsziel besser auf Gemeinschaftsebene erreicht werden kann, sollten gemäß Abs. 4 des Protokolls qualitative oder quantitative Kriterien herangezogen werden. Zudem sollten gemäß Abs. 5 des Protokolls Maßnahmen auf Gemeinschaftsebene „wegen ihres Umfangs oder ihrer Wirkungen im Vergleich zu Maßnahmen auf der Ebene der Mitgliedstaaten deutliche Vorteile mit sich bringen".

Wird festgestellt, dass die Gemeinschaft ihre Kompetenz ausüben soll, muss als letztes das Verhältnismäßigkeitsprinzip beachtet werden. Bei der Frage wie die Gemeinschaft ihre Kompetenz ausüben soll, sieht Art. 5 Abs. 3 EGV vor, dass die Maßnahmen der Gemeinschaft „nicht über das für die Erreichung der Ziele dieses Vertrages erforderliche Maß" hinausgehen. Das Protokoll gibt diesbezüglich u.a. vor, dass für Maßnahmen der Gemeinschaft eine möglichst „einfache Form" zu wählen ist und bei diesen Maßnahmen „viel Raum für nationale Entscheidungen" verbleiben sollte.

2.1.2 Anforderungen an die Kommission

Der Kommission, die das Initiativrecht für gemeinschaftliche Rechtsvorschriften inne hat, werden im Rahmen der Subsidiaritätsprüfung durch das Protokoll besondere Pflichten auferlegt.

Gemäß Abs. 4 des Protokolls muss jeder Vorschlag für gemeinschaftliche Rechtsvorschriften begründet werden, um zu rechtfertigen, dass dabei die Grundsätze der Subsidiarität und der Verhältnismäßigkeit eingehalten werden. Unbeschadet ihres Initiativrechts sollte die Kommission gemäß Abs. 9 des Protokolls „vor der Unterbreitung von Vorschlägen für Rechtsvorschriften außer im Falle besonderer Dringlichkeit oder Vertraulichkeit umfassende Anhörungen durchführen und in jedem geeigneten Fall Konsultationsunterlagen veröffentlichen".

Zudem sollte die Kommission die „Sachdienlichkeit ihrer Vorschläge unter dem Aspekt des Subsidiaritätsprinzips" begründen. Erforderlichenfalls sind in der Begründung des Vorschlags „ausführliche Angaben" zu machen. Neben diesen Prüf-, Begründungs- und Anhörungspflichten werden der Kommission in Abs. 9 auch Publizitätspflichten auferlegt. Sie sollte dem Europäischen Rat, dem Europäischen Parlament und dem Rat jährlich einen Bericht über die Anwendung des Art. 5 des Vertrages vorlegen. Die Kommission ist somit das Organ, das primär für die Subsidiaritätsprüfung verantwortlich ist.

2.1.3 Subsidiaritätskontrollen durch die Organe

Geht der Kommissionsvorschlag zur Beratung an das EP und den Rat, so müssen diese gemäß Abs. 11 des Protokolls „unter strikter Einhaltung der geltenden Verfahren als Teil der umfassenden Prüfung der Kommissionsvorschläge" prüfen, „ob diese mit Art. 5 des Vertrags in Einklang stehen". Doch diese Pflicht gilt nicht nur für den ursprünglichen Vorschlag der Kommission. Werden vom EP oder vom Rat Änderungen am Vorschlag in Betracht gezogen, fallen diese auch unter die Prüfpflicht.

Der Rat und das EP haben somit die Funktion eines Kontrollorgans. Sie müssen die Subsidiaritätsprüfung durch die Kommission und die Einhaltung des Verfahrens kontrollieren. Erkennen Mitgliedstaaten einen Verstoß gegen die Regeln der Kompetenzausübung, können sie im Rat ihre und andere nationale Vertreter darauf aufmerksam machen. Neben der Kontrollaufgabe müssen Rat und EP aber auch ihre eigenen Änderungen der Subsidiaritätsprüfung unterziehen.

2.1.4 Vorläufer des Protokolls

Für eine umfassende Beurteilung der Ausübung der Pflichten und der Kommissionsanstrengungen zur Beachtung des Subsidiaritätsprinzips muss berücksichtigt werden, dass ein Teil der Pflichten in ähnlicher Weise schon vor der Aufnahme des Protokolls in den Vertrag von Amsterdam bestand.[41]

2.1.4.1 Schlussfolgerungen des Rates von Edinburgh

Auf dem Europäischen Rat in Edinburgh am 11. und 12. Dezember 1992 wurde eine Einigung über „Leitlinien zur Durchführung des Subsidiaritätsprinzips und Maßnahmen zur Verbesserung der Transparenz und der Offenheit beim Entscheidungsprozess der Gemeinschaft“ erzielt. In der Anlage 1 zu den Schlussfolgerungen des Vorsitzes ist ein Gesamtkonzept für die Anwendung des Subsidiaritätsprinzips und des Artikels 3b des Vertrages enthalten.[42] Dieses Gesamtkonzept gliedert sich in Grundprinzipien, Leitlinien und Bestimmungen zum Verfahren und der Praxis. Schon hier wird darauf hingewiesen, dass alle Organe verpflichtet sind „bei der Prüfung von Gemeinschaftsmaßnahmen darauf zu achten, dass Art. 3b eingehalten wird“[43]. Der Kommission kommt „aufgrund ihres im Vertrag verankerten Initiativrechts eine Schlüsselrolle bei der wirksamen Durchführung des Art. 3b zu“. Neben den Konsultationspflichten und den Begründungspflichten für ihre Initiativen unter dem Aspekt des Subsidiaritätsprinzips wird die Kommission dem Europäischen Parlament und dem Europäischen Rat einen „jährlichen Bericht über die Anwendung des Vertrages auf diesem Gebiet vorlegen“[44].

In der zweiten Anlage von Teil A der Schlussfolgerungen finden sich Beispiele für erste Ergebnisse der von der Kommission vorgenommenen Überprüfung der bisherigen Rechtsvorschriften. Bei der Überprüfung ihrer eigenen Vorschläge ist die Kommission zu der Schlussfolgerung gelangt, dass „einige ihrer Vorschläge nicht hinlänglich gerechtfertigt sind, sei es unter dem Gesichtspunkt des gemeinschaftlichen Mehrwerts, sei es aus Gründen der Effizienz“[45]. Drei Richtlinienvorschläge hat sie gleich zurückgezogen, bei weiteren elf bestand die Absicht.

2.1.4.2 Interinstitutionelle Vereinbarung

Eine weitere Entscheidung von Edinburgh war, die Verpflichtung der Organe zur Anwendung des Subsidiaritätsprinzips im Rahmen einer Interinstitutionellen Vereinbarung festzuhalten. Diese Interinstitutionelle Vereinbarung zwischen dem Europäischen Parlament, dem Rat und der Kommission über die Verfahren zur Anwendung des Subsidiaritätsprinzips wurde am 25. Oktober 1993 beschlossen. Auch in dieser Vereinbarung sind die Prüf- und Begründungs- und Publizitätspflichten der Kommission aufgeführt. Zusätzlich widmet sich die Vereinbarung der Zusammenarbeit der Organe. „Die drei Organe überprüfen im Rahmen ihrer internen Verfahren regelmäßig, ob die geplanten Maßnahmen sowohl hinsichtlich der Wahl der Rechtsinstrumente als auch hinsichtlich des Inhalts des Vertrags mit den Bestimmungen über die Subsidiarität im Einklang stehen.“ Treten bei der Anwendung der Vereinbarung

[41] Zur Erinnerung: Der Vertrag von Amsterdam wurde am 02.10.1997 beschlossen, trat aber erst am 01.05.1999 in Kraft. Somit ergibt sich die Berichtspflicht des Protokolls erst ab diesem Zeitpunkt. Das Subsidiaritätsprinzip selber wurde aber schon im Vertrag von Maastricht 1992 als Art. 3b aufgenommen.

[42] Schlussfolgerungen des Vorsitzes (1992): Europäischer Rat von Edinburgh vom 11. und 12.12.1992, abgedruckt in: Bulletin der Bundesregierung, Nr. 140 vom 28.12.1992, S. 1277-1283

[43] Schlussfolgerungen des Vorsitzes (1992), S. 1282

[44] Schlussfolgerungen des Vorsitzes (1992), S. 1282

[45] Schlussfolgerungen des Vorsitzes (1992), S. 1283

Schwierigkeiten auf, kann eine interinstitutionelle Konferenz beantragt werden, um diese Schwierigkeiten beilegen zu können.

Die Interinstitutionelle Vereinbarung und das Gesamtkonzept des Rates von Edinburgh sind somit Grundlagen des Protokolls. In der Präambel des Protokolls wird erwähnt, dass dieses Gesamtkonzept auch weiterhin „die Richtschnur für das Handeln der Gemeinschaftsorgane sowie für die Weiterentwicklung der Anwendung des Subsidiaritätsprinzips" bilden wird.

2.1.5 Berichte der Kommission

Den ersten Jahresbericht über die Anwendung des Subsidiaritätsprinzips hat die Kommission am 25.11.1994 über das Jahr 1994 vorgelegt. Danach folgten jährlich Berichte, die die Kommission unter der Überschrift „Eine bessere Rechtsetzung" veröffentlicht. Der erste Bericht, der sich auf Art. 9 des Protokolls stützt, ist der Bericht „Bessere Rechtsetzung 2000". Der aktuellste Bericht stammt vom 07.12.2001 und umfasst das Jahr 2001.[46]

2.1.5.1 Gliederung der Berichte

Die Berichte gliedern sich meistens in zwei Teile. Der erste Teil geht auf die Anwendung des Subsidiaritätsprinzips im Verlauf des Rechtsetzungsprozesses, d.h. bei der Ausarbeitung künftiger Rechtsvorschriften ein. Die Kommission berichtet, dass sie die von ihr geplanten Vorschläge unter dem Gesichtspunkt der Subsidiarität und Verhältnismäßigkeit geprüft und dadurch im Trend weniger Vorschläge unterbreitet hat. Darüber hinaus berichtet sie, welche bereits vorliegenden Vorschläge von ihr wieder zurückgezogen oder überarbeitet wurden. Mit dem Rückgang der Anzahl der Vorschläge für neue Rechtsvorschriften hat sie die Praxis der vorherigen Konsultationen zu den künftigen Vorschlägen stark ausgeweitet. Im Jahr 1995 wurden z.B. 25 neue Rechtsakte vorgeschlagen, 25 Initiativen zur Schaffung von Diskussionsgrundlagen ergriffen und 60 Vorschläge für Rechtsvorschriften, die von Rat und Parlament noch nicht angenommen waren, zurückgezogen.

---

[46] Auflistung der Berichte:
Kommission der Europäischen Gemeinschaften (1994): Bericht an den Europäischen Rat über die Anwendung des Subsidiaritätsprinzips im Jahr 1994, KOM (94) 533 endg. vom 25.11.1994;
Kommission der Europäischen Gemeinschaften (1995): Bericht an den Europäischen Rat: Eine bessere Rechtsetzung - Bericht über die Anwendung des Grundsatzes der Subsidiarität und der Verhältnismäßigkeit, über Vereinfachung und Kodifikation, SEK (95) 580;
Kommission der Europäischen Gemeinschaften (1996): Bericht an den Europäischen Rat: Eine bessere Rechtsetzung 1996 - Bericht über die Anwendung des Grundsatzes der Subsidiarität und der Verhältnismäßigkeit sowie der Vereinfachung und Kodifikation, SEK (96) 7 endg.;
Kommission der Europäischen Gemeinschaften (1997): Bericht an den Europäischen Rat: Eine bessere Rechtsetzung 1997, KOM (97) 626 endg.;
Kommission der Europäischen Gemeinschaften (1998): Bericht an den Europäischen Rat: Eine bessere Rechtsetzung: Gemeinsam Verantwortung übernehmen (1998), KOM (98) 715 endg.;
Kommission der Europäischen Gemeinschaften (1999): Bericht an den Europäischen Rat: Eine bessere Rechtsetzung 1999, KOM (99) 526 endg.;
Kommission der Europäischen Gemeinschaften (2000): Bericht an den Europäischen Rat: Eine bessere Rechtsetzung 2000, KOM (2000) 772 endg.;
Kommission der Europäischen Gemeinschaften (2001a): Zwischenbericht der Kommission an den Europäischen Rat von Stockholm, Verbesserung und Vereinfachung der Rahmenbedingungen für die Rechtsetzung, KOM (2001) 130 endg.;
Kommission der Europäischen Gemeinschaften (2001c): Bericht an den Europäischen Rat: Eine bessere Rechtsetzung 2001, KOM (2001) 728 endg.

In dem zweiten Teil stellt die Kommission ihre Vorhaben bei der Überarbeitung geltender Rechtsvorschriften dar. Dabei stehen in erster Linie Vereinfachung und Transparenz des gemeinschaftlichen Besitzstandes im Vordergrund. Vereinfachungen sind z.B. durch Konsolidierung oder Kodifikation des Gemeinschaftsrechts zu erreichen.[47] [48]

2.1.5.2 Konsultationen

Gemäß Abs. 9 des Protokolls soll die Kommission vor der Unterbreitung von Vorschlägen Anhörungen bzw. Konsultationen durchführen. Als ein wichtiges Element dieser Konsultationen nennt die Kommission die Veröffentlichung von Grün- und Weißbüchern.[49] Diese Veröffentlichungen dienen als Diskussionsgrundlage für einen möglichst breiten öffentlichen Dialog. Zusammen mit den Beteiligten kann die Kommission so über eine angemessene Vorgehensweise nachdenken.

Neben den Grün- und Weißbüchern veröffentlicht die Kommission Diskussionsgrundlagen in Form von Berichten, Mitteilungen und Aktionsprogrammen. Wird Expertenwissen benötigt, richtet die Kommission Task-Forces oder auch Beratende Ausschüsse ein. Teilnehmer sind je nach Themenschwerpunkt Sachverständige aus Politik, Wissenschaft und Wirtschaft.

2.1.5.3 Anwendung des Verhältnismäßigkeitsprinzips

Die Kommission muss bei ihrer Kompetenzausübung das Verhältnismäßigkeitsprinzip beachten. Eine Analyse der Berichte von 1994-2001 zeigt, dass die Kommission einerseits um Alternativen zur Gesetzgebung bemüht ist und andererseits das Verhältnismäßigkeitsprinzip anwendet. Als Alternativen nennt sie einen Verhaltenskodex, freiwillige Vereinbarungen mit den Unternehmen oder Möglichkeiten zur Selbstregulierung. Der Anwendungsbereich der gegenseitigen Anerkennung wird ausgeweitet, um auf Harmonisierungen verzichten zu können. Im Rahmen der Gesetzgebungstätigkeit gibt sie an, verstärkt auf Rahmenrichtlinien und Mindestvorschriften zurückzugreifen.

2.1.5.4 Anwendung des Subsidiaritätsprinzips

Der wichtigste Teil der Subsidiaritätsprüfung ist die Einhaltung des Subsidiaritätsprinzips. Die Kommission berichtet jedes Jahr, dass sie jede Maßnahme unter dem Gesichtspunkt der Subsidiarität beurteilt. Doch in den Berichten von 1994-1998 sind keine Beispiele oder Leitlinien für die praktische Anwendung des Subsidiaritätsprinzips enthalten. Im Jahresbericht 1998 geht sie „theoretisch" auf die einzelnen Begriffe des Protokolls ein und stellt Thesen auf. Im Jahresbericht 1999 bringt sie auf 6 Zeilen ein Beispiel über Luftschadstoffe, um dessen grenzüberschreitende Problematik zu verdeutlichen.

Erstmals im Jahresbericht 2000 geht sie stärker auf das Subsidiaritätsprinzip und das Protokoll ein. Sie erwähnt, dass es sich bei dem Subsidiaritätsprinzip, wie im Protokoll erwähnt, um ein dynamisches Konzept handelt. Zur Verdeutlichung nennt die

---

[47] Die Konsolidierung dient lediglich der Information und der Klärung, sie hat keinerlei Rechtswirkung. Die Kodifikation beinhaltet die Annahme eines neuen Rechtsaktes unter Einbeziehung und Aufhebung der kodifizierten Rechtsakte ohne inhaltliche Änderung.

[48] Auf die Arbeiten an der Kodifikation und Konsolidierung soll hier aber nicht näher eingegangen werden. Zur Beurteilung der Anwendung des Subsidiaritätsprinzips ist der erste Teil von Bedeutung.

[49] Grünbücher bieten erste Ansätze für Überlegungen in einem bestimmten Bereich, in dem ein Tätigwerden der Gemeinschaft erwogen werden könnte. Weißbücher enthalten präzise Leitlinien für das Handeln der Gemeinschaft.

Kommission ihren Beitrag zur Erreichung der neuen Ziele des Amsterdamer Vertrages. Als „wirksamere Maßnahmen“ auf Gemeinschaftsebene nennt sie die Europäische Beschäftigungspolitik und die Forschungspolitik. Transnationale Maßnahmen hat die Kommission in den Bereichen Energie- und Verkehrspolitik und bei der Entwicklung des Satellitennavigationssystems GALILEO identifiziert.

Im Anhang des Berichts bringt die Kommission Beispiele für Begründungen von Rechtsakten. Zur Rechtfertigung von Maßnahmen auf Gemeinschaftsebene zieht sie zwei Kriterien heran, die sich gegenseitig ergänzen:

1. Das Fehlen von Gemeinschaftsmaßnahmen könnte sich negativ auf die Wirksamkeit der von den Mitgliedstaaten geplanten Vorkehrungen auswirken und/oder gegen die Anforderungen des Vertrages verstoßen.
2. Maßnahmen auf Gemeinschaftsebene würden wegen ihres Umfangs oder ihrer Wirkungen im Vergleich zu Maßnahmen auf der Ebene der Mitgliedstaaten deutliche Vorteile mit sich bringen.[50]

Die Anwendung dieser Kriterien verdeutlicht sie anhand von drei Beispielen.

Im zweiten Teil des Anhangs erläutert sie, dass sie bei der Begründung einer Notwendigkeit einer Maßnahme auf Gemeinschaftsebene „entweder in den Erwägungsgründen oder in der Begründung des Rechtsaktes im Wesentlichen auf zwei Formulierungsmuster“ zurückgreift. Das eine bezeichnet sie als „deskriptiv“ und das andere als „analytisch“[51]. Im Anschluss wird je ein Rechtsakt als Beispiel für die beiden Formulierungsmuster genannt.

Im Bericht für das Jahr 2001 hebt sie wieder die Bedeutung für die Grundsätze der Verhältnismäßigkeit und der Subsidiarität und das Protokoll hervor, allerdings ohne Verfahrensbeispiele zu nennen.

2.1.5.5 Bewertung der Berichte

Die Berichte der Kommission liefern insgesamt wenig konkrete Aussagen oder Beispiele über die praktische Anwendung des Subsidiaritätsprinzips. Die Kriterien, die im Jahresbericht 2000 dargestellt und erläutert werden, sind zwar zum Teil dem Protokoll entnommen, stimmen aber teilweise auch nicht mit diesem überein. Andere Prüfkriterien wiederum werden nicht beachtet.

Die Begründungsformulierungen im Anhang des Berichts von 2000 geben zwar eine erste Einsicht in die Tätigkeit der Kommission, sie sind aber lückenhaft und lassen kein gut gegliedertes Prüfkonzept oder eine klare Linie der Kommission erkennen.

Einerseits werden zwar umfassende Konsultationen durchgeführt, doch andererseits wird z.B. nicht über die Ergebnisse oder den Inhalt von Expertenbefragungen berichtet. Auch werden diese Konsultationen nicht in den Erwägungsgründen aufgeführt. Es ist zwar zu begrüßen, dass dem Prinzip der Verhältnismäßigkeit eine besondere Bedeutung beigemessen und nach Alternativen zur Gesetzgebung gesucht wird, aber eine Evaluation der Vor- und Nachteile der einzelnen Rechtsformen findet nicht statt.

Insgesamt tragen die Berichte nicht zur Transparenz und Bürgernähe bei. Aus diesen Berichten ist nicht ersichtlich, ob sich die Kommission wirklich an die Anforde-

---

[50] Kommission der Europäischen Gemeinschaften (2000), S. 17
[51] Kommission der Europäischen Gemeinschaften (2000), S. 19

rungen aus dem Protokoll hält und alle erforderlichen Kriterien in die Prüfung der Subsidiaritätsausübung einbezieht.

Zur abschließenden Beurteilung der Tätigkeiten der Kommission im Rahmen der Anwendung des Subsidiaritätsprinzips sollen die Ergebnisse und Stellungnahmen der Bundesregierung herangezogen werden.

2.1.6 Subsidiaritätsbericht der Bundesregierung

Die Bundesregierung veröffentlicht jährlich einen Bericht über die Anwendung des Subsidiaritätsprinzips (Subsidiaritätsbericht).[52] Gegenstand des Berichts sind die Ergebnisse der Subsidiaritätsprüfung von Vorhaben der Europäischen Gemeinschaft durch die Bundesressorts und den Bundesrat, die Bewertung der Jahresberichte der Kommission durch die Bundesregierung und den Bundesrat sowie neue Entscheidungen des EuGH zum Subsidiaritätsprinzip.

2.1.6.1 Subsidiaritätsprüfung durch die Bundesressorts

Bei der Subsidiaritätsprüfung durch die Bundesressorts werden formelle Vorschläge der Kommission für neue Rechtsakte (Richtlinien, Verordnungen und Beschlüsse über Förderprogramme) auf der Grundlage eines Prüfrasters der Bundesregierung geprüft.[53] Die Prüfung findet ihren Niederschlag in einem sog. Prüfbogen, der dem EU-Ausschuss des Bundesrates übermittelt wird. Die Bundesregierung berücksichtigt bei ihrer Prüfung die Stellungnahmen, die der Bundesrat und der Deutsche Bundestag zur Vereinbarkeit neuer Kommissionsvorschläge mit dem Subsidiaritätsprinzip entsprechend den Bestimmungen des Gesetzes über die Zusammenarbeit von Bund und Ländern in EU-Angelegenheiten (EUZBLG) bzw. des Gesetzes über die Zusammenarbeit zwischen Bundesregierung und Bundestag in EU-Angelegenheiten (EUZBBG) abgeben.

Von den geprüften Vorschlägen werden einige vertieft geprüft bzw. wegen eines Verdachts auf einen Verstoß gegen das Subsidiaritätsprinzip beanstandet. Teilweise sind die Vorschläge nach Verhandlungen im Rat und u.U. vorgenommenen Änderungen dann doch mit dem Subsidiaritätsprinzip vereinbar. Bei den übrigen handelt es sich nach Meinung der Bundesregierung um Verstöße oder es bestehen trotz

---

[52] Auflistung der Berichte:
Bundesrat (1996): Bericht über die Anwendung des Subsidiaritätsprinzips im Jahre 1995 (Subsidiaritätsbericht 1995), Unterrichtung durch die Bundesregierung, BR-Drucksache 579/96;
Bundesrat (1997): Bericht über die Anwendung des Subsidiaritätsprinzips im Jahre 1996 (Subsidiaritätsbericht 1996), Unterrichtung durch die Bundesregierung, BR-Drucksache 503/97 vom 01.07.1997;
Bundesrat (1998a): Bericht über die Anwendung des Subsidiaritätsprinzips im Jahre 1997 (Subsidiaritätsbericht 1997), Unterrichtung durch die Bundesregierung, BR-Drucksache 615/98 vom 17.06.1998;
Bundesrat (1999b): Bericht über die Anwendung des Subsidiaritätsprinzips im Jahre 1998 (Subsidiaritätsbericht 1998), Unterrichtung durch die Bundesregierung, BR-Drucksache 422/99 vom 11.08.1999;
Bundesrat (2000b): Bericht über die Anwendung des Subsidiaritätsprinzips im Jahre 1999 (Subsidiaritätsbericht 1999), Unterrichtung durch die Bundesregierung, BR-Drucksache 508/00 vom 18.08.2000;
Bundesrat (2001c); Bericht über die Anwendung des Subsidiaritätsprinzips im Jahre 2000 (Subsidiaritätsbericht 2000), Unterrichtung durch die Bundesregierung, BR-Drucksache 776/01 vom 04.10.2001;

[53] Die Bundesregierung hat für die Prüfung neuer Kommissionsvorschläge unter dem Gesichtspunkt der Subsidiarität bereits 1992 ein Prüfraster entwickelt, das Inhalt der Gemeinsamen Geschäftsordnung der Bundesministerien (§ 85 a GGO II) ist. 1999 wurde es im Hinblick auf das neue Subsidiaritätsprotokoll fortgeschrieben. Nähere Details zum Prüfraster siehe Anlage 3.

Verhandlungen weiterhin Bedenken. Tabelle 1 zeigt eine Übersicht über die Anzahl der geprüften, vertieft geprüften bzw. beanstandeten Fälle und die Verstöße für die Jahre 1995-2000.

Tabelle 1: Subsidiaritätsprüfung durch die Bundesressorts
Quelle: Eigene Zusammenstellung anhand der Subsidiaritätsberichte 1995-2000

Jahr	Geprüfte Vorschläge	Vertieft geprüft / beanstandet	Verstöße / Bedenken
2000	84	14	5
1999	60	9	2
1998	89	1	1
1997	117	8	4
1996	167	13	9
1995	232	48 / 24	13

2.1.6.2 Bewertung durch die Bundesregierung

Grundsätzlich ist die Bundesregierung der Auffassung, dass „die Gemeinschaftsorgane sich der grundlegenden Bedeutung des Subsidiaritätsprinzips bewusst sind und sich um seine konsequente Beachtung bei der Gemeinschaftsgesetzgebung bemühen"[54]. Zwar sei die Zahl der Subsidiaritätsbedenken gegenüber dem Vorjahr gestiegen, dennoch konnten diese im Laufe der Beratungen in den Ratsgremien weitgehend ausgeräumt werden.

Die Subsidiaritätsbedenken der Bundesregierung und anderer Mitgliedstaaten hat in den letzten Jahren dazu geführt, dass etliche Vorschläge der Kommission nicht zur Beschlussfassung gekommen sind. Die Bundesregierung weist aber darauf hin, dass dies vor allem für Vorschläge vom Beginn der 90er Jahre gilt.[55]

Für die Bundesregierung bestehen hingegen noch Probleme grundsätzlicher Art. „Vielfach sind die von der Kommission vorgeschlagenen Begründungen zur Subsidiarität in den Erwägungsgründen der Rechtsakte formelhaft und daher wenig aussagekräftig. Die Bundesregierung bemüht sich, auf eine bessere Begründung hinzuwirken, die den Anforderungen des Subsidiaritätsprotokolls entspricht."[56]

Der Rechtsetzungsbericht 2000 sei für die Bundesregierung enttäuschend, da er „die Rechtsetzungstätigkeit der Gemeinschaft und der Union insgesamt nur sehr knapp und pauschal" beschreibt und nur „wenig konkrete Informationen über die praktische Anwendung des Subsidiaritäts- und des Verhältnismäßigkeitsprinzips" bietet. Im Bericht finden sich zu wenige Beispiele und er setzt sich nicht mit den Problemen auseinander, die „in den Ratsgremien bei der Erörterung der Kommissionsvorschläge zutage getreten sind"[57].

Die Bundesregierung hält es auch weiterhin für erforderlich, „die Anwendung des Gemeinschaftsrechts durch die Gemeinschaftsorgane sorgfältig zu überwachen und gegebenenfalls einzufordern. Sie wird deshalb auch in Zukunft bei neuen Rechtsakten die Einhaltung des Subsidiaritätsprinzips eigenständig auf der Grundlage des

[54] Bundesrat (2001c), S. 1
[55] Bundesrat (2000b), S. 7
[56] Bundesrat (2000b), S. 10
[57] Siehe Bundesrat (2001c), S. 13

Subsidiaritätsrasters prüfen. Dabei wird sie insbesondere darauf hinwirken, dass die Rechtsakte der Gemeinschaft eine hinreichende Begründung hinsichtlich der Subsidiarität enthalten und damit für den Betroffenen transparent und kontrollierbar werden."[58]

2.1.6.3 Subsidiaritätsprüfung durch den Bundesrat

Der Bundesrat rügt tendenziell mehr neue Rechtsetzungsvorschläge als die Bundesressorts. Substantielle Bewertungsunterschiede zwischen Bundesregierung und Bundesrat werden von der Bundesregierung aber nicht gesehen.

Unterschiede in der Prüfung bestehen u.a. darin, dass der Bundesrat auch zu nichtlegislativen Maßnahmen der Kommission - Mitteilungen, Grünbüchern, Weißbüchern und Berichten Stellung nimmt. Auffassungsunterschiede zwischen Bundesregierung und Bundesrat ergeben sich eher bei der Frage „ob ein Vorschlag aus Gründen der Kompetenzüberschreitung oder wegen eines Verstoßes gegen das Subsidiaritätsprinzip problematisch ist."[59] Als Voraussetzung für die Anwendung des Subsidiaritätsprinzips als Kompetenzausübungsregel muss die Gemeinschaft gemäß dem Prinzip der begrenzten Einzelermächtigung zum Handeln ermächtigt sein. Bei komplexen Regelungsvorschlägen ist nicht eindeutig zu ermitteln, ob entweder gar keine Kompetenz zum Handeln gegeben ist oder ein Verstoß gegen die Subsidiaritätsprüfung vorliegt.

2.1.6.4 Beschlüsse des Bundesrats

Auch der Bundesrat stellt in seinen Beschlüssen fest, dass die Dokumente der Kommission nur wenige konkrete Angaben zur praktischen Anwendung des Subsidiaritätsprinzips machen und die „Begründungen zur Subsidiarität in den Erwägungsgründen der Rechtsakte vielfach formelhaft und daher wenig aussagekräftig sind"[60]. Der Bundesrat vermisst in den Ausführungen der Kommission von 2000 „ein durchgängig geltendes Definitions- und Prüfraster, an Hand dessen sie die Vereinbarkeit von Maßnahmen mit den Grundsätzen der Subsidiarität und Verhältnismäßigkeit überprüft."[61]

Da der Bundesrat auch zu den nicht-legislativen Maßnahmen der Kommission unter Subsidiaritätsgesichtspunkten Stellung nimmt, die Erstellung dieser Dokumente in den letzten Jahres erheblich ausgeweitet wurde und die Rügen des Bundesrates sich zunehmend auf diese Maßnahmen beziehen, fordert er die Bundesregierung auf, ihre Prüfung auch hierauf zu erstrecken.[62]

2.1.7 Bewertung des Verfahrens der Subsidiaritätsprüfung

Das Verfahren der Subsidiaritätsprüfung anhand des Art. 5 EGV und des Protokolls mit den darin festgelegten Prüf-, Begründungs- und Veröffentlichungspflichten ist eigentlich ein nicht wesentlich zu bemängelndes Verfahren. Bei korrekter Anwendung sollte das Verfahren für alle Entscheidungsträger transparent sein. Die Kommission, als Initiator von Gesetzgebungen, muss ihre Vorschläge mit der Öffentlichkeit beraten und die Vorlagen dann anhand von festgelegten Kriterien überprüfen,

---

[58] Bundesrat (2001c), S. 19
[59] Bundesrat (2001a), S. 8
[60] Bundesrat (2000d), S. 3
[61] Bundesrat (2001d), S. 2
[62] Bundesrat (2000d), S. 1-2

begründen und veröffentlichen. Rat und Europäisches Parlament fungieren als Kontrollorgan.

Dennoch ist festzustellen, dass sich die Mängel am Verfahren nicht primär am Verfahren selber, sondern eher an der Durchführung abzeichnen. Die Begründungen der Kommission sind intransparent, unstrukturiert und unübersichtlich. Die Prüfkriterien sind unklar und umfassen nicht immer die Kriterien des Protokolls. Ohne ausreichende Begründungen sind die Vorschläge der Kommission unter Subsidiaritätsgesichtspunkten nicht immer ausreichend nachvollziehbar und es kommt zu Kompetenzkonflikten. Es ist z.B. nicht ersichtlich, warum ein bestimmtes Problem transnationale Aspekte aufweist und dieses Problem nicht auch durch die Mitgliedstaaten selber gelöst werden könnte.

Wie bei einem Vergleich der Prüfungen durch die Bundesressorts und den Bundesrat aufgezeigt, kann es auch zu Zweifeln kommen, ob es sich bei einem Kompetenzkonflikt um eine Kompetenzüberschreitung oder einen Verstoß gegen das Subsidiaritätsprinzip handelt. Eine Ursache kann in dem fehlenden Verweis auf die Kompetenznormen liegen.

Doch eine intransparente Subsidiaritätsprüfung durch die Kommission muss nicht konkludent bedeuten, dass die Kommission bei ihrer Prüfung gegen das Subsidiaritätsprinzip verstößt. Ein Blick auf die Zahlen der Subsidiaritätsprüfung durch die Bundesressorts zeigt, dass die Anzahl der Bedenken gegen die Einhaltung des Subsidiaritätsprinzips durch die Kommission bzw. die Anzahl der vermeintlichen Verstöße sehr gering ist. Unter der Annahme, dass insbesondere die Deutsche Bundesregierung eine besonders genaue Subsidiaritätsprüfung vornimmt, stellt sich hier die Frage, ob die Probleme mit der Anwendung des Subsidiaritätsprinzips bzw. mit der Kompetenzabgrenzung zwischen der Ebene der Gemeinschaft und den Mitgliedstaaten wirklich so gravierend sind, wie in der aktuellen Debatte teilweise behauptet wird.[63]

Diesem Argument ist die These entgegenzuhalten, dass die Nationalstaaten, falls die Überprüfung durch die Kommission völlig verständlich und transparent ist, nicht gezwungen wären, selber Subsidiaritätsprüfungen durchzuführen. Eine strengere Einhaltung der Begründungs- und Publizitätspflichten könnte z.B. dazu führen, dass Konflikte und Zweifel schon im Vorfeld ausgeräumt würden, da sich die Kommission noch intensiver mit ihren Vorschläge beschäftigen muss. Einige Bedenken an den von der Bundesregierung beanstandeten Kommissionsvorschlägen konnten erst durch lange Beratungen im Rat und durch Änderungen an den Vorschlägen ausgeräumt werden.[64] Wird in Zukunft verstärkt vom Einstimmigkeitsprinzip im Rat abgewichen und auf Mehrheitsentscheidungen übergegangen, so wird es für einen einzelnen Mitgliedstaat schwerer, seine Subsidiaritätsbedenken in die Ratsverhandlungen einzubringen und durchzusetzen.

Es ist festzustellen, dass über Verbesserungen am Verfahren der Subsidiaritätsprüfung nachgedacht werden muss. Bevor dies jedoch geschieht, soll noch ein weiteres Verfahren, die Kompetenzkontrolle durch den EuGH, vorgestellt werden.

---

[63] Siehe Argumente in der Einleitung

[64] Für Beispiele von Vorschlägen, zu denen zunächst Bedenken der Bundesregierung geäußert wurden, die aber durch Verhandlungen ausgeräumt werden konnten, siehe Bundesrat (2001c), S. 5

2.2 Kompetenzkontrolle durch den Europäischen Gerichtshof

2.2.1 Aufgaben des Europäischen Gerichtshofs

Der Europäische Gerichtshof hat gemäß Art. 220 EGV die Aufgabe, das Recht zu wahren. „Der Gerichtshof sichert die Wahrung des Rechts bei der Auslegung und der Anwendung dieses Vertrages." Gemäß Art. 230 EGV überwacht der Gerichtshof „die Rechtmäßigkeit der gemeinsamen Handlungen des Europäischen Parlaments und des Rates sowie der Handlungen des Rates, der Kommission und der EZB [...]."

Der EuGH kann im Rahmen der Kompetenzkontrolle überprüfen, ob eine Kompetenzüberschreitung durch die Gemeinschaftsorgane vorliegt. Eine Kompetenzüberschreitung liegt dann vor, wenn ein Rechtsakt ohne ausreichende Kompetenzgrundlage erlassen wird. Das ohne Kompetenzgrundlage erlassene Sekundärrecht ist rechtswidrig. Für die Mitgliedstaaten ist die Frage der Kompetenzüberschreitung relevant, da sie z.B. im Rahmen der konkurrierenden Kompetenzen solange zuständig bleiben, solange und soweit die Gemeinschaften von ihrer Kompetenz keinen Gebrauch machen. Haben die Gemeinschaften aber in einem bestimmten Bereich die Rechtsetzungsbefugnisse vollständig ausgeschöpft, ist den Mitgliedstaaten dort ein Tätigwerden nicht mehr erlaubt. Die Überprüfung der Kompetenzüberschreitung kann in zwei Verfahren erfolgen, dem Vorabentscheidungsverfahren gemäß Art. 234 EGV und der Nichtigkeitsklage gemäß Art. 230 EGV.

2.2.2 Das Vorabentscheidungsverfahren

Bei dem Vorabentscheidungsverfahren gemäß Art. 234 EGV handelt es sich „nicht um eine Klage, sondern um ein von den nationalen Gerichten einzuleitendes Zwischenverfahren zur Klärung offener Rechtsfragen, die das Gemeinschaftsrecht betreffen"[65]. Der EuGH entscheidet gemäß Art. 234 EGV über die „Auslegung dieses Vertrags" und „über die Gültigkeit und die Auslegung der Handlungen der Organe der Gemeinschaft". Mit „Handlungen der Organe" ist jedenfalls das Sekundärrecht gemeint. Liegt von einem nationalen Gericht eine unterschiedliche Auffassung über die Gültigkeit des Sekundärrechts vor, ist es also fraglich, ob eine Maßnahme durch eine Gemeinschaftskompetenz gedeckt ist, kann es den EuGH anrufen. Der EuGH ist aber nicht befugt, nationales Recht auszulegen oder seine Vereinbarkeit mit dem Gemeinschaftsrecht zu beurteilen.

2.2.3 Die Nichtigkeitsklage

Besonders häufig werden Kompetenzkonflikte zwischen der Gemeinschaft und den Mitgliedstaaten im Wege der Nichtigkeitsklage ausgetragen. Gemäß Art. 230 EGV ist der Gerichtshof für Klagen zuständig, „die ein Mitgliedstaat, der Rat oder die Kommission wegen Unzuständigkeit, Verletzung wesentlicher Formvorschriften, Verletzung des Vertrages oder einer bei seiner Durchführung anzuwendenden Rechtsnorm oder wegen Ermessensmissbrauchs erhebt". Ist die Klage begründet, so kann der Gerichtshof gemäß Art. 231 EGV die angefochtene Handlung für nichtig erklären. Eine Klage wegen Unzuständigkeit kann z.B. von einem Mitgliedstaat gegen den Gemeinschaftsgesetzgeber erhoben werden, wenn vermutet wird, dass die Regelungsmaterie bzw. ein Rechtsetzungsakt nicht in den Zuständigkeitsbereich der Gemeinschaft fällt.

Ein bekanntes Beispiel einer Nichtigkeitsklage ist der Rechtstreit um die Tabakwerberichtlinie. Hier wurden Kompetenzeinwände mit anderen Nichtigkeitsgründen ver-

---

[65] Fastenrath, U., Müller-Gerbes, M. (2000). Europarecht, Grundlagen und Schwerpunkte, Nomos: Baden-Baden, S. 224

knüpft. So stützte die Bundesrepublik Deutschland ihre Klage auf Gründe wie Verletzung des Verhältnismäßigkeitsgrundsatzes, Missachtung des Subsidiaritätsprinzips und Verletzung von Grundrechten.[66]

2.2.4 Klagen im Zusammenhang mit dem Subsidiaritätsprinzip

Im Zusammenhang mit der Frage, in welcher Intensität von den Klagemöglichkeiten bei einem vermuteten Verstoß gegen die Einhaltung des Subsidiaritätsprinzips Gebrauch gemacht wird, gibt die Bundesregierung an, dass sie nicht in allen Fällen, in denen die Bedenken der Bundesregierung in den Ratsverhandlungen nicht berücksichtigt wurden, den EuGH angerufen hat. Dies hat sie nur in drei Fällen getan: Bei der Einlagensicherungs- und der Anlegerschutz-Richtlinie[67], der Richtlinie über die allgemeine Produktsicherheit[68] und der Richtlinie über Werbung und Sponsoring zugunsten von Tabakerzeugnissen[69]. Die Bundesregierung „hat in diesen Fällen allerdings nicht nur die Verletzung des Subsidiaritätsprinzips, sondern auch eine Reihe anderer Rechtsgründe, z.B. Kompetenzverstöße geltend gemacht“[70].

Bezogen auf das Subsidiaritätsprinzip als Kompetenzausübungsregel und der darin vorgeschriebenen Begründungspflicht für Rechtsakte hat die Bundesregierung in ihrem Rechtsstreit um die Richtlinie über Einlagensicherungssysteme dem Gemeinschaftsgesetzgeber vorgeworfen, keine Gründe zur Rechtfertigung seines Handelns im Hinblick auf dieses Prinzip angegeben zu haben.[71] Der EuGH urteilte, dass Parlament und Rat auch ohne explizite Erwähnung des Subsidiaritätsprinzips die Gründe, aus denen sich die Vereinbarkeit des Handelns des Gesetzgebers mit dem Subsidiaritätsprinzip ergibt, erwähnt haben. Sie haben darauf hingewiesen, „dass das Ziel ihres Tätigwerdens wegen seiner Dimension besser auf Gemeinschaftsebene und von den Mitgliedstaaten nicht in ausreichendem Maß verwirklicht werden konnte“. Diese Begründung auch ohne ausdrückliche Erwähnung des Prinzips stelle keinen Verstoß gegen die Begründungspflicht dar.

2.2.5 Kompetenzfragen in anderen Verfahren

Da es kein spezielles Verfahren nur für die Entscheidung von Streitigkeiten über die Kompetenzverteilung gibt, können auch in Verfahren, die nicht direkt wegen der Frage der Kompetenzüberschreitung erhoben wurden, Kompetenzfragen indirekt aufgegriffen werden.

Ein Beispiel ist der Fall Kreil, in dem eine Frau um den Zugang von Frauen zur Bundeswehr klagte.[72] Obwohl der EuGH gleich feststellte, dass es Sache der Mitgliedstaaten sei, die Entscheidungen über die Organisation ihrer Streitkräfte zu treffen, urteilte er, dass diese nationale Bestimmung nicht von den Ausnahmebestimmungen

---

[66] Siehe EuGH (2000b): Urteil vom 05.10.2000, Rechtssache C-376/98, Bundesrepublik Deutschland ./. Europäisches Parlament und Rat der Europäischen Union. Richtlinie 98/43/EG – Werbung und Sponsoring zugunsten von Tabakerzeugnissen, in: Sammlung der Rechtsprechung 2000, S. I-08419

[67] Siehe EuGH (1997): Urteil vom 13.05.1997, Rechtssache C-233/94, Bundesrepublik Deutschland ./. Europäisches Parlament und Rat der Europäischen Union, Richtlinie über Einlagensicherungssysteme, in: Sammlung der Rechtsprechung 1997, S. I-02405

[68] Siehe EuGH (1994): Urteil vom 09.08.1994, Rechtssache C-359/92, Bundesrepublik Deutschland ./. Rat der Europäischen Union. Nichtigkeitsklage – Richtlinie 92/59/EWG über die Allgemeine Produktsicherheit, in: Sammlung der Rechtsprechung 1994, S. I-03681

[69] Siehe EuGH (2000b)

[70] Bundesrat (2000b), S. 8-9

[71] Vgl. EuGH (1997)

[72] Siehe EuGH (2000a): Urteil vom 11.01.2000, Rechtssache C-285/98, Tanja Kreil gegen Bundesrepublik Deutschland, in: Sammlung der Rechtsprechung 2000, Seite I-00069

der Gleichbehandlungsrichtlinie gedeckt sei. Bei den Ausnahmen von einem Gemeinschaftsgrundrecht müsse auch das Verhältnismäßigkeitsprinzip beachtet werden. Bei vielen Verfahren ist somit die Kompetenzfrage in Sachfragen enthalten.

Wie auch schon in den Klagegründen der Bundesrepublik Deutschland gegen die Tabakrichtlinie erwähnt, kann eine Nichtigkeitsklage nicht nur isoliert Kompetenzeinwände, sondern auch andere Nichtigkeitsgründe enthalten. Eine Trennung der Kompetenzfrage von den anderen Gründen dürfte schwer fallen.[73]

2.2.6 Kritik am Europäischen Gerichtshof

Dem Europäischen Gerichtshof wird in erster Linie vorgeworfen, insgesamt zu integrationsfreundlich zu urteilen und Kompetenzkontrollen zu selten durchzuführen.

Insbesondere Jarass übt harsche Kritik an der Rechtspraxis des EuGH.[74] Das Vorhandensein von impliziten Kompetenzen, der Auslegungsoffenheit der Binnenmarktkompetenz des Art. 95 EGV, der Abrundungskompetenz des Art. 308 EGV und den finalen Kompetenzvorschriften habe tendenziell zu einer „Ausweitung der Gemeinschaftskompetenzen" und zu einer „extensiven Auslegung der Befugnisse im Vertrag" durch den EuGH geführt. Jarass ist davon überzeugt, dass die Rechtsprechung darauf hinaus läuft, „den Bestimmungen des Vertrags die größtmögliche Wirksamkeit zu verschaffen"[75].

Dänzer-Vanotti sieht eine Gefahr in der unzulässigen Rechtsfortbildung des EuGH.[76] Rechtsfortbildung liege immer dann vor, wenn Gerichte „allgemein gehaltene gesetzesähnliche Rechtsnormen" bilden. Auch der EuGH müsse Rechtsfortbildung im Sinne von „Rechtsneuschöpfung" praktizieren, da die Rechtsordnung ein „erhebliches Regelungsdefizit" aufweise. Als Folge des gemeinschaftsrechtlichen Regelungsdefizits „mutierte der Gerichtshof im Laufe der Zeit zu einer Art Ersatz- oder Nebengesetzgeber". Es bestehe damit die Gefahr, dass sich der EuGH in Konkurrenz zur eigentlichen Gesetzgebung begibt. Dänzer-Vanotti stellt die These auf, dass diese „Ersatzgesetzgebung" durch den Gerichtshof sogar vom gemeinschaftlichen Gesetzgeber (z.B. dem Rat) „gern toleriert" wird, da die Richter nicht dem Druck der Interessenten ausgesetzt und politisch letztendlich nicht verantwortlich sind.

Von zahlreichen Kritikern wird meist darauf verwiesen, „dass in der Anfangsphase der Gemeinschaft jeder Kompetenzzuwachs der Gemeinschaft als Erfolg gegolten habe und der EuGH sich seit dieser Zeit als Motor der Integration verstehe"[77].

---

[73] Typische Fälle in denen Kompetenzfragen indirekt behandelt werden sind in den Bereichen anzutreffen, wo es einerseits keine harmonisierte Regeln gibt (z.B. Arbeitsrecht, Gesundheit), die Mitgliedstaaten andererseits aber die Regelungskompetenz des Gemeinschaftsrechts beachten müssen (z.B. im Wettbewerbs- und Beihilfenrecht, Gemeinsamer Binnenmarkt). Fraglich ist z.B., wie weit die Binnenmarktkompetenz in nationale Kompetenzbereiche hineinwirkt. Als Beispiel siehe zwei Fälle: EuGH (1998b): Urteil vom 28.04.1998, Rechtssache C-120-95, Nicolas Decker gegen Caisses des maladie des employés privés, in: Sammlung der Rechtsprechung 1998, S. I-01831 und EuGH (1998a): Urteil vom 28.04.1998, Rechtssache C-158/96, Raymond Kohll gegen Union des caisses de maladie, in: Sammlung der Rechtsprechung 1998, S. I-01931

[74] Siehe Jarass, H.D. (1996): Die Kompetenzverteilung zwischen der Europäischen Gemeinschaft und den Mitgliedstaaten, in: AöR 121, S. 173-180

[75] Jarass, H.D. (1996), S. 180

[76] Siehe Dänzer-Vanotti, W. (1992): Unzulässige Rechtsfortbildung des EuGH, in: RIW, Heft 9, S. 733-742

[77] Mayer, F. (2001): Die drei Dimensionen der Europäischen Kompetenzdebatte, in: ZaöRV, 61/2-3, S. 595

Obwohl hier eine Analyse der Rechtsprechung zur Überprüfung der Kritik zu weit führen würde, lassen sich dennoch sowohl integrationsfreundliche Urteile als auch Urteile über die Unzuständigkeit von Gemeinschaftsorganen finden. Ein der Gemeinschaft Grenzen setzendes Urteil ist das schon erwähnte Urteil über die Tabakwerberichtlinie. Der EuGH hatte diese Richtlinie mangels Kompetenzgrundlage für nichtig erklärt. Der Art. 95 EGV stellt gemäß dem EuGH keine allgemeine Kompetenzgrundlage zur Regelung des Binnenmarktes dar. Jeder Rechtsakt muss dem Zweck dienen, die Voraussetzungen für die Errichtung und das Funktionieren des Binnenmarktes zu verbessern.

Mayer ist der Auffassung, dass die von Kritikern beschriebene „zentripetale Kompetenzdynamik" weniger als Defizit in der Rechtsprechung des EuGH, denn als „allgemeines Problem in Mehrebenensystemen" erscheint. Dynamische Kompetenzhandlungen und Kompetenzausdehnungen können den institutionellen Eigeninteressen von Kompetenzträgern geschuldet sein. Dies beträfe aber weniger den EuGH selbst als „vielmehr ‚weiche Praktiken' der Europäischen Kommission, über Berichtspflichten und Finanzmittel eigene Handlungsspielräume aufzubauen und mitgliedstaatliche und regionale Handlungsspielräume einzuschränken, was nicht ohne weiteres einer Überprüfung durch den EuGH zugänglich ist oder zugänglich gemacht werden kann"[78]. Die Frage wie häufig der Gerichtshof in Kompetenzfragen angerufen wird ist eine Entscheidung der Mitgliedstaaten und der anderen Organe und kann nicht dem EuGH angelastet werden.

Einige Kritiker an der Rechtsprechung des EuGH suchen nach Verfahren, wie die gerichtliche Kompetenzkontrolle verbessert werden kann. Dabei wird u.a. vorgeschlagen, eine spezielle Kompetenzkammer beim EuGH einzuführen oder sogar ein gesondertes Kompetenzgericht zu schaffen. In erster Linie sollen die mitgliedstaatlichen Interessen stärker berücksichtigt werden. Auf diese Vorschläge wird unter Punkt 3.1 näher eingegangen.

2.2.7 Bewertung

Mit dem EuGH besitzt die Europäische Union ein Kompetenzgericht, dass die Mitgliedstaaten bei einer vermuteten Kompetenzüberschreitung oder einem Verstoß gegen das Subsidiaritätsprinzip anrufen können. Dabei kann die Rechtmäßigkeit eines Rechtsetzungsaktes im Rahmen des Vorabverfahrens festgestellt oder aufgrund einer Nichtigkeitsklage für nichtig erklärt werden.
Auch die Modalitäten des EuGH und der Klageverfahren wurden von den Mitgliedstaaten im Rahmen des Primärrechts einstimmig beschlossen. Bezogen auf die Theorie der Zustimmung zu Verfahren, müssten auch hier die Urteile des Gerichtshofs, also dessen „Ergebnisse", legitimiert sein und allgemein anerkannt werden.

Es ist somit einerseits zu fragen, ob und wie das gerichtliche Verfahren verbessert werden kann, so dass den Urteilen eine größere Zustimmung beigemessen werden kann. Da eine Klage einen Kompetenzkonflikt erst nach der Verabschiedung des betreffenden Rechtsaktes löst, ist darüber hinaus zu fragen ob nicht eher das Rechtsetzungsverfahren verbessert werden sollte, so dass es gar nicht erst zu Kompetenzkonflikten kommt, die vor einem Gericht ausgetragen werden müssten. Hierbei ist auch der Zeitfaktor zwischen dem Erlass eines Rechtsaktes und dem Urteil durch den EuGH zu bedenken.

---

[78] Siehe Mayer, F. (2001), S. 597-598

2.3 Fazit

Eine Untersuchung beider Verfahren hat gezeigt, dass einerseits vielfältige Möglichkeiten und Pflichten der Subsidiaritätsprüfung und der Kompetenzkontrolle bestehen. Den Mitgliedstaaten bieten sich zahlreiche Wege, auf den Rechtsetzungsprozess einzuwirken. Sie können ihre Subsidiaritätsbedenken während der Konsultationen mit der Kommission äußern, Diskussionen und Verhandlungen im Rat anregen, auf ihre Mitglieder im Europäischen Parlament zugehen oder auch eigene Subsidiaritätsprüfungen durchführen und veröffentlichen. Bei vermuteten Verstößen haben sie die Möglichkeit, den EuGH im Rahmen einer Vorabentscheidung anzurufen oder sie können eine Nichtigkeitsklage anstreben.

Dennoch ist bereits festgestellt worden, dass während der Rechtsetzungsphase zahlreiche Kompetenzkonflikte auftreten können. Es sollen nun aktuelle Vorschläge dargestellt und analysiert werden, die die Prozesse der gerichtlichen Kompetenzkontrolle und der Subsidiaritätsprüfung verbessern wollen.

3. Aktuelle Vorschläge

Die Befürworter verfahrensorientierter Vorschläge wollen in erster Linie Kompetenzkonflikte durch klare Regeln und Prozesse lösen. Während die Vorschläge zur Verbesserung von gerichtlichen Lösungen darauf abzielen, die Legitimität der Kompetenzausübung durch die Organe in erster Linie nach der Verabschiedung des Rechtsaktes festzustellen, wollen die Befürworter von politischen Lösungen neue Ausschüsse schaffen, die sich mit Kompetenzkonflikten bereits während der Rechtsetzungsphase beschäftigen.

3.1 Gerichtliche Lösungen

Für die Herstellung rechtlicher Klarheit bezüglich der Anwendung des Subsidiaritätsprinzips bieten sich gerichtliche Lösungen an. Die Gründe für Vorschläge zu einer Veränderung der Institutionen und Verfahren der Kompetenzkontrolle sind vielfältig. Während die einen das gerichtliche Verfahren der Kompetenzkontrolle reformieren wollen, um es schneller und transparenter zu gestalten, wollen die anderen dem EuGH sein Recht als Letztentscheidungsinstanz über Kompetenzkonflikte absprechen bzw. minimieren. Sie halten ihn als Gemeinschaftsorgan für zu parteiisch und wollen den Einfluss der Mitgliedstaaten auf die Rechtsprechung erhöhen. Die Vorschläge über neue Institutionen der Rechtsprechung unterscheiden sich in erster Linie durch den Beteiligungsgrad des EuGH. Im folgenden sollen einige der Vorschläge vorgestellt werden.

3.1.1 Kompetenzklagen

Hobe empfiehlt zu erwägen, ob „ein spezielles gerichtliches Verfahren vor dem EuGH eingeführt werden sollte, das sich ausschließlich mit Kompetenzstreitigkeiten zwischen Mitgliedstaaten und Gemeinschaft befasst, und dies nicht nur wie bisher im Rahmen der Nichtigkeitsklage nach Art. 230 EGV“[79].

3.1.2 Kompetenzgerichte mit Beteiligung des EuGH

Friedrich schlägt einen Obersten Gerichtshof vor, der über Kompetenzkonflikte entscheidet.[80] Dieser Gerichtshof sollte ad hoc zusammentreten und aus Vertretern des EuGH und der Mitgliedstaaten paritätisch zusammengesetzt sein. Für diesen aus

[79] Hobe, S. (2001), S. 97

[80] Friedrich, K. (1985): Bundesfinanzhof contra Europäischer Gerichtshof, in: RIW, Oktober 1995, Heft 10, S. 794-796

dem Jahr 1985 stammenden Vorschlag war die Frage relevant, wer eigentlich darüber befugt entscheiden darf, welche Rechtsmaterie anzuwenden ist. Für ihn stand die Frage der Stellung des Gemeinschaftsrechts zum nationalen Recht im Vordergrund der Kompetenzfrage. Der EuGH dürfe zwar bindend über Gemeinschaftsrecht entscheiden, nicht aber über die Grenzen des Anwendungsbereichs des nationalen Rechts befinden.

Nach der Auffassung von Clement sollte „zur besseren gerichtlichen Überwachung der Kompetenzabgrenzungsregeln" beim Europäischen Gerichtshof eine eigene Kammer für Kompetenzfragen eingerichtet werden. Mitglieder der Kammer sollten Richter der obersten nationalen Gerichte bzw. der Verfassungsgerichte sein.[81] Ein eigenes „Vertragsschiedsgericht" aus fünfzehn Vertretern nationaler Gerichte und einem Vertreter des EuGH wird von Bross ins Gespräch gebracht.[82]

Hirsch lehnt dagegen ein „Subsidiaritätsgericht" bestehend aus Richtern des EuGH und nationalen Richtern ab. „Ein solches (politisiertes) Mischgericht, dessen Kompetenzen von denen des EuGH in all den Fällen, in den Subsidiaritätsfragen in untrennbarem Zusammenhang mit anderen Kompetenzfragen stehen, nicht abgegrenzt werden könnten, würde mehr Probleme aufwerfen als lösen."[83] Auch Pernice lehnt einen neuen, über den EuGH gestellten Kompetenzgerichtshof als „Superrevisionsinstanz" ab. Ein Kompetenzgerichtshof würde eine Verdopplung der Kontrolle bedeuten und die Stellung des EuGH schwächen. Außerdem sei die Frage der Kompetenz von anderen Sachfragen kaum zu trennen.[84]

3.1.3 Kompetenzgerichte ohne Beteiligung des EuGH

Ein Vorschlag für ein eigenständiges Kompetenzgericht ohne Beteiligung des EuGH geht auf die European Constitutional Group zurück. Die European Constitutional Group hatte für die Regierungskonferenz 1996 Empfehlungen für Verfassungsfragen erarbeitet.[85] Ihr „Union Court of Review" sollte sich mit rechtlichen Streitfragen über die Kompetenzen der EG befassen. „Jede EuGH-Entscheidung könnte nach diesem Vorschlag mit der Begründung, die Kompetenzverteilung zwischen EU/EG und Mitgliedstaaten sei verletzt, vor den Union Court of Review gebracht werden. Würde dann der Union Court of Review feststellen, dass die EuGH-Entscheidung die Kompetenzverteilung zwischen EU/EG betrifft, wäre die EuGH-Entscheidung unwirksam und der Union Court of Review für die (neuerliche) Entscheidung der Streitsache zuständig."[86] Das Union Court of Review würde sich aus Richtern der jeweiligen obersten Gerichtshöfe zusammensetzen.

---

[81] Clement, W. (2001), S. 12

[82] Siehe Bross, S. (2000): Das Bundesverfassungsgericht weigert sich, den Rammbock gegen Europa zu spielen, Artikel in Focus v. 27.11.2000, S. 66

[83] Hirsch, G. (2001): Anworten zum Fragenkatalog, Europaausschuss A.-Drs. 14/1449, in: Deutscher Bundestag, Ausschuss für die Angelegenheiten der Europäischen Union (2001a): Zur Verfassungsdiskussion in der Europäischen Union, Öffentliche Anhörung vom 14. März 2001, Texte und Materialien, Band 22, S. 57

[84] Vgl. Pernice, I. (2000): Kompetenzabgrenzung im Europäischen Verfassungsverbund, Vortrag an der Humboldt-Universität zu Berlin am 06. Juli 2000, FCE Spezial 4/00, S. 28

[85] Siehe European Constitutional Group (1993): A Proposal for a European Constitution

[86] Mayer, F. (2001), S. 603

3.1.4 Verfassungsrat

Weiler schlägt eine präventive Kontrolle durch einen Verfassungsrat (Constitutional Council) vor.[87] Der dem französischen Conseil Constitutionell nachgebildete Rat soll nur über Kompetenzfragen und die Einhaltung des Subsidiaritätsprinzips entscheiden. Die präventive Kontrolle sieht vor, dass er nach der Verabschiedung aber vor Inkrafttreten des betreffenden Rechtsaktes verbindlich entscheiden darf. Angerufen werden könnte der Verfassungsrat von der Kommission, dem Rat, den Mitgliedstaaten oder von dem Europäischen Parlament. Weiler denkt auch darüber nach, den nationalen Parlamenten das Recht zur Anrufung zu gewähren.

Die Besetzung des Verfassungsrates ist der Schlüssel zu seiner Legitimität. Der Präsident des Verfassungsrates wäre der Präsident des EuGH, die weiteren Mitglieder wären Richter der nationalen Verfassungsgerichte oder deren Äquivalenten. Im Verfassungsrat hätte kein Mitgliedstaat ein Vetorecht, alle Entscheidungen müssten mit Mehrheit entschieden werden.

Die Vorteile des Verfassungsrates und seiner Besetzung sieht Weiler darin, dass das Vertrauen in effektive Rechtsetzung und Kontrolle erhöht und es ersichtlich wird, dass die Frage der Kompetenz auch eine fundamentale Frage der nationalen Verfassungsordnungen ist, die aber rechtlich bindend und einheitlich von einer Gemeinschaftsinstitution gelöst werden muss. Weiler möchte mit diesem Vorschlag aber nicht die Integrität des EuGH schwächen. Im Gegenteil, der EuGH müsste seiner Meinung nach froh sein „having this hot potato removed from its plate by an ex ante decision of that order body with a jurisdiction limited to that preliminary issue“[88].

3.1.5 Klagerecht des Ausschusses der Regionen

Um die Stimme der Regionen in Brüssel und Luxemburg hörbarer zu machen, sollte der Ausschuss der Regionen (AdR) nach Clements Auffassung in seinen Mitwirkungsrechten deutlich gestärkt werden. „Wie die Regionen mit Gesetzgebungsbefugnissen muss der AdR vor allem das Recht erhalten, in Kompetenzfragen den Europäischen Gerichtshof anzurufen.“[89] Diese Forderung unterstützen auch die deutschen Bundesländer und der AdR selber.[90]

Hobe spricht sich gegen originäre Klagerechte des AdR aus. „Seine Funktion sollte wie bisher in der Anhörung und Beratung liegen. Die Beteiligung von regionalen Gebietskörperschaften ist analog der Beteiligung der nationalen Parlamente grundsätzlich als verfassungsrechtliche und nicht als europarechtliche Frage zu behandeln.“[91]

3.1.6 Bewertung der Vorschläge

Die dargestellten Vorschläge können nicht das Problem lösen, wie Kompetenzfragen von Sachfragen zu unterscheiden sind. Bevor z.B. eine Klage entweder an den EuGH oder an ein Kompetenzgericht ginge, müsste darüber entschieden werden, ob

---

[87] Vgl. Weiler, J.H.H. (1997): The European Union Belongs to ist Citizens: Three Immodest Proposals, in: 22 E.L.Rev., S. 150-156
[88] Weiler, J.H.H. (1997), S. 156
[89] Clement, W. (2001), S. 12
[90] Siehe Bundesrat (2001e): Entschliessung des Bundesrates zur Kompetenzabgrenzung im Rahmen der Reformdiskussion zur Zukunft der Europäischen Union, DR-Drucksache 1081/01; Ausschuss der Regionen (2001): Entschliessung des Ausschusses der Regionen zum „Ergebnis der Regierungskonferenz 2000 und zur Diskussion über die Zukunft der Europäischen Union, in: Amtsblatt der Europäischen Gemeinschaften (ABl) C 253 vom 12.09.2001, S. 25-32
[91] Hobe, S. (2001), S. 97

es sich primär um eine Kompetenzfrage handelt. Da auch andere Sachfragen Kompetenzaspekte tangieren und in anderen Verfahren Aussagen zur Kompetenz getroffen werden können (Rechtsfortbildung), würde es schwierig sein, diese Fälle eindeutig voneinander abzugrenzen. Eine Beteiligung von nationalen Richtern oder sogar ein Kompetenzgericht ohne Beteiligung des EuGH wird wegen der Parteilichkeit des EuGH zugunsten der Gemeinschaft befürwortet. Doch es ist fraglich, warum gerade nationale Vertreter unparteiisch gegenüber einer Ebene sein sollten.

Der Vorschlag eines Union Court of Review, das bereits gefällte Urteile des angeblich parteiischen EuGH für nichtig erklärt und dann im Rahmen von nationalen Vertretern zu einem „objektiven" Urteil gelangt, erscheint doch sehr abwegig. Mit diesem Verfahren wäre jedem Mitgliedstaat, der in Entscheidungen im Rat der Mehrheit unterliegt und auch vom EuGH eine Ablehnung erhält, Tür und Tor geöffnet, es noch einmal über das Court of Review zu versuchen. Alle weiteren Rechtsakte, die sich bereits auf die vom EuGH als rechtmäßig erklärte Rechtsgrundlage berufen, müssten auch zurückgezogen werden.

Der von Weiler vorgeschlagene Verfassungsrat hätte eine Zwitterstellung zwischen Rechtsetzungsorgan, Kontrollorgan und Gericht. Wenn er endgültig vor Inkrafttreten eines Rechtsaktes entscheiden dürfte, würde er neben dem Rat und dem Europäischen Parlament ein neues Rechtsetzungsorgan darstellen. Alle in Mehrheitsentscheidungen unterliegende Mitgliedstaaten könnten dann versuchen, auf dem Umweg über den Verfassungsrat, der einstimmig entscheiden muss, Rechtsakte zu blockieren. Durch seine Besetzung mit nationalen Richtern kommt ihm eine Stellung als Gericht gleich.

Fraglich ist auch, welchen Vorteil das Klagerecht des AdR hätte. Die Kompetenzen der Regionen, in Deutschland der Länder, sind innerstaatlich im Grundgesetz geregelt. Die Verträge der Gemeinschaften berühren nicht die inneren mitgliedstaatlichen Kompetenzordnungen. Vertragspartner der Europäischen Union ist der Staat und nicht die Region. Daher würde es keinen Sinn machen, wenn z.B. ein Bürgermeister gegen die EU wegen Verletzung seiner Kompetenzen klagt, die im EGV gar nicht aufgeführt sind.

Von neuen gerichtlichen Institutionen und der Erweiterung der Klagebefugnisse ist demnach abzuraten. Ob sich das Verfahren der Nichtigkeitsklage transparenter gestalten lässt, bleibt einer tiefergehenden juristischen Analyse vorbehalten. Nach den gerichtlichen Lösungen sollen nun zwei politische Lösungen vorgestellt werden.

3.2 Politische Lösungen

Nun sollen zwei Vorschläge vorgestellt werden, die durch die Etablierung von neuen Ausschüssen den Prozess der Subsidiaritätsprüfung transparenter gestalten wollen. Zuerst wird der von Schwarze vorgeschlagene Schlichtungs- und Vermittlungsausschuss dargestellt, dann der von Pernice in die Diskussion gebrachte Subsidiaritätsausschuss. Schwarze und Pernice sind der Auffassung, dass die Frage der Subsidiaritätsausübung und dessen Kontrolle im Rahmen eines politischen Prozesses behandelt und beantwortet werden muss.

3.2.1 Schlichtungs- und Vermittlungsausschuss

Schwarze ist auch der Auffassung, dass künftig eine genauere Abgrenzung der Aufgaben der Gemeinschaft und der Mitgliedstaaten vorgenommen werden sollte.[92] Er setzt dabei aber mehr auf „politisch-verfahrensmäßige" Lösungen als auf die gerichtliche Kontrolle und schlägt einen Schlichtungs- und Vermittlungsausschuss vor.
Für Schwarze kommt der „prozeduralen Handhabbarkeit" des Subsidiaritätsprinzips eine um so größere Bedeutung zu, „als man bei der inhaltlichen Umschreibung des Subsidiaritätsprinzips wegen seiner beabsichtigten Anwendbarkeit auf vielfältige Lebensumstände und auch unbekannte Entwicklungen nicht auf relativ offene, wertausfüllungsbedürftige Begriffe verzichten konnte"[93].

Von einem gerichtlichen Verfahren vor dem EuGH rät er aber ab. „Wollte man vom EuGH stets eine volle inhaltliche Überprüfung verlangen, ob eine beabsichtigte Gesetzgebungsmaßnahme ausreichend auf mitgliedstaatlicher Ebene getroffen werden kann bzw. wegen ihres Umfangs oder ihrer Wirkungen besser auf Gemeinschaftsebene erreichbar ist, so würde man ihn in die Rolle eines politischen Schiedsrichters bringen, die ihn zwangsläufig überfordern müsste und in der er seine Autorität als Gericht aufs Spiel setzen würde."[94] Seiner Meinung nach kann man von dem EuGH nur eine Kontrolle erwarten, die sich auf die korrekte Einhaltung der vorgeschriebenen Verfahren konzentriert. Er ist auch davon überzeugt, dass sich der EuGH dieser Kontrollaufgabe nicht entzieht; Schwarze hält das Subsidiaritätsprinzip für justitiabel.

Wichtiger ist ihm jedoch die „Verpflichtung aller am Gemeinschaftsprozess beteiligten Akteure, sich vor und bei jeder Massnahme mit dem Subsidiaritätsprinzip politisch auseinanderzusetzen."[95] Alle Organe, die an einer Gesetzgebungsmaßnahme beteiligt sind, müssen die Einhaltung des Subsidiaritätsprinzips rechtfertigen und begründen. „Gerade dieser Rechtfertigungs- und Begründungszwang schafft geeignete Anknüpfungspunkte für eine mögliche spätere gerichtliche Kontrolle."[96]

Um die politisch-verfahrensmäßige Kontrolle weiter auszubauen schlägt er einen Ausschuss vor, der „sich in Zweifelsfällen auch in vollem Umfang inhaltlich mit der Einhaltung des Subsidiaritätsprinzips im Hinblick auf eine konkrete Gesetzgebungsmaßnahme auseinandersetzen könnte"[97]. Die Mitglieder des Ausschusses könnten seiner Meinung nach aus dem Ministerrat, den Mitgliedstaaten, dem EP oder auch aus dem AdR kommen. Wichtigste Aufgabe des Schlichtungs- und Vermittlungsausschusses ist es, zu Lösungen in Grenz- und Zweifelsfällen zu kommen. Er sollte in Unabhängigkeit entscheiden können und seine Entscheidungen würden auch der Gerichtskontrolle unterliegen.

3.2.2 Subsidiaritätsausschuss

Pernice ist auch der Auffassung, dass Kompetenzabgrenzungen nur begrenzt durch Texte und gerichtliche Kontrolle erreicht werden können.[98] Da die Frage der Kompetenz und ihrer Ausübung vor allem eine Frage des politischen Prozesses sei, sollte

---

[92] Schwarze, J. (1995): Kompetenzverteilung in der Europäischen Union und föderales Gleichgewicht, in: DVBl. Heft 23, S. 1265-1269, siehe auch Schwarze, J. (1998): Das schwierige Geschäft mit Europa und seinem Recht, in: JZ 22/1998, S. 1077-1088
[93] Schwarze, J. (1995), S. 1266
[94] Schwarze, J. (1995), S. 1267
[95] Schwarze, J. (1995), S. 1267
[96] Schwarze, J. (1995), S. 1267
[97] Schwarze, J. (1995), S. 1267
[98] Vgl. Pernice, I. (2000)

ihre Entscheidung und die Kontrolle für die Wahrung der Kompetenzgrenzen und der Subsidiarität „als Teil des politischen Prozesses organisiert werden"[99].

Sein Vorschlag ist es, „dem Rat und dem Parlament in Anlehnung an das belgische Gutachten- und Schiedsverfahren einen Subsidiaritätsausschuss zur Seite zu stellen, der in Zweifelsfragen zur Kompetenz der EG sowie zur Subsidiarität eine Stellungnahme abgibt"[100]. Angerufen werden könnte er im Verlaufe des Rechtsetzungsverfahrens von Mitgliedern dieser Institution, von Parlamenten, Ländern und Regionen in der EU, sobald eine Kompetenzfrage akut wird.

Mitglieder dieses Ausschusses sollten Vertreter der nationalen und ggf. der Länderparlamente sein, „denn diese können am ehesten darüber befinden, ob und wie auch die Mitgliedstaaten in der Lage sind, das politische Ziel der fraglichen Maßnahme effektiv zu verwirklichen"[101]. Mit der Besetzung des Ausschusses wären auch die nationalen Parlamente stärker in die Kompetenzfrage eingebunden. Die Stellungnahme des Ausschusses sollte aber rechtlich unverbindlich sein und dem Parlament und Rat nur als Entscheidungshilfe dienen. Ein Vorteil dieser unverbindlichen Stellungnahme sieht Pernice darin, dass die Organe ggf. gezwungen würden, „in Auseinandersetzung mit den Gegenargumenten des Subsidiaritätsausschusses ihre Gründe für die Annahme und Ausübung der EG-Kompetenz im konkreten Fall genauer darzulegen. Damit würde nicht nur die gerichtliche Kontrolle nachher durch den EuGH erleichtert; sobald die Öffentlichkeit des Rates als Legislativorgan hergestellt ist, wäre seine Wertung in der Kompetenzfrage damit vor allem auch einer effektiven politischen Kontrolle unterworfen"[102].

Exkurs: Das belgische Gutachten- und Schiedsverfahren[103]
Gesetzesvorschläge der nationalen Regierung und der lokalen und regionalen Exekutiven müssen vor der Beratung im Parlament bzw. vor deren Verabschiedung an die „Legislative Section" gegeben werden. Ziel ist die Erstellung eines vorherigen Gutachtens, eines „prior advice". Dieser Ausschuss wurde 1946 als Beratungsorgan etabliert, um angesichts der immer zahlreicheren und komplexer werdenden Gesetze die Qualität der Gesetzgebung zu erhöhen. Zur Qualität gehört die einheitliche Terminologie, die logische Struktur der Gesetze und die Kohärenz der Texte. Der Rat dieses Ausschusses ist nicht bindend. Die zu veröffentlichende Stellungnahme kann als nützliche Information für das Parlament dienen, um die Exekutive zu kontrollieren.

Dieser Ausschuss hat auch die Aufgabe, Kompetenzkonflikte zu vermeiden. „One particular aspect which will be dealt with in the advice of the Council of State is the question of whether the rule which has been submitted for advice has been made in compliance with the rules regarding the allocation of powers laid down in the Consitution and its enacting laws."[104] Obwohl die Stellungnahmen des Ausschusses nicht rechtlich bindend sind, werden sie doch mit großer Autorität betrachtet und helfen bei der Konfliktprävention. „It´s detailed advice provides the legislative and executive bo-

---

[99] Pernice, I. (2000), S. 28
[100] Pernice, I. (2000), S. 28-29
[101] Pernice, I. (2000), S. 29
[102] Pernice, I. (2000), S. 29
[103] Nachzulesen u.a. in Alen, A. (1992): Treatise on Belgian Constitutional Law, Kluwer Law and Taxation Publishers, Boston
[104] Alen, A. (1992), S. 145-146

dies of the State, the Communities and the Regions with valuable information on the allocation of powers between these authorities."[105]

3.2.3 Bewertung der Vorschläge

Positiv an den Vorschlägen von Schwarze und Pernice ist zu beurteilen, dass sie die prozedurale Handhabbarkeit des Subsidiaritätsprinzips im Rahmen eines politischen Prozesses verbessern wollen. Sie wollen eine inhaltliche Auseinandersetzung mit dem Prinzip fördern, um so Konflikte während des Rechtsetzungsprozesses zu vermeiden, bzw. zu beheben.

Den Äußerungen von Schwarze, dass bei der Anwendung des Subsidiaritätsprinzips auf offene und ausfüllungsbedürftige Begriffe nicht verzichtet werden kann, ist zuzustimmen. Der EuGH darf nicht in die Rolle des politischen Schiedsrichters gedrängt werden. Die Forderung, dass sich alle Organe mit dem Subsidiaritätsprinzip vor und bei jeder Maßnahme auseinander setzen sollen, ist ebenfalls zu unterstützen. Der Rechtfertigungs- und Begründungszwang kann eine mögliche richterliche Überprüfung erleichtern.

Dennoch ist nicht ersichtlich, welche Vorteile der neu zu gründende Schlichtungs- und Vermittlungsausschuss bei der Subsidiaritätsprüfung bringen würde und warum auf diese Weise die Organe der oben genannten Forderung beikommen würden. Schwarze schlägt vor, dass sich der Ausschuss in Zweifelsfällen mit dem Subsidiaritätsprinzip auseinandersetzt und zu Lösungen gelangt. Da diese Lösungen der Gerichtskontrolle unterlägen, wären sie verbindlich. Mitglieder des Ausschusses wären auch Vertreter der Mitgliedstaaten und der Regionen.

Mit diesem Ausschuss würde ein neues Rechtsetzungsorgan geschaffen werden, das die Autorität von Rat und Europäischem Parlament untergräbt und aushöhlt. Wenn nicht eindeutig geklärt ist, was Zweifelsfälle sind, könnten fast alle Rechtsakte mit trickreicher Begründung als Zweifelsfälle erklärt werden. Dann würde der Ausschuss nicht mehr schlichten, vermitteln oder kontrollieren, sondern bei fast allen Rechtsakten rechtskräftig entscheiden. Es ist auch fraglich, mit welchen Mehrheiten in diesem Ausschuss abgestimmt werden sollte und auf welche Art und Weise ein Konsens hergestellt werden könnte.

An dem Vorschlag von Pernice zur Einrichtung eines Subsidiaritätsausschusses ist zu begrüßen, dass dieser Ausschuss in Zweifelsfragen nur eine rechtlich unverbindliche Stellungnahme abgibt und somit nicht die Kompetenz von Rat und Parlament als Rechtsetzungsorgan institutionell in Frage stellt. Die Stellungnahme des Ausschusses soll Rat und EP als Entscheidungshilfe dienen und sie zwingen, sich mit den Gegenargumenten des Ausschusses auseinanderzusetzen.

In diesem Vorschlag ist noch nicht geklärt, ob Rat und EP mit der Verabschiedung eines Rechtsaktes solange warten müssen, bis die Stellungnahme des Ausschusses vorliegt. Erstens ist es auch hier möglich, dass an fast allen Rechtsvorschlägen Zweifel zur Kompetenz oder zur Subsidiarität angemeldet werden können. Müssten EP und Rat auf alle Stellungnahmen warten und gäbe es keine Frist, dann würde dieses Verfahren den Rechtsetzungsprozess für ungewisse Zeit verlängern.

---

[105] Alen, A. (1992), S. 146

Zudem ist es nicht überzeugend, warum gerade Vertreter der Länderparlamente am ehesten in der Lage sein sollten darüber zu befinden, ob und wie die Mitgliedstaaten das Ziel einer Maßnahme effektiver erreichen können als die Gemeinschaftsebene. Die Vertreter der Mitgliedstaaten könnten höchstens Auskunft darüber geben, welche Maßnahmen ihr eigener Staat ergreift, um das fragliche Ziel zu erreichen. Sobald es aber zu Fragen von externen Effekten und Skalenerträgen kommt, müssten staatenübergreifende Analysen angestellt werden. Dazu würde Expertenwissen aus Wissenschaft und Wirtschaft benötigt. Die Stellungnahme könnte nur Anhaltspunkte darüber liefern, warum die Mitgliedstaaten der Auffassung sind, dass sie ein Ziel „ausreichend" erreichen können. Eine objektive Analyse über die Frage, ob es die Gemeinschaftsebene „besser" kann, wäre wohl kaum zu erwarten.

Selbst eine konsensuale Stellungnahme der Vertreter im Ausschuss über eine „ausreichende" Zielerfüllung auf Ebene der Mitgliedstaaten ist nicht unbedingt zu erwarten. Denn mit der Teilnahme von Vertretern aus den Mitgliedstaaten und Regionen würden die vertikalen Konflikte um die horizontalen Kompetenzkonflikte zwischen den Mitgliedstaaten erweitert werden. Einige Mitgliedstaaten, wie z.B. kleinere und einkommensschwächere, würden in bestimmten Fällen die Vergemeinschaftung begrüßen, während größere Mitgliedstaaten sie ablehnen. Es ist fraglich, ob das Schiedsverfahren nicht eher in einen Streit der Mitgliedstaaten über unterschiedliche Zielvorstellungen der Europäischen Integration mündet.

Neben den institutionellen Mängeln der beiden Vorschläge, existieren aber noch einige grundsätzliche Bedenken gegen die Einrichtung von neuen Ausschüssen. Da es schon zahlreiche Ausschüsse auf Gemeinschaftsebene gibt, würde ein weiterer Ausschuss nicht unbedingt zu einer erhöhten Transparenz europäischer Rechtsetzung beitragen. Bei der geringen Zahl der von der Bundesregierung festgestellten Verstöße gegen das Subsidiaritätsprinzip ist es zudem fraglich, ob ein neuer Ausschuss gerechtfertigt erscheint.

Der zweite Grund ist in dem bereits existierenden Verfahren der Subsidiaritätsprüfung zu finden. Das Verfahren selber enthält genug Anforderungen an die Prüfung. Es enthält einerseits Prüfkriterien und Leitlinien und andererseits umfassende Prüf- und Begründungspflichten für alle Organe. Kommission, Rat und EP müssen sich mit dem Subsidiaritätsprinzip bei allen Maßnahmen auseinandersetzen. Subsidiaritätskontrollen sind auf der Ebene von EP und Rat und auch gerichtlich möglich. Die Mitgliedstaaten haben auch umfassende Mitsprachemöglichkeiten.

Das Problem der Kompetenzkonflikte liegt nicht unmittelbar in der Struktur des Verfahrens, sondern in dessen Ausführung. Ziel einer Kompetenzordnung muss es sein, dass es im Vorfeld der Rechtsetzung, also noch vor der Behandlung eines Rechtsvorschlages in Rat und EP zur Vermeidung von Konflikten kommt. Sind Konflikte möglichst schon vor der Behandlung im Rat ausgeräumt oder Dissenspunkte zwischen der Kommission und den Mitgliedstaaten transparent dargestellt, dann bedarf es keiner Schlichtungs- oder Schiedsausschüsse mehr, die selber mit Konflikten zu kämpfen haben und den Rechtsetzungsprozess unnötig in die Länge ziehen können.

Die Reform der Kompetenzordnung für die Europäische Union muss das bestehende Verfahren der Subsidiaritätsprüfung dahingehend verbessern, dass

- Konflikte, die bei der Überprüfung der Voraussetzungen für die Anwendung des Subsidiaritätsprinzips entstehen, minimiert werden,

- Auslegungs- und Anwendungszweifel transparent beschrieben werden,
- die Rechtfertigungs- und Begründungspflichten von der Kommission stärker eingehalten werden,
- und die Auslegung von Rechtsbegriffen dargestellt wird.

Im folgenden soll nun ein Vorschlag für die Reform der Kompetenzordnung der Europäischen Union dargestellt werden, der diese Argumente aufgreift.

C. Ein Vorschlag: Verbesserte Kompetenzausübung

Der Kern dieses Kapitels ist die Darstellung eines Vorschlages zur Reform der Kompetenzordnung der Europäischen Union. Im Mittelpunkt des Vorschlags steht ein verbessertes Verfahren der Kompetenzausübung. Zur Herleitung des Vorschlages werden zunächst die aus der bisherigen Analyse abgeleiteten Anforderungen an eine neue Kompetenzordnung aufgeführt und verschiedene Anknüpfungspunkte für Reformen im Primärrecht aufgezeigt.

Da aber nicht alle Mängel und Konflikte, die im Zusammenhang mit der Kompetenzausübung auftreten, mit Hilfe des verbesserten Verfahrens der Kompetenzausübung behoben werden können, wird der Vorschlag noch um einige Änderungen und Präzisierungen von Normen und Rechtsakten ergänzt.

1. Anforderungen an die Kompetenzordnung

Die bisherige Analyse hat gezeigt, dass die Kompetenzordnung der Europäischen Union eine verbesserte und transparentere Anwendung des Subsidiaritätsprinzips als Kompetenzausübungsregel anhand der im Vertrag festgelegten Kriterien und Verfahren gewährleisten muss. Um dies sicherzustellen, müssen folgende Anforderungen erfüllt werden:

- Die Voraussetzungen für die Anwendung des Subsidiaritätsprinzips als Kompetenzausübungsregel müssen klar und eindeutig sein.
- Die Begriffe und Kriterien des Art. 5 EGV und des Protokolls müssen bei der Subsidiaritätsprüfung angewandt werden.
- Die Kommission muss stärker in die Pflicht genommen werden; ihre Rechtfertigungs- und Begründungspflichten müssen erhöht und stärker überwacht werden.
- Die Begründung für einen Rechtsetzungsvorschlag bzw. für die Ausübung der Kompetenz durch die Gemeinschaft muss transparent dargestellt werden.
- Unbestimmte Rechtsbegriffe müssen fallweise ausgelegt werden.
- Die Begründung muss eine Evaluation der Vor- und Nachteile der Vergemeinschaftung enthalten.
- Insbesondere bei der Auslegung der Rechtsbegriffe und der Evaluation der Vor- und Nachteile der Vergemeinschaftung müssen ökonomische Kriterien verstärkt berücksichtigt werden.
- Auslegungs- und Anwendungszweifel müssen transparent beschrieben werden.
- Die Diskussion mit Experten und Mitgliedstaaten und deren Argumente müssen nachvollziehbar sein und in die Begründung aufgenommen werden.

2. Anknüpfungspunkte für Reformen

Für die nötigen Reformen zur Erfüllung dieser Anforderungen können verschiedene Anknüpfungspunkte und Änderungsmöglichkeiten im Primärrecht in Betracht gezogen werden.

Der erste Anknüpfungspunkt ist das Subsidiaritätsprinzip in Art. 5 EGV. Sein Wortlaut könnte geändert oder ergänzt werden. Es wäre auch möglich, einen weiteren Artikel, der sich auf das Subsidiaritätsprinzip bzw. seine Ausübung bezieht, in den Vertrag aufzunehmen.

Der zweite Anknüpfungspunkt ist das Protokoll über die Anwendung der Grundsätze der Subsidiarität und der Verhältnismäßigkeit. Teile des Protokolls könnten in den Vertragstext in sachlicher Nähe zum Art. 5 EGV aufgenommen werden. Es ist aber auch eine Neuformulierung bzw. eine Ergänzung des Protokolls um weitere Anforderungen an die Kompetenzausübung oder Kompetenzkontrolle oder um neue, konkretere Prüfkriterien denkbar.

Die dritte Möglichkeit ist die Aufnahme eines weiteren Protokolls in den Vertrag. Hier könnte z.B. das vom Bundesrat geforderte Prüfraster rechtsverbindlich eingefügt werden. Dieses Prüfraster könnte eine genauere Prüfreihenfolge und zusätzliche, detaillierte Prüfkriterien beinhalten und / oder die Anforderungen an den Inhalt der Prüfungen näher spezifizieren.

Eine vierte Möglichkeit besteht darin, neue Rechtstatbestände im Rahmen der Subsidiaritätsprüfung in den Vertrag aufzunehmen, die bei Mißachtung die Nichtigkeit des Rechtsaktes zur Folge hätten.

3. Der Vorschlag

Anhand der aufgelisteten Anforderungen unter 1 und der möglichen Anknüpfungspunkte unter 2 soll nun ein Vorschlag für eine Reform der Kompetenzordnung gemacht werden, bei der die Kompetenzausübung im Vordergrund steht. Der Vorschlag stützt sich auf eine Dynamik und Offenheit der fallbezogenen inhaltlichen Subsidiaritätsprüfung in Verbindung mit strengen Anforderungen an Inhalt, Ablauf und Dokumentation des Prüfverfahrens. Mit diesem Vorschlag wird die Transparenz und Klarheit der Rechtsetzung erhöht, ohne zu starr spezifizierte Prüfkriterien vorgeben zu müssen.

Im Mittelpunkt des Vorschlages steht die Ergänzung des Art. 5 EGV um einen Prüfbogen und die Aufnahme eines Protokolls zum EGV, das die Anforderungen an den Prüfbogen spezifiziert.

3.1 Ergänzung des Art. 5 EGV

Der Artikel 5 EGV wird um einen Artikel ergänzt, der eine rechtsverbindliche Dokumentationspflicht der Subsidiaritätsprüfung durch die Kommission vorschreibt. Diese Dokumentationspflicht findet ihren Niederschlag in einem Prüfbogen. Der neue Artikel könnte wie folgt lauten:

> Art. 5a [Prüfbogen] Die Überprüfung des Subsidiaritätsprinzips gemäß Art. 5 wird von der Kommission in einem Prüfbogen dokumentiert. Darin müssen die Vorschläge für Maßnahmen der Gemeinschaft hinreichend begründet und gerechtfertigt werden. Das Fehlen des Prüfbogens hat die Nichtigkeit der Maßnahme zur Folge.

3.2 Aufnahme eines Protokolls

Dem EGV wird ein Protokoll über die Anforderungen an den Prüfbogen hinzugefügt. Das Protokoll könnte wie folgt lauten:

Protokoll
über die Anforderungen an den Prüfbogen

DIE HOHEN VERTRAGSPARTEIEN –

ENTSCHLOSSEN, die Begründungs- und Rechtfertigungspflicht des Subsidiaritätsprinzips durch die Kommission zu erhöhen,
IN DEM WUNSCH, die Überprüfung des Subsidiaritätsprinzips so transparent und bürgernah wie möglich zu gestalten,
IN ANBETRACHT des Subsidiaritätsprinzips in Art. 5 EGV, der Pflicht zur Erstellung eines Prüfbogens gemäß Art. 5a EGV und des Protokolls über die Anwendung der Grundsätze der Subsidiarität und der Verhältnismäßigkeit,
HABEN BEKRÄFTIGT, dass die Kriterien für die Anwendung der Grundsätze der Subsidiarität und der Verhältnismäßigkeit weiterhin Beachtung finden müssen –
SIND zu diesem Zweck über folgende Bestimmungen ÜBEREINGEKOMMEN, die dem Vertrag zur Gründung der Europäischen Gemeinschaft beigefügt sind:

1. Jedem Vorschlag für eine gemeinschaftliche Rechtsvorschrift ist ein Prüfbogen beizufügen.

2. Dieser Prüfbogen muss folgende Elemente enthalten:
- die Ermächtigungsgrundlage, auf die sich der Vorschlag stützt,
- das gemeinschaftliche Ziel, auf die sich die Maßnahme bezieht,
- die Ergebnisse der Konsultationen und Anhörungen, insbesondere die von den Mitgliedstaaten und Experten vorgebrachten Erwägungen,
- eine auf qualitativen und quantitativen Kriterien beruhende Darstellung des deutlichen Vorteils einer Gemeinschaftsmaßnahme,
- eine Disaggregation des deutlichen Vorteils in mögliche Vor- und Nachteile für einzelne Mitgliedstaaten und für die Gesamtheit der Mitgliedstaaten,
- eine Darstellung der derzeitigen Maßnahmen der Mitgliedstaaten und den prognostizierten Folgen eines Nichttätigwerdens der Gemeinschaftsebene,
- eine Untersuchung anderer Möglichkeiten, das Ziel ohne Vergemeinschaftung zu erreichen,
- eine Angabe der mit der Vergemeinschaftung verbundenen Kosten,
- eine Prüfung der Befristungsmöglichkeit der Gemeinschaftsmaßnahme mit der Angabe von möglichen Voraussetzungen für das Auslaufen der Frist,
- eine Evaluation der Handlungsformen und eine Begründung für die endgültige Auswahl.

3. Der Prüfbogen ist an den Rat, das Europäische Parlament, den Ausschuss der Regionen und den Wirtschafts- und Sozialausschuss zur Kenntnis weiterzuleiten.

4. Der Prüfbogen ist gemeinsam mit dem Kommissionsvorschlag im Internet zu veröffentlichen.

3.3 Begründung des Vorschlags

Dieser Vorschlag ist der Versuch, die in der Analyse der Normen des Vertrages und des Protokolls über die Anwendung der Grundsätze der Subsidiarität und der Verhältnismäßigkeit und der Durchführung des Verfahrens der Subsidiaritätsprüfung aufgezeigten Mängel zu beheben. Gleichzeitig soll den Anforderungen der in Nizza verabschiedeten „Erklärung zur Zukunft der Union" entsprochen werden.

Die in Kapitel II bei der Überprüfung der ökonomischen Leistungsfähigkeit des Subsidiaritätsprinzips und der ökonomischen Analyse der juristischen Kritik festgestellten Mängel bezogen sich in erster Linie auf mangelhaft definierte und offene Rechtsbegriffe. So sind z.B. für die Angabe vom Ausmaß von externen Effekten, den deutlichen Vorteilen einer Gemeinschaftsmaßnahme oder einem Vergleich von Skalenerträgen zu den Zentralisierungskosten keine genaueren Kriterien vorhanden. Dieser Mangel allein wäre nicht so gravierend, wenn in den Begründungen für die Rechtsakte genauere Angaben zur Auslegung der Begriffe oder deutliche Kriterien zur Überprüfung der Voraussetzungen für eine Gemeinschaftsmaßnahme aufgezeigt werden würden. Doch die Analyse der Kommissionsberichte und der Beschlüsse von Bundesregierung und Bundesrat hat gezeigt, dass die Begründungen und Erwägungen diese Anforderungen nicht erfüllen.

Ein Lösungsweg wäre, die Kriterien für die Anwendung der Grundsätze der Subsidiarität und der Verhältnismäßigkeit noch stärker zu präzisieren. Doch ein zu starres Raster widerspricht der erforderlichen Dynamik und Offenheit der Begriffe. Je nach Ziel oder Themengebiet müssen andere Schwerpunkte bei der Überprüfung gesetzt werden. Natürliche und technische Gegebenheiten können sich im Zeitablauf ändern. Desweiteren nützt ein noch so zweifelsfreies Prüfraster nichts, wenn es nicht angewandt wird.

Daher erscheint der Weg über ein verbessertes Verfahren der Subsidiaritätsprüfung vorteilhafter. In dem vorgeschlagenen Art. 5a EGV wird die Prüfpflicht vertraglich festgelegt. Innerhalb der Prüfung muss die Kommission gemäß der Anforderungen des Protokolls u.a. unbestimmte Rechtsbegriffe auslegen, Evaluationen über die Vorteile der Vergemeinschaftung aufführen und auch stärker auf die Fähigkeiten der Mitgliedstaaten zur Erreichung eines Ziels eingehen. Mit dieser erhöhten Begründungspflicht können die Mitgliedstaaten die Entscheidung der Kommission stärker nachvollziehen. Falls sie noch eine eigene Subsidiaritätsprüfung vornehmen wollen, wird diese vereinfacht. Kommt es im Zweifel doch zu einer Klage vor dem EuGH, ist der Prüfbogen ein wichtiges Indiz für die Einhaltung des Prüfverfahrens. Somit würde auch die Justitiabilität des Subsidiaritätsprinzips erhöht werden.

Da die Kommission die Initiatorin von Gemeinschaftsmaßnahmen ist, muss diese auch zu einer gründlicheren Subsidiaritätsprüfung verpflichtet werden. Dabei kann es nicht darum gehen, die Kommission nur eine Prüfliste abhaken zu lassen. Die Kommission muss gezwungen werden, sich analytisch mit ihren Vorschlägen auseinanderzusetzen. Diese Pflicht darf der Kommission nicht durch fragwürdige Ausschüsse abgenommen werden. Die Publizitätspflicht erhöht zudem die Transparenz und fördert Bürgernähe.

Ein weiterer Vorteil des Vorschlages liegt darin, dass die Struktur des EGV und sein Aufbau nicht wesentlich geändert oder beeinträchtigt wird. Es wird nur ein Artikel in den Gesetzestext aufgenommen und ein Protokoll zum Vertrag hinzugefügt. Auch wenn das Protokoll nicht unbedingt zu einer erhöhten Transparenz der Gesetzestexte beiträgt, dann doch der jedem Gesetzesvorschlag beigefügte Prüfbogen.

Dieser Vorschlag hält sich auch an die Anforderungen des Auftrags von Nizza. Eine genauere, dem Subsidiaritätsprinzip entsprechende Abgrenzung der Zuständigkeiten zwischen der Europäischen Union und den Mitgliedstaaten wird durch die erhöhten Prüf- und Berichtspflichten erreicht. Diese transparente Abgrenzung wird durch die vertragliche Verpflichtung zur Erstellung eines Prüfbogens auch für die Zukunft aufrechterhalten. Der Vertrag wird inhaltlich nicht geändert.

Ein Gegenargument zu diesem Vorschlag könnte sein, dass der EuGH beim Rechtsstreit über die Einlagensicherungssysteme bereits geurteilt hat, dass in der Begründung für einen Rechtsakt das Subsidiaritätsprinzip nicht explizit erwähnt werden muss. Dem ist entgegenzuhalten, dass es zu diesem Zeitpunkt noch keine rechtskräftige Pflicht dafür gab.

Doch nicht alle Konflikte, die im Rahmen der Kompetenzausübung entstehen, können allein durch das Subsidiaritätsprinzip oder das Verfahren der Subsidiaritätsprüfung behoben werden. Von den Kritikern wird das Subsidiaritätsprinzip teilweise mit zu vielen Anforderungen überlastet. Häufig genannte Anforderungen betreffen eine transparentere und bessere Kompetenzabgrenzung und die Bewahrung der nationalen Autonomie. Doch das Subsidiaritätsprinzip selber kann nur in seiner Funktion als Kompetenzausübungsregel bei den nicht-ausschließlichen Kompetenzen zu einer besseren Kompetenzabgrenzung beitragen. Konflikte, die u.a. die Art und Weise der Kompetenzausübung, die Dauer und Tiefe von Gemeinschaftsregelungen und die Voraussetzungen und Grenzen der Handlungsmöglichkeiten der Gemeinschaftsebene betreffen, können z.B. eher durch die Präzisierung von Handlungsermächtigungen und anderen Normen des Primärrechts gelöst werden.

Der obige Vorschlag zur Verbesserung des Verfahrens der Kompetenzausübung wird daher um weitere Vorschläge für Änderungen und Präzisierungen von Normen und Rechtsakten ergänzt, welche teilweise auch in dem vorgeschlagenen Protokoll ihren Niederschlag finden. Der in Art. 5a EGV verankerte Prüfbogen, das Protokoll über die Anforderungen an den Prüfbogen und die ergänzenden Änderungen und Präzisierungen sollen somit gemeinsam eine möglichst konfliktarme Kompetenzausübung gewährleisten.

4. Ergänzende Änderungen und Präzisierungen

4.1 Befristung von Rechtsvorschriften

Eine Möglichkeit, dem dynamischen Element des Subsidiaritätsprinzips mehr Ausdruck zu verleihen und die Dauer des Eingriffs der Gemeinschaftsebene zu begrenzen, könnte eine Befristung von Gemeinschaftsmaßnahmen darstellen.

Zu einem gewissen Zeitpunkt können Gemeinschaftsmaßnahmen, z.B. im Rahmen der Internalisierung von externen Effekten, einen deutlichen Vorteil mit sich bringen. Ist die Ursache für den Rechtsakt aber nicht mehr vorhanden, ist es fraglich, ob der Vorteil weiterhin auf Gemeinschaftsebene besteht. Das Ausmaß einer aussergewöhnlichen Schadstoffbelastung der Luft kann sich z.B. derart verringert haben, dass eine Kontrolle durch die Gemeinschaft nicht mehr gegeben sein muss. Die Kompetenz könnte an die Mitgliedstaaten zurückfallen. Das Auslaufen der Frist könnte z.B. auch an den Grad der Zielerreichung geknüpft werden.

Die Befristung von Rechtsakten muss aber mit den Nachteilen von erhöhten Transaktionskosten und der Rechtsunsicherheit abgewogen werden. Obwohl die Befristung wahrscheinlich nur für eine geringe Zahl von Rechtsakten in Frage kommt, ist die Pflicht zur „Prüfung der Befristungsmöglichkeit der Gemeinschaftsmaßnahme mit der Angabe von möglichen Voraussetzungen für das Auslaufen der Frist" in das Protokoll aufgenommen worden.

4.2 Wahl der Handlungsform

Ein häufig genannter Kritikpunkt bezieht sich auf die Wahl der Handlungsform im Rahmen des Verhältnismäßigkeitsprinzips.[106] Das Verhältnismäßigkeitsprinzip gibt vor, dass für die Maßnahmen der Gemeinschaft eine möglichst einfache Form zu wählen ist. Da in einigen Ermächtigungsnormen keine Handlungsform vorgegeben ist, ist es aus dem Gesetzesvorschlag der Kommission nicht immer ersichtlich, aus welchen Gründen die Wahl auf eine spezifische Form fiel. Dies kann zu Unsicherheit und Konflikten beitragen. Deshalb ist die Pflicht zur „Evaluation der Handlungsformen und eine Begründung für die endgültige Auswahl" ein Element des Prüfbogens.

Ein weiteres Problem besteht darin, dass nicht alle angewandten Handlungsformen in Art. 249 EGV enthalten sind. Dort sind nur Verordnungen, Richtlinien, Entscheidungen, Empfehlungen und Stellungnahmen aufgeführt. In der Praxis gibt es auch die Handlungsformen Leitlinien, Koordinierung und Fördermaßnahmen. Auch die im Protokoll erwähnte Rahmenrichtlinie ist nicht in Art. 249 EGV enthalten. Die Transparenz und Übersichtlichkeit könnte dadurch verbessert werden, dass auch diese Handlungsformen in Art. 249 EGV aufgenommen wird.

Da die Wahl der Handlungsform die Eingriffs- und Regelungstiefe der Gemeinschaft festlegt, werden teilweise allgemeine Regeln für Ausmaß und Reichweite der Handlungsformen und eine Systematisierung dieser Handlungsformen in abgestufter Klassifizierung gefordert, um so die Kompetenzabgrenzung zwischen Gemeinschaft und Mitgliedstaaten zu verbessern.[107] Diese Forderung ist aus dem gleichen Grund abzulehnen wie striktere Prüfkriterien. Eine gewisse fallweise Offenheit muss erhalten bleiben. Zudem ist es fraglich, ob je ein Konsens über eine vollständige und kleinteilige Kategorisierung erreicht werden kann. Die Begründung der Kommission für eine Handlungsform im Rahmen des Prüfbogens wird Aussagen für deren Erforderlichkeit enthalten.

4.3 Kompetenzbegrenzungen

Das Subsidiaritätsprinzip als Kompetenzausübungsregel kann nicht allein für eine transparentere Kompetenzabgrenzung sorgen. Sollen die Kompetenzen zwischen der Gemeinschaft und den Mitgliedstaaten noch stärker und klarer voneinander abgegrenzt werden, müssen auch die Ermächtigungsnormen diese Begrenzung enthalten. In vergangenen Vertragsrevisionen wurde vermehrt dazu übergegangen Handlungsermächtigungen mit negativen Kompetenzbestimmungen zu verbinden. So darf z.B. in gewissen Bereichen ein Ziel gefördert, aber keine Harmonisierung vorgenommen werden. Diese Negativklauseln sollten auch bei zukünftigen Vertragsrevisionen vermehrt eingeführt werden, um die Grenzen des Gemeinschaftshandelns klarer zu verdeutlichen.

---

[106] Siehe z.B. Diskussion in Hetmeier, H., Richter, A.V. (2001), S. 317

[107] Vgl. u.a. Clement, W. (2001), Berliner Senatskanzlei (1999)

In der aktuellen Debatte wird häufig vorgeschlagen, den Grundsatz der Gemeinschaftstreue in Art. 10 EGV auf beide Ebenen anzuwenden. Schwarze schlägt z.B. vor, dass der Artikel so formuliert wird, dass „er nicht nur Loyalitätspflichten der Mitgliedstaaten gegenüber der Gemeinschaft, sondern wechselseitig auch die Pflicht der Gemeinschaft zur Rücksichtnahme auf die Mitgliedstaaten und deren innere Struktur begründet“[108]. Dies solle auch vermehrt die Kompetenzausweitung durch die Gemeinschaft reduzieren. Da der EuGH diesen Grundsatz auch heute schon wechselseitig auslegt, ist gegen diesen Vorschlag nichts einzuwenden.[109]

Obwohl es eigentlich mehrheitlich anerkannt ist, dass die Gemeinschaft nicht ohne eine entsprechende Ermächtigung handeln kann, besteht bei einigen Kritikern die Angst, dass sich die Gemeinschaft aus den in Art. 3 EGV genannten Zielen Kompetenzen ableitet. Schwarze fordert daher einen klarstellenden Hinweis im Subsidiaritätsprinzip, „dass die im EGV festgelegten Ziele und Aufgaben allein und für sich genommen keine Kompetenz zu Gesetzgebungsmaßnahmen begründen“[110]. Dieser Hinweis ist zu begrüßen, doch sollte er in Art. 3 EGV selber und nicht ins Subsidiaritätsprinzip aufgenommen werden.

4.4 Voraussetzungen der Kompetenzausübung

Ein weiterer Konfliktherd sind die unklaren Voraussetzungen für die Anwendung des Subsidiaritätsprinzips. Das Subsidiaritätsprinzip darf gemäß Art. 5 EGV nur auf die nicht-ausschließlichen Kompetenzen angewandt werden. Wie schon in Kapitel I erwähnt, gibt es im Vertrag keine Definition für ausschließliche und nicht-ausschließliche Kompetenzen. Die Aufnahme dieser Definition in den Vertragstext könnte für mehr Transparenz und Klarheit sorgen.

Daneben herrscht in der aktuellen Debatte häufig Unklarheit darüber, welche Kompetenzen zu den ausschließlichen zählen. In Kapitel I wurde bereits die Forderung erwähnt, die ausschließlichen Kompetenzen im Vertrag aufzulisten. Obwohl die ökonomische Auseinandersetzung mit diesem Problem ergeben hat, dass auch die Ausschließlichkeit von Kompetenzen im Zeitablauf überprüft werden sollte, ist aus Gründen der Transparenz und Praktikabilität dieser Forderung zuzustimmen. Dabei sollte die Rechtsprechung des EuGH übernommen werden.

Ein Konflikt, der bei der Festlegung der ausschließlichen Kompetenzen zu erwarten ist, ist die Frage der Binnenmarktkompetenz. Die Bundesregierung hat in ihren Subsidiaritätsberichten deutlich gemacht, dass das Subsidiaritätsprinzip nach ihrer Auffassung auch im Bereich des Binnenmarktes anwendbar ist. Die Bundesregierung bedauert, dass die Kommission sich bis jetzt nicht mit dieser Rechtsauffassung auseinandergesetzt hat und an ihrer gegenteiligen Auffassung festhält.[111] Dennoch ist gerade aufgrund dieses Konflikts eine Klärung der Frage wünschenswert.

---

[108] Schwarze, J. (1995), S. 1269

[109] Gemäß Hetmeier ständige Rechtsprechung des EuGH seit Rs. 230/821, Slg. 1983, 255 (287), vgl. Hetmeier, H., Richter, A.V. (2001), S. 303

[110] Schwarze, J. (1995), S. 1269

[111] Siehe z.B. Bundesrat (2001c), S. 11

IV. Schlussbetrachtung und Ausblick

Der Auftrag von Nizza und die aktuelle europapolitische Debatte wurden zum Anlass genommen, eine Analyse über die Reformbedürftigkeit der bestehenden Kompetenzordnung der EU/EG vorzunehmen. Es wurde insbesondere untersucht, ob und in welcher Art und Weise die Abgrenzung der Zuständigkeiten zwischen der Europäischen Union und den Mitgliedstaaten verbessert werden könnte. Dabei wurde ein interdisziplinärer Ansatz zwischen der Rechts- und Wirtschaftswissenschaft gewählt. Juristisch festgelegte Normen und Regeln wurden mit Hilfe von ökonomischen Kriterien beurteilt.

Das Fazit dieser Analyse ist, dass sich viele der aktuell diskutierten Kritikpunkte an der Kompetenzabgrenzung zwischen der Gemeinschaft und den Mitgliedstaaten nicht bestätigen lassen. Struktur und Aufbau des EGV sind passend für einen offenen Integrationsprozess der Europäischen Union. Die in dieser Analyse identifizierten Defizite beziehen sich in erster Linie nicht auf die Kompetenzverteilung, sondern auf die Kompetenzausübung. Die praktische Anwendung des Subsidiaritätsprinzips als Kompetenzausübungsregel muss nachvollziehbarer und kontrollierbarer gemacht werden.

Zur Behebung dieses Defizits ist in dieser Arbeit ein Vorschlag zur Ergänzung des bestehenden Vertrages erarbeitet worden, der eine verbesserte und transparentere Anwendung des Subsidiaritätsprinzips als Kompetenzausübungsregel anhand der im Vertrag festgelegten Kriterien und Verfahren gewährleisten soll. Der Vorschlag beinhaltet die Ergänzung des Art. 5 EGV um einen Prüfbogen und die Aufnahme eines Protokolls zum Vertrag, das die Anforderungen an diesen Prüfbogen spezifiziert. Ziel dieses Vorschlages ist es, die Kommission als Initiatorin von Gesetzesinitiativen durch eine verstärkte Begründungs- und Rechtfertigungspflicht zu einer intensiveren Auseinandersetzung mit dem Subsidiaritätsprinzip als Kompetenzausübungsregel zu verpflichten.

Dieser Vorschlag verkörpert insbesondere vier Vorzüge:

Erstens hält sich dieser Vorschlag an den Auftrag von Nizza. Mit Hilfe dieses Vorschlages kann eine genauere, dem Subsidiaritätsprinzip entsprechende Abgrenzung der Zuständigkeiten zwischen der Europäischen Union und den Mitgliedstaaten hergestellt und aufrechterhalten werden, ohne den Vertrag inhaltlich zu ändern. Es wurden zudem keine neuen Institutionen geschaffen, deren Mehrwert bei der Lösung des Problems der Kompetenzabgrenzung fraglich ist, und die nicht unbedingt zur Transparenz der Entscheidungsfindung auf europäischer Ebene beitragen.

Zweitens kann durch die Umsetzung des Vorschlages einem Teil der Kritik der aktuellen europapolitischen Debatte begegnet werden. Durch die stärkere Begründungs- und Dokumentationspflicht der Kommission wird die Transparenz von Entscheidungen erhöht, indem z.B. Klarheit darüber gewonnen werden kann, warum eine Kompetenz von der Ebene der Gemeinschaft und nicht von den Mitgliedstaaten ausgeübt wird. Dadurch, dass sich die Kommission noch stärker mit dem Subsidiaritätsprinzip als Kompetenzausübungsregel auseinander setzen muss, ist zu hoffen, dass ihre Vorschläge zur Kompetenzausübung durch die Gemeinschaft, sowohl ökonomisch als auch juristisch, fundierter ausfallen werden als bisher.

Drittens ist der hier erarbeitete Vorschlag eine für die auf Offenheit und Dynamik angelegte Europäische Integration zweckmäßige Antwort auf das Problem der Entscheidung unter Unsicherheit. In Kapitel I wurden vor allem die vielen unbestimmten Rechtsbegriffe des Subsidiaritätsprinzips und des Protokolls über die Anwendung der Grundsätze der Subsidiarität und der Verhältnismäßigkeit als eine Ursache für Konflikte zwischen der Gemeinschaft und den Mitgliedstaaten identifiziert. Aufgrund von Anwendungs- und Auslegungsproblemen dieser Begriffe ist es insbesondere für die Mitgliedstaaten im Rahmen der Gesetzgebung nicht immer klar verständlich und nachvollziehbar, warum die Gemeinschaft die Ausübung einer Kompetenz für sich beansprucht bzw. welchen Vorteil oder Mehrwert eine Kompetenzausübung durch die Gemeinschaft allen Mitgliedstaaten bringt.

Dieses Problem der Entscheidung unter Unsicherheit kann auf zwei Wegen gelöst werden. Einerseits kann versucht werden, die Unsicherheit bei der Auslegung der Begriffe bzw. bei der Kompetenzausübung durch genauere, eventuell sogar quantitativ spezifizierte, Normen, Begriffe und Prüfregeln ex-ante zu reduzieren. Durch eine starre Klassifizierung und Fixierung von Kompetenzen, wie z.B. durch einen Kompetenzkatalog, könnte das Verfahren der Kompetenzausübung sogar ganz ausgeschaltet werden. Diesem Weg widerspricht aber die Unsicherheit über zukünftige politische und wirtschaftliche Faktoren und Präferenzen. Soll die Dynamik der europäischen Integration und das notwendige Reagieren auf neue Sachzwänge nicht vollständig unterbunden werden, ist eine gewisse Auslegungsoffenheit von Rechtsbegriffen bei der Kompetenzausübung unabdingbar.

Aus diesem Grund wurde hier ein Lösungsvorschlag erarbeitet, der einen Kompromiss zwischen den zwei Lösungsformen darstellt. Mit Hilfe des Prüfbogens wird bei der Überprüfung der Kompetenzausübung eine genauere und detailliertere Auslegung der unbestimmten Rechtsbegriffe eingefordert und die Kommission dazu verpflichtet, ihre Entscheidung stärker ökonomisch zu fundieren, ohne jedoch spezifische und zu starre Prüfwerte vorgeben zu müssen. Die Effizienzkriterien der ökonomischen Theorie des Föderalismus, wie Präferenzorientierung, Internalisierung von externen Effekten und Ausnutzung von Skalenerträgen, sollen zwar einerseits bei der Entscheidung über die Kompetenzausübung stärker berücksichtigt werden, sie selbst können jedoch nicht starr und allgemeingültig quantifiziert werden. Ein weiterer Vorteil gegenüber starren Kompetenzverteilungen liegt in dem vertikalen „Kompetenzwettbewerb" zwischen der Gemeinschaft und den Mitgliedstaaten. Der Wettbewerb um die ausreichende bzw. bessere Zielerreichung kann neues Wissen schaffen und Innovationen fördern.

Viertens wurde mit diesem Vorschlag zur Verbesserung des Verfahrens der Kompetenzausübung das Entscheidungsproblem gemäß des von Buchanan und Tullock geprägten Prinzips der institutionellen Effizienz von der Ergebnis- auf die Verfahrensebene übertragen. Es wird die These aufgestellt, dass es auch im Verfassungskonvent, der im Zuge dieser Analyse seine Arbeit aufgenommen hat, leichter sein wird, sich einstimmig auf Verfahren und Regeln der Kompetenzausübung zu einigen, als auf eine starre Kompetenzverteilung wie z.B. im Rahmen eines Kompetenzkataloges. Erarbeitet der Konvent gemäß seines Auftrages mehrere Optionen oder Empfehlungen, dann wäre der hier erarbeitete Vorschlag im Konvent einfacher durchsetzbar. Erfolgt eine einstimmige Verabschiedung des Verfahrens, dann wären die Ergebnisse dieses Verfahrens institutionell legitimiert.

Allerdings können nicht alle in der aktuellen Debatte um eine verbesserte Kompetenzabgrenzung aufgezeigten bzw. proklamierten Defizite und Probleme mit dem hier entwickelten Vorschlag behoben werden. Während sich ein Teil der geäußerten Kritik an der bestehenden Kompetenzordnung nicht nachvollziehen lässt, scheint es, dass diverse andere politische Fragen und Probleme mit der Kompetenzdebatte verknüpft werden, die jedoch auf anderem Wege und nicht über eine neue Kompetenzordnung gelöst werden müssen bzw. können.

So wird z.B. das Argument eines durch die EU verschuldeten nationalen Souveränitäts- und Kompetenzverlustes in der aktuellen Debatte überbewertet. Aufgrund der Globalisierung, der zunehmenden Verflechtung der Mitgliedstaaten, der Vollendung des Binnenmarktes und der Europäischen Wirtschafts- und Währungsunion werden zunehmend gemeinsame Lösungen benötigt, die auch eine Verlagerung von Kompetenzen auf die EU-Ebene und eine Ausübung von Kompetenzen durch die Gemeinschaft erforderlich machen. Es ist außerdem zu berücksichtigen, dass die Mitgliedstaaten im Rahmen der Globalisierung auch ohne die EU an autonomer Gestaltungsfreiheit verlieren. Internationale Interdependenzen nehmen in allen Bereichen zu.

Zudem müssen innerstaatliche Probleme, die durch die Europäische Integration hervorgerufen werden, auch innerstaatlich geklärt werden. So sollte gerade in Deutschland nicht versucht werden, mögliche Mängel in der Kompetenzverteilung zwischen Bund und Ländern über den Umweg über Europa zu lösen. Es scheint, dass insbesondere einige Vertreter aus den Ländern, die sich mit der Betonung auf Bürgernähe und Akzeptanz der Europapolitik in der Bevölkerung vehement für eine bessere Kompetenzabgrenzung in der EU einsetzen, eher am eigenen Kompetenzerhalt interessiert sind als an einer wirklich objektiven und für alle Mitgliedstaaten förderlichen Arbeitsteilung.

Da die Frage der Kompetenzabgrenzung nur einen Ausschnitt aus einer umfassenden Debatte über die Zukunft der Europäischen Union darstellt, gibt es noch zahlreiche andere Ansatzpunkte für Reformen zur Erhöhung von Bürgernähe, Akzeptanz und Legitimität von Entscheidungen, wie z.B. durch eine neue Aufgabenausrichtung der Institutionen oder die Rolle einer identitätsstiftenden Verfassung.

Die in dieser Arbeit dargestellte und analysierte Debatte um die Kompetenzabgrenzung in der EU ist in gutes Beispiel für das Zusammenwirken von Ökonomie, Rechtswissenschaft und Politik. Während die Ökonomie in erster Linie Tendenzen für eine effiziente bzw. sinnvolle Verteilung von Kompetenzen auf die Zentrale oder Dezentrale aufzeigen kann, ist es die Rechtswissenschaft, die unter Beachtung dieser Tendenzen klare Regeln und Normen formulieren muss. Die endgültige Entscheidung über die zukünftige Kompetenzordnung wird jedoch weder von der Ökonomie noch von der Rechtswissenschaft, sondern von der Politik getroffen.

V. Anlagen

Anlage 1

Vertrag von Nizza
Auszug:

23. Erklärung zur Zukunft der Union

1. In Nizza wurden umfangreiche Reformen beschlossen. Die Konferenz begrüßt den erfolgreichen Abschluss der Konferenz der Vertreter der Regierungen der Mitgliedstaaten und appelliert an die Mitgliedstaaten, auf eine baldige Ratifikation des Vertrags von Nizza hinzuwirken.

2. Die Konferenz ist sich darin einig, dass mit dem Abschluss der Konferenz der Vertreter der Regierungen der Mitgliedstaaten der Weg für die Erweiterung der Europäischen Union geebnet worden ist, und betont, dass die Europäische Union mit der Ratifikation des Vertrags von Nizza die für den Beitritt neuer Mitgliedstaaten erforderlichen institutionellen Änderungen abgeschlossen haben wird.

3. Nachdem die Konferenz somit den Weg für die Erweiterung geebnet hat, wünscht sie die Aufnahme einer eingehenderen und breiter angelegten Diskussion über die Zukunft der Europäischen Union. Im Jahr 2001 werden der schwedische und der belgische Vorsitz in Zusammenarbeit mit der Kommission und unter Teilnahme des Europäischen Parlaments eine umfassende Debatte fördern, an der alle interessierten Seiten beteiligt sind: Vertreter der nationalen Parlamente und der Öffentlichkeit insgesamt, das heißt Vertreter aus Politik, Wirtschaft und dem Hochschulbereich, Vertreter der Zivilgesellschaft usw. Die Bewerberstaaten werden nach noch festzulegenden Einzelheiten in diesen Prozess einbezogen.

4. Im Anschluss an den Bericht für seine Tagung in Göteborg im Juni 2001 wird der Europäische Rat auf seiner Tagung in Laeken/Brüssel im Dezember 2001 eine Erklärung annehmen, in der geeignete Initiativen für die Fortsetzung dieses Prozesses enthalten sein werden.

5. Im Rahmen dieses Prozesses sollten unter anderem folgende Fragen behandelt werden:
   - Die Frage, wie eine genauere, dem Subsidiaritätsprinzip entsprechende Abgrenzung der Zuständigkeiten zwischen der Europäischen Union und den Mitgliedstaaten hergestellt und danach aufrechterhalten werden kann;
   - der Status der in Nizza verkündeten Charta der Grundrechte der Europäischen Union gemäß den Schlussfolgerungen des Europäischen Rates von Köln;

- eine Vereinfachung der Verträge, mit dem Ziel, diese klarer und verständlicher zu machen, ohne sie inhaltlich zu ändern;
- die Rolle der nationalen Parlamente in der Architektur Europas.

6. Durch diese Themenstellung erkennt die Konferenz an, dass die demokratische Legitimation und die Transparenz der Union und ihrer Organe verbessert und dauerhaft gesichert werden müssen, um diese den Bürgern der Mitgliedstaaten näher zu bringen.

7. Die Konferenz kommt überein, dass nach diesen Vorarbeiten 2004 erneut eine Konferenz der Vertreter der Regierungen der Mitgliedstaaten einberufen wird, die die vorstehend genannten Fragen im Hinblick auf die entsprechenden Vertragsänderungen behandelt.

8. Die Konferenz der Vertreter der Regierungen der Mitgliedstaaten wird keinesfalls ein Hindernis oder eine Vorbedingung für den Erweiterungsprozess darstellen. Außerdem werden diejenigen Bewerberstaaten, die ihre Beitrittsverhandlungen mit der Union dann abgeschlossen haben, zur Teilnahme an der Konferenz eingeladen. Bewerberstaaten, die ihre Beitrittsverhandlungen noch nicht abgeschlossen haben, werden zur Teilnahme als Beobachter eingeladen.

Quelle: Bundesgesetzblatt, Jahrgang 2001, Teil II, Nr. 40 vom 28.12.2001, S. 1700

Anlage 2

Protokolle zum Vertrag zur Gründung der Europäischen Gemeinschaft

Protokoll über die Anwendung der Grundsätze der Subsidiarität und der Verhältnismäßigkeit

DIE HOHEN VERTRAGSPARTEIEN –

ENTSCHLOSSEN, die Bedingungen für die Anwendung der in Artikel 5 des Vertrags zur Gründung der Europäischen Gemeinschaft verankerten Grundsätze der Subsidiarität und der Verhältnismäßigkeit festzulegen, um die Kriterien für ihre Anwendung zu präzisieren, und die strikte Beachtung und kohärente Anwendung dieser Grundsätze durch alle Organe zu gewährleisten,

IN DEM WUNSCH sicherzustellen, dass Entscheidungen in der Union so bürgernah wie möglich getroffen werden,

IN ANBETRACHT der Interinstitutionellen Vereinbarung vom 25. Oktober 1993 zwischen dem Europäischen Parlament, dem Rat und der Kommission über die Verfahren zur Anwendung des Subsidiaritätsprinzips,

HABEN BEKRÄFTIGT, dass die Schlussfolgerungen des Europäischen Rates von Birmingham vom 16. Oktober 1992 und das vom Europäischen Rat auf seiner Tagung am 11.-12. Dezember 1992 in Edinburgh vereinbarte Gesamtkonzept für die Anwendung des Subsidiaritätsprinzips weiterhin die Richtschnur für das Handeln der Gemeinschaftsorgane sowie für die Weiterentwicklung der Anwendung des Subsidiaritätsprinzips bilden werden –

SIND zu diesen Zweck über folgende Bestimmungen ÜBEREINGEKOMMEN, die dem Vertrag zur Gründung der Europäischen Gemeinschaft beigefügt sind:

1. Jedes Organ gewährleistet bei der Ausübung seiner Befugnisse die Einhaltung des Subsidiaritätsprinzips. Jedes Organ gewährleistet ferner die Beachtung des Verhältnismässigkeitsgrundsatzes, demzufolge die Maßnahmen der Gemeinschaft nicht über das für die Erreichung der Ziele des Vertrags erforderliche Maß hinausgehen dürfen.

2. Die Grundsätze der Subsidiarität und der Verhältnismäßigkeit werden unter Beachtung der allgemeinen Bestimmungen und der Ziele des Vertrags angewandt, insbesondere unter voller Wahrung des gemeinschaftlichen Besitzstandes und des institutionellen Gleichgewichts; dabei werden die vom Gerichtshof aufgestellten Grundsätze für das Verhältnis zwischen einzelstaatlichem Recht und Gemeinschaftsrecht nicht berührt, und Artikel 6 Absatz 4 des Vertrages über die Europäische Union, wonach sich die Union mit den Mitteln

ausstattet, „die zum Erreichen ihrer Ziele und zur Durchführung ihrer Politiken erforderlich sind", sollte Rechnung getragen werden.

3. Das Subsidiaritätsprinzip stellt nicht die Befugnisse in Frage, über die die Europäische Gemeinschaft aufgrund des Vertrags entsprechend der Auslegung des Gerichtshofs verfügt. Die in Artikel 5 Absatz 2 des Vertrags genannten Kriterien gelten für Bereiche, für die die Gemeinschaft nicht die ausschließliche Zuständigkeit besitzt. Das Subsidiaritätsprinzip ist eine Richtschnur dafür, wie diese Befugnisse auf Gemeinschaftsebene auszuüben sind. Die Subsidiarität ist ein dynamisches Konzept und sollte unter Berücksichtigung der im Vertrag festgelegten Ziele angewendet werden. Nach dem Subsidiaritätsprinzip kann die Tätigkeit der Gemeinschaft im Rahmen ihrer Befugnisse sowohl erweitert werden, wenn die Umstände dies erfordern, als auch eingeschränkt oder eingestellt werden, wenn sie nicht mehr gerechtfertigt ist.

4. Jeder Vorschlag für gemeinschaftliche Rechtsvorschriften wird begründet, um zu rechtfertigen, dass dabei die Grundsätze der Subsidiarität und der Verhältnismäßigkeit eingehalten werden; die Feststellung, dass ein Gemeinschaftsziel besser auf Gemeinschaftsebene erreicht werden kann, muss auf qualitativen oder – soweit möglich – auf quantitativen Kriterien beruhen.

5. Maßnahmen der Gemeinschaft sind nur gerechtfertigt, wenn beide Bedingungen des Subsidiaritätsprinzips erfüllt sind: Die Ziele der in Betracht gezogenen Maßnahmen können nicht ausreichend durch Maßnahmen der Mitgliedstaaten im Rahmen ihrer Verfassungsordnung erreicht werden und können daher besser durch Maßnahmen der Gemeinschaft erreicht werden.

   Folgende Leitlinien sollten bei der Prüfung der Frage, ob die genannte Voraussetzung erfüllt ist, befolgt werden:

   - Der betreffende Bereich weist transnationale Aspekte auf, die durch Maßnahmen der Mitgliedstaaten nicht ausreichend geregelt werden können,

   - alleinige Maßnahmen der Mitgliedstaaten oder das Fehlen von Gemeinschaftsmaßnahmen würden gegen die Anforderungen des Vertrags (beispielsweise Erfordernis der Korrektur von Wettbewerbsverzerrungen, der Vermeidung verschleierter Handelsbeschränkungen oder der Stärkung des wirtschaftlichen oder sozialen Zusammenhalts) verstoßen oder auf sonstige Weise die Interessen der Mitgliedstaaten erheblich beeinträchtigen,

   - Maßnahmen auf Gemeinschaftsebene würden wegen ihres Umfangs oder ihrer Wirkungen im Vergleich zu Maßnahmen auf der Ebene der Mitgliedstaaten deutliche Vorteile mit sich bringen.

6. Für Maßnahmen der Gemeinschaft ist eine möglichst einfache Form zu wählen, wobei darauf geachtet werden muss, dass das Ziel der Maßnahme in zufriedenstellender Weise erreicht wird und die Maßnahme tatsächlich zur Anwendung gelangt. Die Rechtsetzungstätigkeit der Gemeinschaft sollte über das erforderliche Maß nicht hinausgehen. Dementsprechend wäre unter sonst

gleichen Gegebenheiten eine Richtlinie einer Verordnung und eine Rahmenrichtlinie einer detaillierten Maßnahme vorzuziehen. Richtlinien nach Maßgabe des Artikels 249 des Vertrags, die für jeden Mitgliedstaat, an den sie gerichtet sind, hinsichtlich des zu erreichenden Ziels verbindlich sind, überlassen den innerstaatlichen Stellen die Wahl der Form und der Mittel.

7. Was Art und Umfang des Handelns der Gemeinschaft betrifft, so sollte bei Maßnahmen der Gemeinschaft so viel Raum für nationale Entscheidungen bleiben, wie dies im Einklang mit dem Ziel der Maßnahme und den Anforderungen des Vertrags möglich ist. Unter Einhaltung der gemeinschaftlichen Rechtsvorschriften sollten bewährte nationale Regelungen sowie Struktur und Funktionsweise der Rechtssysteme der Mitgliedstaaten geachtet werden. Den Mitgliedstaaten sollten in den Gemeinschaftsmaßnahmen Alternativen zur Erreichung der Ziele der Maßnahmen angeboten werden, sofern dies für eine ordnungsgemäße Durchführung der Maßnahmen angemessen und erforderlich ist.

8. Führt die Anwendung des Subsidiaritätsprinzips dazu, dass ein Tätigwerden der Gemeinschaft unterbleibt, so müssen die Mitgliedstaaten bei ihren Tätigkeiten den allgemeinen Vorschriften des Artikels 10 des Vertrags genügen, indem sie alle geeigneten Maßnahmen zur Erfüllung ihrer Verpflichtungen aus dem Vertrag treffen und alle Maßnahmen, welche die Verwirklichung der Ziele des Vertrags gefährden könnten, unterlassen.

9. Unbeschadet ihres Initiativrechts sollte die Kommission

- vor der Unterbreitung von Vorschlägen für Rechtsvorschriften außer im Falle besonderer Dringlichkeit oder Vertraulichkeit umfassende Anhörungen durchführen und in jedem geeigneten Fall Konsultationsunterlagen veröffentlichen;

- die Sachdienlichkeit ihrer Vorschläge unter dem Aspekt des Subsidiaritätsprinzips begründen; hierzu sind erforderlichenfalls in der Begründung des Vorschlags ausführliche Angaben zu machen. Wird eine Gemeinschaftsmaßnahme ganz oder teilweise aus dem Gemeinschaftshaushalt finanziert, so ist eine Erläuterung erforderlich;

- gebührend berücksichtigen, dass die finanzielle Belastung und der Verwaltungsaufwand der Gemeinschaft, der Regierungen der Mitgliedstaaten, der örtlichen Behörden, der Wirtschaft und der Bürger so gering wie möglich gehalten werden und in einem angemessenen Verhältnis zu dem angestrebten Ziel stehen müssen;

- dem Europäischen Rat, dem Europäischen Parlament und dem Rat jährlich einen Bericht über die Anwendung des Artikels 5 des Vertrags vorlegen. Dieser Jahresbericht ist auch dem Ausschuss der Regionen und dem Wirtschafts- und Sozialausschuss zuzuleiten.

10. Der Europäische Rat berücksichtigt den Bericht der Kommission nach Nummer 9 vierter Gedankenstrich im Rahmen des Berichts über die Fortschritte

der Union, den er gemäß Artikel 4 des Vertrags über die Europäische Union dem Europäischen Parlament vorzulegen hat.

11. Das Europäische Parlament und der Rat prüfen unter strikter Einhaltung der geltenden Verfahren als Teil der umfassenden Prüfung der Kommissionsvorschläge, ob diese mit Artikel 5 des Vertrags im Einklang stehen. Dies gilt sowohl für den ursprünglichen Vorschlag der Kommission als auch für vom Europäischen Parlament und vom Rat in Betracht gezogene Änderungen an dem Vorschlag.

12. Das Europäische Parlament wird im Rahmen der Anwendung der Verfahren nach den Artikeln 251 und 252 des Vertrags durch die Angabe der Gründe, die den Rat zur Festlegung seines gemeinsamen Standpunkts veranlasst haben, über die Auffassung des Rates hinsichtlich der Anwendung des Artikels 5 des Vertrags unterrichtet. Der Rat teilt dem Europäischen Parlament mit, weshalb seiner Auffassung nach ein Kommissionsvorschlag ganz oder teilweise im Widerspruch zu Artikel 5 des Vertrags steht.

13. Die Einhaltung des Subsidiaritätsprinzips wird gemäß den Bestimmungen des Vertrags geprüft.

Anlage 3

Prüfraster

für die Subsidiaritäts- und Verhältnismäßigkeitsprüfung durch die Bundesressorts (Fassung vom 07. Juli 1999)

Vorschläge der Europäischen Kommission für Maßnahmen – sowohl für Rechtsakte (Richtlinien, Verordnungen, Entscheidungen, Empfehlungen) als auch für Förder- und Aktionsprogramme – der Europäischen Gemeinschaft sind unter den Gesichtspunkten der Subsidiarität und der Verhältnismäßigkeit (Art. 5 Abs. 2 und 3 – ex Art. 3b – EG-Vertrag) gemäß dem „Subsidiaritätsprotokoll" zum Vertrag über die Europäische Union anhand der folgenden Prüffragen zu prüfen:

I. Vorfragen:

1. Besteht für die in Betracht gezogene Maßnahme eine Kompetenz im EG-Vertrag?
2. Steht die in Betracht gezogene Maßnahme im Einklang mit den Zielen des EG-Vertrages?
3. Ist die Kompetenz der Gemeinschaft für die in Betracht gezogene Maßnahme eine ausschließliche oder eine nicht-ausschließliche?
4. Hat die Kommission vor der Vorlage des Vorschlags umfassende Anhörungen durchgeführt und in geeigneten Fällen Konsultationsunterlagen veröffentlicht?

II. Subsidiarität

Nur bei Bestehen einer nicht-ausschließlichen Gemeinschaftskompetenz ist zu prüfen:

1. Können die Ziele der in Betracht gezogenen Maßnahme ausreichend auf Ebene der Mitgliedstaaten – in Deutschland: Bund, Länder, Gemeinden – verwirklicht werden?
   - Welche Maßnahmen haben die Mitgliedstaaten bereits zur Erreichung des Ziels der Maßnahme auf ihrer Ebene getroffen?
   - Weist der betreffende Bereich transnationale Aspekte auf, die durch Maßnahmen der Mitgliedstaaten nicht ausreichend geregelt werden können?
   - Können evtl. Probleme einzelner Mitgliedstaaten durch gezielte Hilfen aus bestehenden Programmen behoben werden?
   - Können die Ziele der in Betracht gezogenen Maßnahme durch Zusammenarbeit zwischen einzelnen Mitgliedstaaten ausreichend verwirklicht werden?
   - Würden alleinige Maßnahmen der Mitgliedstaaten oder das Fehlen von Gemeinschaftsmaßnahmen gegen die Anforderungen des Vertrages (z.B. Erfordernis der Korrektur von Wettbe-

werbsverzerrungen, der Vermeidung verschleierter Handelsbeschränkungen oder der Stärkung des wirtschaftlichen und sozialen Zusammenhalts) verstoßen oder auf sonstige Weise die Interessen der Mitgliedstaaten erheblich beeinträchtigen (z.B. ständige Anwendung von Vorbehaltsklauseln wie z.B. Art. 30, Art. 39 Abs. 3, Art. 46 und Art. 55 in Vbdg. mit Art. 46 EG-Vertrag)?
- Werden der gemeinschaftliche Besitzstand und das institutionelle Gleichgewicht durch Maßnahmen auf Ebene der Mitgliedstaaten gewahrt?

2. Sofern Maßnahmen der Mitgliedstaaten nicht ausreichen:

Können die Ziele der in Betracht gezogenen Maßnahme wegen ihres Umfangs oder ihrer Wirkungen besser auf Gemeinschaftsebene verwirklicht werden?

- Bringen Maßnahmen auf Gemeinschaftsebene wegen ihres Umfangs oder ihrer Wirkungen im Vergleich zu Maßnahmen auf der Ebene der Mitgliedstaaten deutliche Vorteile mit sich?
- Auf welchen qualitativen oder quantitativen Kriterien beruht die Feststellung der EG-Kommission, dass ein Gemeinschaftsziel besser auf Gemeinschaftsebene erreicht werden kann?

III. Verhältnismäßigkeit

Bei ausschließlicher und bei nicht-ausschließlicher Gemeinschaftskompetenz ist zu prüfen:

1. Hält sich die in Betracht gezogene Maßnahme im Rahmen des für die Erreichung der Ziele des Vertrages erforderlichen Maßes?

a) Ist die Maßnahme im Hinblick auf die Ziele des Vertrages geeignet, erforderlich und angemessen (geringster Eingriff)?
b) Erfordert die in Betracht gezogene Maßnahme einen Rechtsakt oder können die Ziele der in Betracht gezogenen Maßnahme durch Alternativen verwirklicht werden (z.B. freiwillige Vereinbarungen, Maßnahmen der Sozialpartner)?
c) Ist für die in Betracht gezogene Maßnahme diejenige Rechtsform vorgesehen, die die Mitgliedstaaten unter Berücksichtigung der Eignung der Maßnahme am wenigsten einengt (bei Rechtsharmonisierung in der Regel Richtlinien)?
d) Lassen Regelungsumfang und Regelungsdichte der in Betracht gezogenen Maßnahme ausreichend Raum für nationale Entscheidungen?
e) Nimmt die in Betracht gezogene Maßnahme auf die besonderen Verhältnisse in den einzelnen Mitgliedstaaten (z.B. bewährte nationale Regelungen sowie Struktur und Funktionsweise ihres Rechtssystems) Rücksicht?
f) Sind die finanzielle Belastung und der Verwaltungsaufwand für Gemeinschaft, Mitgliedstaaten, Wirtschaft und Bürger so gering wie möglich und stehen sie in einem angemessenen Verhältnis zum angestrebten Ziel?

2. Sollte die Geltungsdauer der in Betracht gezogenen Maßnahme beschränkt werden?

IV. Bei Finanzierung aus dem Gemeinschaftshaushalt:

Besteht eine besondere Rechtfertigung für die teilweise oder gänzliche Übernahme der Finanzierung durch die Gemeinschaft?

V. Durchführung

1. Ist die Übertragung der legislativen Durchführung auf die Europäische Kommission (Komitologieverfahren) statt auf die Mitgliedstaaten notwendig?
2. Ist die Übertragung der verwaltungsmäßigen Durchführung auf die Kommission statt auf die Mitgliedstaaten – falls ausnahmsweise vorgesehen (z.B. bei Förder – und Aktionsprogrammen) – notwendig?

VI. Begründung:

1. Hat die Kommission die Sachdienlichkeit ihres Vorschlags in der Begründung unter dem Aspekt des Subsidiaritätsprinzips hinreichend substantiiert dargelegt? Hat sie darin ggf. die Gründe für die Finanzierung aus dem Gemeinschaftshaushalt erläutert?
2. Sind die Erwägungsgründe ausreichend substantiiert?

VI. Literaturverzeichnis

Alen, A. (1992): Treatise on Belgian Constitutional Law, Deventer: Kluwer Law and Taxation Publ.

Apolte, T. (1999): Die ökonomische Konstitution eines föderalen Systems - Dezentrale Wirtschaftspolitik zwischen Kooperation und institutionellem Wettbewerb, Tübingen: Mohr Siebeck

Apolte, T. (1997): Secession Clauses: A Tool for the Taming of an Arising Leviathan in Brussels?, in: Constitutional Political Economy, Nr. 8, S. 57-70

Apolte, T. (1996): Vertikale Kompetenzverteilung in der Union, in: Streit, M., Voigt, S. (1996): Europa reformieren - Ökonomen und Juristen zur zukünftigen Verfasstheit Europas, Baden-Baden: Nomos, S. 13-29

Apolte, T. (1995): Die Theorie der Clubgüter, in: WiSt, Heft 12, S. 610-616

Aufderheide, D. (2000): Nicht allokative, sondern institutionelle Effizienz als Ziel der Rechtsetzung: Die ökonomische Theorie des Rechts nach Ronald H. Coase, in: Pies, I., Leschke, M. (Hrsg.)(2000): Ronald Coase' Transaktionskostenansatz, Tübingen: Mohr Siebeck

Aufderheide, D. (1994): Vertragstheoretische Ansätze zur Politikberatung und der systematische Stellenwert potentieller Regelverlierer, in: Leschke, M.: Probleme der deutschen und europäischen Integration, Münster: Lit, S. 41-69

Ausschuss der Regionen (2001): Entschliessung des Ausschusses der Regionen zum „Ergebnis der Regierungskonferenz 2000 und zur Diskussion über die Zukunft der Europäischen Union, in: Amtsblatt der Europäischen Gemeinschaften, C 253, 12.09.2001

Axt, H.-J. (2000): Solidarität und Wettbewerb – die Reform der EU-Strukturpolitik, Gütersloh: Verlag Bertelsmann

Backhaus, J. (1998): Das Subsidiaritätsprinzip als Baustein einer entstehenden europäischen Verfassung, in: Europäische Integration als ordnungspolitische Gestaltungsaufgabe, Schriften des Vereins für Socialpolitik, N.F. 260, Berlin, S. 79-93

Berglas, E. (1984): Quantities, Qualities and Multiple Public Services in the Tiebout-Model, in: Journal of Public Economics, 25, S. 299-321

Berliner Senatskanzlei (1999): Verbesserte Kompetenzabgrenzung zwischen der Europäischen Gemeinschaft und den Mitgliedstaaten - Entwurf eines Kompetenzkataloges, Berlin, den 21.01.1999

Berliner Zeitung (2000b): Union fordert: Zuständigkeiten in der EU klären, 06.06.2000

Berliner Zeitung (2000a): Bundesregierung plant Initiative für schnellere Integration in der EU, 11.05.2000

Bewley, T.F. (1981): A Critique of Tiebout's Theory of Local Public Expenditures, in: Econometrica, Vol. 49, S. 713-740

Bieber, R. (1991): Verfassungsentwicklung und Verfassungsgebung in der Europäischen Gemeinschaft, in: Wildenmann, R. (Hrsg.)(1991): Staatswerdung Europas?, Baden-Baden: Nomos, S. 393-413

Biedenkopf, K. (2000): Europa vor dem Gipfel in Nizza - Europäische Perspektiven, Aufgaben und Herausforderungen, Vortrag an der Humboldt-Universität zu Berlin am 04.12.2000, http://www.rewi.hu-berlin.de/WHI/deutsch/fce/fce1000/biedenkopf.htm vom 02.03.2001

Biehl, D. (Hrsg.)(1994): Föderale Union – Zukunft Europas?, München: Beck

Biskup, R. (Hrsg.)(1998): Dimensionen Europas, Stuttgart: Haupt

Blair, T. (2000): Europe's Political Future, Speech by the Prime Minister, Tony Blair, to the polish stock exchange, Warsaw, 06. Oktober 2000, http://www.fco.gov.uk vom 02.03.01, deutsche Übersetzung: Blair, T. (2000): Europas politische Zukunft, Rede am 06. Oktober 2000 in der Polnischen Börse Warschau, http://www.europa-digital.de/aktuell/dossier/reden/blair.shtml vom 10.07.01

Blankart, C.B. (1996): Braucht Europa mehr zentralstaatliche Koordination?, Einige Bemerkungen zu Hans-Werner Sinn, in: Wirtschaftsdienst, Heft 2, S. 87-91

Blanke, H.-J. (1995): Normativer Gehalt und Justitiabilität des Subsidiaritätsprinzips nach Art. 3b EGV, in: Hrbek, R. (1995): Das Subsidiaritätsprinzip in der EU, Baden-Baden: Nomos, S. 95-118

Boeck, I. (2000): Die Abgrenzung der Rechtskompetenzen von Gemeinschaft und Mitgliedstaaten in der Europäischen Union, Baden-Baden: Nomos

Bohnet-Joschko, S. (1996): Leviathan Europa? Föderalistische und institutionelle Aspekte der Staatswerdung Europas, Marburg: Metropolis

Borkenhagen, F.H.U. u.a. (1999): Arbeitsteilung in der Europäischen Union – die Rolle der Regionen, Gütersloh: Verlag Bertelsmann

Borries, R.v. (2001): Rechtsetzung in der Europäischen Gemeinschaft: Der Jahresbericht 2000 der Europäischen Kommission, in: ZG 1/2001, S. 79-85

Borries, R.v. (1994): Das Subsidiaritätsprinzip im Recht der Europäischen Union, in: EuR, Heft 3, S.263-300

Brennan, G., Buchanan, J.M. (1993): Die Begründung von Regeln: konstitutionelle politische Ökonomie, Tübingen: Mohr Siebeck

Brennan, G., Buchanan, J.M. (1988): Besteuerung und Staatsgewalt, übersetzt von Cay Folkers, Hamburg: Steuer- und Wirtschaftsverlag

Brennan, G., Buchanan, J.M. (1980): The Power to Tax, Cambridge: Cambridge University Press

Brennan, G., Buchanan, J.M. (1978): Tax instruments as constraints on the disposition of public revenues, in: Journal of Public Economics, 9, S. 301 ff.

Brennan, G., Buchanan, J.M. (1977): Towards a Tax Constitution for Leviathan, in: Journal of Public Economics, 8, S. 255-273

Breton, A. (1987): Towards a Theory of Competitive Federalism, in: European Journal of Political Economy, Special Issue, Vol. 3, No. 1+2, S. 263-329

Breton, A. (1965): A Theory of Government Grants, in: The Canadian Journal of Economics, Vol. XXXI (February to November), S. 173-187

Breton, A., Scott, A. (1978): The Economic Constitution of Federal States, Canberra: Australian National University Press

Bross, S. (2000): Das Bundesverfassungsgericht weigert sich, den Rammbock gegen Europa zu spielen, in: Focus vom 27.11.2000, S. 66

Brümmerhoff, D. (1992): Finanzwissenschaft, 6. Auflage, München: Oldenbourg

Buchanan, J.M. (1987): Constitutional Economics, in: Palgrave, R. :The New Palgrave, Band 1, London: Macmillan, S. 585-588

Buchanan, J.M. (1974/1977): Wer sollte was in einem föderativen Staat verteilen?, in: Kirsch, G. (Hrsg.): Föderalismus, Stuttgart: Fischer, S. 51-65

Buchanan, J.M. (1974). Who should distribute what in a Federal System?, in: Hochman, H.M., Peterson, G.E. (Hrsg.): Redistribution through Public Choice, New York, S. 22-41

Buchanan, J.M. (1965): An Economic Theory of Clubs, in: Economica, Vol. XXXII, February, S. 1-14

Buchanan, J.M., Goetz, C.J. (1972): Efficiency Limits of Fiscal Mobility: An Assessment of the Tiebout Model, in: Journal of Public Economics, 1, S. 25-43

Buchanan, J.M., Monissen, B. (1998): The Economists´ Vision, Essays in Modern Economic Perspectives, Frankfurt am Main: Campus

Buchanan, J.M., Tullock, G. (1962): The Calculus of Consent, Ann Arbor: The University of Michigan Press

Bundesgesetzblatt (2001): Vertrag von Nizza, darin: 23. Erklärung zur Zukunft der Union, Jahrgang 2001, Teil II, Nr. 40 vom 28.12.2001, S. 1700

Bundesrat (2001e): Entschließung des Bundesrates zur Kompetenzabgrenzung im Rahmen der Reformdiskussion zur Zukunft der Europäischen Union, Beschluss des Bundesrates, BR-Drucksache 1081/01 (Beschluss) vom 20.12.2001

Bundesrat (2001d): Bericht über die Anwendung des Subsidiaritätsprinzips im Jahr 2000 („Subsidiaritätsbericht 2000"), Beschluss des Bundesrates, BR-Drucksache 776/01 (Beschluss) vom 09.11.2001

Bundesrat (2001c): Bericht über die Anwendung des Subsidiaritätsprinzips im Jahr 2000 („Subsidiaritätsbericht 2000"), Unterrichtung durch die Bundesregierung, BR-Drucksache 776/01 vom 04.10.01

Bundesrat (2001b): Entschließung des Bundesrates zu den Verfahrensaspekten der „Erklärung zur Zukunft der Europäischen Union", Beschluss des Bundesrates, BR-Drucksache 544/01 (Beschluss) vom 13.07.2001

Bundesrat (2001a): Bericht der Kommission der Europäischen Gemeinschaften an den Europäischen Rat: Eine bessere Rechtsetzung 2000, Beschluss des Bundesrates, BR-Drucksache 837/00 (Beschluss) vom 16.02.2001

Bundesrat (2000e): Fragen an die Bundesregierung im Zusammenhang mit dem Europäischen Rat von Nizza, BR-Drucksache 804/00 vom 05.12.00

Bundesrat (2000d): Bericht über die Anwendung des Subsidiaritätsprinzips im Jahr 1999 („Subsidiaritätsbericht 1999"), Beschluss des Bundesrates, BR-Drucksache 508/00 (Beschluss) vom 01.12.2000

Bundesrat (2000c): Entschließung des Bundesrates zu institutionellen Reformen und der Weiterentwicklung der EU, Beschluss des Bundesrates, BR-Drucksache 680/00 (Beschluss)vom 10.11.2000

Bundesrat (2000b): Bericht über die Anwendung des Subsidiaritätsprinzips im Jahr 1999 („Subsidiaritätsbericht 1999"), Unterrichtung durch die Bundesregierung, BR-Drucksache 508/00 vom 18.08.2000

Bundesrat (2000a): Entschließung des Bundesrates zur Eröffnung der Regierungskonferenz zu institutionellen Fragen, Beschluss des Bundesrates, BR-Drucksache 61/00 (Beschluss) vom 04.02.2000

Bundesrat (1999d): Bericht der Kommission der Europäischen Gemeinschaften an den Europäischen Rat: Eine bessere Rechtsetzung 1999, Beschluss des Bundesrates, BR-Drucksache 721/99 (Beschluss) vom 07.04.2000

Bundesrat (1999c): Bericht über die Anwendung des Anwendung des Subsidiaritätsprinzips im Jahr 1998 („Subsidiaritätsbericht 1998"), Beschluss des Bundesrates, BR-Drucksache 442/99 (Beschluss) vom 26.11.1999

Bundesrat (1999b): Bericht über die Anwendung des Subsidiaritätsprinzips im Jahr 1998 („Subsidiaritätsbericht 1998"), Unterrichtung durch die Bundesregierung, BR-Drucksache 442/99 vom 11.08.1999

Bundesrat (1999a): Bericht der Kommission der Europäischen Gemeinschaften an den Europäischen Rat: Eine bessere Rechtsetzung: Gemeinsam Verantwortung übernehmen (1998), Beschluss des Bundesrates, BR-Drucksache 235/99 (Beschluss) vom 30.04.1999

Bundesrat (1998b): Bericht über die Anwendung des Subsidiaritätsprinzips im Jahr 1997 („Subsidiaritätsbericht 1997"), Beschluss des Bundesrates, BR-Drucksache 615/98 (Beschluss) vom 25.09.1998

Bundesrat (1998a): Bericht über die Anwendung des Subsidiaritätsprinzips im Jahr 1997 („Subsidiaritätsbericht 1997"), Unterrichtung durch die Bundesregierung, BR-Drucksache 615/98 vom 17.06.1998

Bundesrat (1997): Bericht über die Anwendung des Subsidiaritätsprinzips im Jahr 1996 („Subsidiaritätsbericht 1996"), Unterrichtung durch die Bundesregierung, BR-Drucksache 503/97 vom 01.07.1997

Bundesrat (1996): Bericht über die Anwendung des Subsidiaritätsprinzips im Jahre 1995 („Subsidiaritätsbericht 1995"), Unterrichtung durch die Bundesregierung, BR-Drucksache 579/96

Bundesrat (1995b): Entschließung des Bundesrates „Forderungen der Länder zur Regierungskonferenz 1996", Beschluss des Bundesrates, BR-Drucksache 667/95 (Beschluss) vom 15.12.1995

Bundesrat (1995a): Entschließung des Bundesrates zur Vorbereitung der Regierungskonferenz 1996, Beschluss des Bundesrates, BR-Drucksache 169/95 (Beschluss) vom 31.03.1995

Bundesrat (1993): Entwürfe für eine interinstitutionelle Vereinbarung zwischen dem Europäischen Parlament, dem Rat und der Kommission über die Verfahren zur Anwendung des Subsidiaritätsprinzips, Beschluss des Bundesrates, BR-Drucksache 767/93 (Beschluss) vom 08.12.1993

Bundesverband der Katholischen Arbeitnehmerbewegung Deutschlands (Hrsg.) (1989): Texte zur katholischen Soziallehre, 7. Auflage, darin: Acta Apostolicae Sedis, 23, 1931, S. 177 ff

Bungenberg, M. (2000): Dynamische Integration, Art. 208 und die Forderung nach dem Kompetenzkatalog, in: EuR, Heft 6, S. 879-900

Burmeister, J. (Hrsg.)(1997): Verfassungsstaatlichkeit: Festschrift für Klaus Stern zum 65. Geburtstag, München: Beck

Calliess, C. (1999b): Subsidiaritäts- und Solidaritätsprinzip in der Europäischen Union: Vorgaben für die Anwendung von Art. 5 (ex-Art. 3b) EGV nach dem Vertrag von Amsterdam, Baden-Baden: Nomos

Calliess, C. (1999a): EUV/EGV, Art. 5, in: Calliess, C., Ruffert, M. (Hrsg)(1999): Kommentar des Vertrages über die Europäische Union und des Vertrages zur Gründung der Europäischen Gemeinschaft: EUV/EGV, Neuwied: Luchterhand, S. 306-337

Calliess, C., Ruffert, M. (Hrsg.)(1999): Kommentar des Vertrages über die Europäische Union und des Vertrages zur Gründung der Europäischen Gemeinschaft: EUV/EGV, Neuwied: Luchterhand

Chirac, J. (2000): Rede am 27. Juni 2000 im Reichstag Berlin vor dem Deutschen Bundestag, http://www.europa-digital.de/aktuell/dossier/reden/chirac.html vom 05.06.01

Clement, W. (2001): Die Kompetenzordnung der EU nach Nizza, Vortrag an der Humboldt-Universität zu Berlin am 12. Februar 2001, http://www.rewi.hu-berlin.de/WHI/deutsch/fce/fce301/clement.htm vom 14.02.2001

Coase, R.H. (1960): The Problem of Social Cost, in: The Journal of Law and Economics, Vol. III, S. 1-44

Dänzer-Vanotti, W. (1992): Unzulässige Rechtsfortbildung des Europäischen Gerichtshofs, in: RIW, Heft 9, S. 733-742

Dehousse, R. (1994b): Community Competences: Are there Limits to Growth?, in: Dehousse, R. (Ed.)(1994): Europe after Maastricht - An ever closer Union?, München: Beck, S. 103-125

Dehousse, R. (Ed.)(1994a): Europe after Maastricht - An ever closer Union?, München: Beck

Dehousse, R. (1992): Integration v. Regulation? Social Regulation in the European Community, EUI Working Paper LAW No. 92/23, European University Institute, Florence

Delors, J. (2000): Die Europäische Avantgarde – Für eine neue Dynamik im Imtegrationsprozess, Rede vom 29. Juni 2000 bei der Friedrich-Ebert Stiftung, http://www.europa-digital.de/aktuell/ dossier/reden/delors.shtml vom 10.07.2001

Demsetz, H. (1969): Information and Efficiency: Another Viewpoint, in: The Journal of Law and Economics, Vol. XII (1), S. 1-22

Deutsche Gesellschaft für Auswärtige Politik (Hrsg.)(2001): Internationale Politik, Weichenstellungen für Europa, Februar 2001, Nr. 2, 56. Jhrg.

Deutscher Bundestag, Ausschuss für die Angelegenheiten der Europäischen Union (2002b): Der Europaausschuss und der Europäische Rat Laeken vom 14./15. Dezember 2001, Texte und Materialien, Band 33

Deutscher Bundestag, Ausschuss für die Angelegenheiten der Europäischen Union (2002a): Die Parteien und die Verfassungsdiskussion in der Europäischen Union, Texte und Materialien, Band 32

Deutscher Bundestag, Ausschuss für die Angelegenheiten der Europäischen Union (2001b): Beiträge zur Verfassungsdiskussion in der Europäischen Union, Texte und Materialien, Band 25

Deutscher Bundestag, Ausschuss für die Angelegenheiten der Europäischen Union (2001a): Zur Verfassungsdiskussion in der Europäischen Union, Öffentliche Anhörung vom 14. März 2001, Texte und Materialien, Band 22

Dichmann, W. (1994). Subsidiarität, in: ORDO, Bd. 45, S. 195-249

div. Autoren (1993): Making Sense of Subsidarity: How Much Centralisation for Europe?, Monitoring European Integration 4, CEPR Annual Report, 1993

Döring, T. (1996b): Das Subsidiaritätsprinzip in der Europäischen Union – Konkretisierungsversuche und offene Fragen in ökonomischer Sicht, in: ORDO, Bd. 47, S. 293-323

Döring, T. (1996a): Zum „angemessenen" Zentralisierungsgrad einer europäischen Regionalpolitik in ökonomischer Sicht, in: Postlep, R.-D. (Hrsg.): Aktuelle Fragen zum Föderalismus, Marburg: Metropolis, S. 99-139

Döring, T. (1994): Subsidiaritätsprinzip, in: WiSt, Heft 5, S. 243-246

Eidenmüller, H. (1998): Effizienz als Rechtsprinzip, Möglichkeiten und Grenzen der ökonomischen Analyse des Rechts, Tübingen: Mohr Siebeck

Endres, A. (1977): Die Coase-Kontroverse, in: Zeitschrift für die gesamte Staatswissenschaft, Nr. 133, S. 637-651

Epple, D., Zelenitz, A. (1981): The Implications of Competition among Jurisdictions: Does Tiebout need Politics?, in: Journal of Political Economy, 89, S. 1197-1217

Erlei, M., Leschke, M., Sauerland, D. (1999): Neue Institutionenökonomik, Stuttgart: Schäffer-Poeschl

EuGH (2000b): Urteil vom 05.10.2000, Rechtssache C-376/98, Bundesrepublik Deutschland ./. Europäisches Parlament und Rat der Europäischen Union. Richtlinie 98/43/EG – Werbung und Sponsoring zugunsten von Tabakerzeugnissen, in: Sammlung der Rechtsprechung 2000, S. I-08419

EuGH (2000a): Urteil vom 11.01.2000, Rechtssache C-285/98, Tanja Kreil gegen Bundesrepublik Deutschland, in: Sammlung der Rechtsprechung 2000, Seite I-00069

EuGH (1998b): Urteil vom 28.04.1998, Rechtssache C-120/95, Nicolas Decker gegen Caisses de maladie des employés privés, in: Sammlung der Rechtsprechung 1998, S. I-01831

EuGH (1998a): Urteil vom 28.04.1998, Rechtssache C-158/96, Raymond Kohll gegen Union des caisses de maladie, in: Sammlung der Rechtsprechung 1998, S. I-01931

EuGH (1997): Urteil vom 13.05.1997, Rechtssache C-233/94, Bundesrepublik Deutschland ./. Europäisches Parlament und Rat der Europäischen Union, Richtlinie über Einlagensicherungssysteme, in: Sammlung der Rechtsprechung 1997, S. I-02405

EuGH (1994): Urteil vom 09.08.1994, Rechtssache C-359/92, Bundesrepublik Deutschland ./. Rat der Europäischen Union. Nichtigkeitsklage – Richtlinie 92/59/EWG über die Allgemeine Produktsicherheit, in: Sammlung der Rechtsprechung 1994, S. I-03681

EuGH (1979): Urteil vom 20.02.1979, Rechtssache 120/78, Rewe Zentral AG (Cassis-de-Dijon) gegen Bundesrepublik Deutschland, in: Sammlung der Rechtsprechung 1979, S. 649

Europäisches Parlament (1990): Entschließung zum Grundsatz der Subsidiarität, Dokument A3-0267/90 vom 21. November 1990

European Constitutional Group (1993): A Proposal for a European Constitution

Everling, U. (1997): Subsidiaritätsprinzip und „ausschließliches" Gemeinschaftsrecht – ein „faux problème" der Verfassungsauslegung, in: Burmeister, J. (Hrsg.): Verfassungsstaatlichkeit: Festschrift für Klaus Stern zum 65. Geburtstag, München: Beck, S. 1227-1237

Everling, U. (1995): Kompetenzordnung und Subsidiarität, in: Weidenfeld, W. (Hrsg.)(1995): Reform der Europäischen Union: Materialien zur Revision des Maastrichter Vertrages 1996, Gütersloh: Verlag Bertelsmann, S. 166-176

Everling, U. (1991): Zur Aufteilung der Kompetenzen in einer föderal gegliederten Europäischen Union, in: Weidenfeld, W. (Hrsg.)(1991): Wie Europa verfasst sein soll, Gütersloh: Verlag Bertelsmann, S. 41-49

Fastenrath, U., Müller-Gerbes, M. (2000): Europarecht, Grundlagen und Schwerpunkte, Baden-Baden: Nomos

Feld, L.P. u.a.(1997): Institutioneller Wettbewerb in der Europäischen Union: Das Ende des Sozialstaates?, in: Knappe, E., Winkler, A. (1997): Sozialstaat im Umbruch- Herausforderungen an die deutsche Sozialpolitik, Frankfurt am Main: Campus, S. 17-46,

Feld, L.P., Kirchgässner, G. (1998): Fiskalischer Föderalismus, in: WiSt, Heft 2, S. 65-70

Feld, L.P., Kirchgässner, G. (1995): Fiskalischer Wettbewerb in der EU: Wird der Wohlfahrtsstaat zusammenbrechen?, in: Wirtschaftsdienst, X, S. 562-568

Fischer, J. (2000): Vom Staatenverbund zur Föderation – Gedanken über die Finalität der europäischen Integration, in: integration 3/2000, S. 149-156

Fischer, T., Schley, N. (1999): Europa föderal organisieren – Ein neues Kompetenz- und Vertragsgefüge für die Europäische Union, Bonn

Fischer, T., Schley, N. (1998): Europa föderal organisieren, Gütersloh: Verlag Bertelsmann

Forbes, K.F., Zampelli, E.M. (1989): Is Leviathan a Mythical Beast?, in: American Economic Review, 79, S. 568-577

Franzmeyer, F. (1989): Für Systemwettbewerb mit Augenmass, in: Wirtschaftsdienst 69, S. 374-377

Frey, B. (2001): Liliput oder Leviathan? Der Staat in der globalisierten Wirtschaft, Working Paper des Instituts für Empirische Wirtschaftsforschung, Universität Zürich, http://www.unizh.ch/iew/grp/frey

Frey, B.S., Eichenberger, R. (1996): To harmonize or to compete? That´s not the Question, in: Journal of Public Economics, 60, S. 335-349

Frey, B., Gygi, B. (1990): The Political Economy of International Organizations, in: Aussenwirtschaft, 45. Jhrg., Heft III, S. 371-194

Friedrich-Ebert-Stiftung (2000b): Europa: Eine Bundesrepublik mit begrenzten Kompetenzen? Die Europapolitik der SPD im internationalen Vergleich, Internationale Politik, Politikinfo, Bonn

Friedrich-Ebert-Stiftung (2000a): Die EU-Osterweiterung als Herausforderung, Zur institutionellen Reformbedürftigkeit und grundlegenden Rolle der Europäischen Union, Reihe Wirtschaftspolitische Diskurse, Nr. 142, Bonn

Friedrich, K. (1985): Bundesfinanzhof contra Europäischen Gerichtshof, in: RIW, Heft 10, S. 794-796

Gabriel, S. (2000): Niedersachsen - Eine starke Region für Europa, Regierungserklärung des Niedersächsischen Ministerpräsidenten am 21.06.2000, http://www.niedersachsen.de vom 02.03.01

Gerken, L. (1995b): Europa zwischen Ordnungswettbewerb und Harmonisierung, Europäische Ordnungspolitik im Zeichen der Subsidiarität, Walter-Eucken-Institut, Berlin: Springer

Gerken, L. (1995a): Competition among Institutions, Houndsmill: MacMillan Press

Gerken, L. (Hrsg.)(1993): Europa 2000-Perspektive wohin : Die europäische Integration nach Maastricht, Freiburg i.Br.: Haufe

Götz, V. (2001): Anmerkung zum Tabakwerbeverbot, in: JZ 1/2001, S. 34-36

Grimm, D. (1992): Subsidiarität ist nur ein Wort, in: FAZ vom 17.09.1992, S. 38

Große Hüttman, M., Knodt, M. (2000): Die Europäisierung des deutschen Föderalismus, in: Aus Politik und Zeitgeschichte, B52-53, S. 31-38

Grossekettler, H. (1981): Der Brennan-Buchanan-Plan zur Eindämmung der Staatstätigkeit, in: Finanzarchiv N.F. 39, H.3, S. 495-508

Hach, R. (1995): Das Subsidiaritätsprinzip in der Europäischen Union aus der Perspektive der Bundesregierung, in: Hrbek, R. (1995): Das Subsidiaritätsprinzip in der EU, Baden-Baden: Nomos, S. 17-34

Hannowsky, D., Renner, A. (1998): Zur präferenzkonformen Ordnung Europas, Frankfurt am Main: Peter Lang

Hansjürgens, B. (1996): Föderalismustheorie und europäische Umweltpolitik, in: Postlep, R.-D. (Hrsg.): Aktuelle Fragen zum Föderalismus, Marburg: Metropolis, S. 73-98

Hauser, H. (1993): Harmonisierung oder Wettbewerb nationaler Regulierungssysteme in einem integrierten Wirtschaftsraum, in: Aussenwirtschaft, 48, Heft IV, S. 459-476

Hauser, H., Hösli, M. (1991): Harmonization or Regulatory Competition in the EC (and the EEA), in: Aussenwirtschaft, 46, Heft III/IV, S. 497-512

Hayek, F.A. (1969): Der Wettbewerb als Entdeckungsverfahren, in: Hayek, F.A.: Freiburger Studien: Gesammelte Aufsätze von F.A. Hayek, Tübingen, S. 249-265

Heinemann, F. (1996): Die ökonomische Föderalismustheorie und ihre Botschaft für die Kompetenzaufteilung im Mehrebenensystem der Europäischen Union, in: König, T. (Hrsg.). Das Europäische Mehrebenensystem, Mannheimer Jahrbuch für Europäische Sozialpunkt, Bd. 1, Frankfurt am Main: Campus, S. 117-132

Hetmeier, H., Richter, A.V. (2001): Kompetenzabgrenzung in der Europäischen Union, in: ZG 4/2001, S. 295

Herr, R., Weber, S. (1996): European Integration and American Federalism: A Comperative Perspective, University of California, Berkeley

Hilf, M. (1995): Thesen zur föderativen Balance, in: Weidenfeld, W. (Hrsg.)(1995): Reform der Europäischen Union: Materialien zur Revision des Maastrichter Vertrages 1996, Gütersloh: Verlag Bertelsmann, S. 223-225

Hilf, M. (1994b): Erster Beratungsgegenstand, 1. Bericht: Europäische Union: Gefahr oder Chance für den Föderalismus in Deutschland, Österreich und der Schweiz?, in: Hilf, M. (1994a): Europäische Union: Gefahr oder Chance für den Föderalismus in Deutschland, Österreich und der Schweiz? New York: de Gruyter, S. 7-25

Hilf, M. (1994a): Europäische Union: Gefahr oder Chance für den Föderalismus in Deutschland, Österreich und der Schweiz? New York: de Gruyter

Hilz, W. (1998): Subsidiaritätsprinzip und EU-Gemeinschaftsordnung, Anspruch und Wirklichkeit am Beispiel des Maastricht-Prozesses, Opladen: Leske und Budrich

Hirsch, G. (2001): Antworten auf den Fragenkatalog, Europaausschuss A.-Drs. 14/1449, in: Deutscher Bundestag, Ausschuss für die Angelegenheiten der Europäischen Union (2001a): Zur Verfassungsdiskussion in der Europäischen Union, Öffentliche Anhörung vom 14. März 2001, Texte und Materialien, Band 22, S. 50-59

Hirschman, A.O. (1970): Exit, Voice, and Loyalty, Cambridge: Harvard University Press

Hobe, S. (2001): Antworten auf den Fragenkatalog, Europaausschuss A.-Drs. 14/1445, in: Deutscher Bundestag, Ausschuss für die Angelegenheiten der Europäischen Union (2001a): Zur Verfassungsdiskussion in der Europäischen Union, Öffentliche Anhörung vom 14. März 2001, Texte und Materialien, Band 22, S. 82-113

Hrbek, R. (2001): Der Vertrag von Nizza – eine weitere Etappe im europäischen Integrationsprozess, in: Wirtschaftsdienst 2001/01, S. 21-29

Hrbek, R. (1997): Der Vertrag von Amsterdam – eine neue Etappe im EU-Integrationsprozess, in: Wirtschaftsdienst 1997/7, S. 378-381

Hrbek, R. (1995b): Das Subsidiaritätsprinzip in der Europäischen Union, Baden-Baden: Nomos

Hrbek, R. (1995a)(Hrsg.): Die Anwendung des Subsidiaritätsprinzips in der Europäischen Union – Erfahrungen und Perspektiven, Baden-Baden: Nomos

Huber, P. (2001): Antworten auf den Fragenkatalog, Europaausschuss A.-Drs. 14/1446, in: Deutscher Bundestag, Ausschuss für die Angelegenheiten der Europäischen Union (2001a): Zur Verfassungsdiskussion in der Europäischen Union, Öffentliche Anhörung vom 14. März 2001, Texte und Materialien, Band 22, S.115-137

Huckestein, B. (1993): Umweltpolitik und Föderalismus – ökonomische Kriterien für umweltpolitische Kompetenzen der EG, in: Zeitschrift für angewandte Umweltforschung, Jhrg. 6, Heft 3, S. 330-339

Hummer, W. (1992): Subsidiarität und Föderalismus als Strukturprinzipien der Europäischen Gemeinschaften?, in: Zeitschrift für Rechtsvergleichung, Jg. 33, S. 81-91

Interinstitutionelle Vereinbarung (1993): Interinstitutionelle Vereinbarung zwischen dem Europäischen Parlament, dem Rat und der Kommission über die Verfahren zur Anwendung des Subsidiaritätsprinzips vom 25.10.1993, abgedruckt in: Calliess, C. (1999b): Subsidiaritäts- und Solidaritätsprinzip in der Europäischen Union, Baden-Baden: Nomos, S. 397-398

Jachtenfuchs, M. (1996): Europäische Integration, Opladen: Leske und Budrich

Jacquemin, A., Pench, L. (1999): Europa im globalen Wettbewerb, Berichte des Rats für Wettbewerbsfähigkeit, Baden-Baden: Nomos

Jaeger, K. (1975): Steuern, Entschädigungen und das Coase Theorem, in: Jahrbuch für Sozialwissenschaften, Nr. 26, S. 209-227

Jarass, H.D. (1996): Die Kompetenzverteilung zwischen der Europäischen Gemeinschaft und den Mitgliedstaaten, in: AöR, Bd. 121, S. 173-199

Jarass, H.D. (1994): EG-Kompetenzen und das Prinzip der Subsidiarität nach Schaffung der Europäischen Union, in: EuGRZ, 21. Jg, Heft 9-10, S. 209-219

Jospin, L. (2001): Die Zukunft des erweiterten Europas, Rede im Centre d'Accueil de la Presse Etrangère, Paris, den 28.05.2001, http://www.botschaft-frankreich.de

Kämmerer, J.A. (2000): Föderale Kompetenzkonflikte und Grundrechtsjudikatur in Europa, in: Vitzthum, W. (Hrsg.)(2000): Europäischer Föderalismus: supranationaler, subnationaler und multiethnischer Föderalismus in Europa, Berlin: Duncker und Humblot, S. 37-55

Kenntner, M. (1998): Das Subsidiaritätsprotokoll des Amsterdamer Vertrages, in: NJW 1998, Heft 39, S. 2871-2875

Kerber, W. , Vanberg, V. (1995): Competition among Institutions: Evolution within Constraints, in: Gerken, L. (Hrsg.): Competition among Institutions, Houndsmill: MacMillan Press, S. 35-64

Kinkel, K. (1997): Das Subsidiaritätsprinzip in der Europäischen Union, in: Burmeister, J. (Hrsg.): Verfassungsstaatlichkeit: Festschrift für Klaus Stern zum 65. Geburtstag, München: Beck, S. 1287-1299

Kirchgässner, G. (1994): Constitutional Economics and Ist Relevance for the Evolution of Rules, in: Kyklos, Vol. 47, S. 321-339

Kirchgässner, G. (1992): Ansatzmöglichkeiten zur Lösung europäischer Umweltprobleme, in: Aussenwirtschaft, 47. Jhrg., Heft 1, S. 55-77

Kirchner, C. (1997b): Ökonomische Theorie des Rechts, Berlin: de Gruyter

Kirchner, C. (1997a): Competence Catalogues and the Principle of Subsidiarity in a European Constitution, in: Constitutional Political Economy, Nr. 8, S. 71-87

Kirchner, C., Haas, J. (1993): Rechtliche Grenzen für Kompetenzübertragungen auf die Europäische Gemeinschaft, in: JZ, 48, Heft 15/16, S. 760-771

Kirsch, G. (1977): Föderalismus, Stuttgart: Fischer

Kirsch, G. (1993): Neue Politische Ökonomie, Düsseldorf: Werner

Kirsch, G. (1987): Über zentrifugale und zentripetale Kräfte im Föderalismus, in: Schriften des Vereins für Socialpolitik, N.F. 166, 1987, S. 13-34

Kirsch, G. (Hrsg.)(1977): Föderalismus, Stuttgart: Gustav Fischer

Knips, W. (1970): Die Problematik wirtschaftspolitischer Zielkonflikte, Tübingen: Mohr Siebeck

Kohl, J. (1996): Zentralisierung der sozialpolitischen Kompetenzen in der EU, eine politisch-ökonomische Analyse, Zürich: Ruegger

Kommission der Europäischen Gemeinschaften (2001c): Bericht an den Europäischen Rat: Bessere Rechtsetzung 2001, KOM (2001) 728 endg. vom 07.12.2001

Kommission der Europäischen Gemeinschaften (2001b): Europäisches Regieren, Ein Weißbuch, KOM (2001) 428 endg. vom 25.07.2001

Kommission der Europäischen Gemeinschaften (2001a): Zwischenbericht der Kommission an den Europäischen Rat von Stockholm, Verbesserung und Vereinfachung der Rahmenbedingungen für die Rechtsetzung, KOM (2001) 130 endg. vom 07.03.2001

Kommission der Europäischen Gemeinschaften (2000): Bericht der Kommission an den Europäischen Rat: Eine bessere Rechtsetzung 2000, KOM (2000) 772 endg. vom 30.11.2000

Kommission der Europäischen Gemeinschaften (1999): Bericht der Kommission an den Europäischen Rat: Eine bessere Rechtsetzung 1999, KOM (1999) 562 endg. vom 03.11.1999

Kommission der Europäischen Gemeinschaften (1998): Bericht an den Europäischen Rat: Eine bessere Rechtsetzung: Gemeinsam Verantwortung übernehmen (1998), KOM (98) 715 endg.

Kommission der Europäischen Gemeinschaften (1997): Bericht an den Europäischen Rat: Eine bessere Rechtsetzung 1997, KOM (97) 626 endg.

Kommission der Europäischen Gemeinschaften (1996): Bericht an den Europäischen Rat: Eine bessere Rechtsetzung 1996 – Bericht über die Anwendung des Grundsatzes der Subsidiarität und der Verhältnismäßigkeit sowie über Vereinfachung und Kodifikation, SEK(96) 7 endg.

Kommission der Europäischen Gemeinschaften (1995): Bericht an den Europäischen Rat: Eine bessere Rechtsetzung – Bericht über die Anwendung des Grundsatzes der Subsidiarität und der Verhältnismäßigkeit, über Vereinfachung und Kodifikation, SEK (95) 580

Kommission der Europäischen Gemeinschaften (1994): Bericht an den Europäischen Rat über die Anwendung des Subsidiaritätsprinzips im Jahre 1994, KOM (94) 533 endg. vom 25.11.1994

Kommission der Europäischen Gemeinschaften (1992): Mitteilung der Kommission an den Rat und an das Europäische Parlament betreffend das Subsidiaritätsprinzip, SEC (92) vom 27.10.1992, abgedruckt in: Merten, D. (1993): Die Subsidiarität Europas, Berlin: Duncker und Humblot, S. 112-129

König, T., Rieger, E., Schmitt, H. (1997): Europäische Institutionenpolitik, Mannheimer Jahrbuch für europäische Sozialforschung, Frankfurt am Main: Campus

König, T. (Hrsg.)(1996): Das Europäische Mehrebenensystem, Mannheimer Jahrbuch für Europäische Sozialpunkt, Bd. 1, Frankfurt am Main: Campus

Koop, M.J. (1996): Europäische Integration: Rechtsangleichung oder Wettbewerb der Rechtssysteme?, in: Streit, M., Voigt, S. (1996): Europa reformieren - Ökonomen und Juristen zur zukünftigen Verfasstheit Europas, Baden-Baden: Nomos, S. 54-62

Kraft, H. (2001): Erwartungen an den Gipfel von Laeken, 29.11.2001, Walter-Hallstein Institut, FCE 11/01

Lambers, H.-J. (1993): Subsidiarität in Europa – Allheilmittel oder juristische Leerformel?, in: EuR, Heft ¾, S. 229-242

Laufer, H. (1995): Kriterien der Kompetenzabgrenzung, In: Weidenfeld, W. (Hrsg.)(1995): Reform der Europäischen Union: Materialien zur Revision des Maastrichter Vertrages 1996, Gütersloh: Verlag Bertelsmann, S. 201-213

Laufer, H., Arens, U. (1995): Die kontinuierliche Ausweitung der EG-Kompetenzen, in: Weidenfeld, W. (Hrsg.)(1995): Reform der Europäischen Union: Materialien zur Revision des Maastrichter Vertrages 1996, Gütersloh: Verlag Bertelsmann, S. 193-200

Laufer, H., Fischer, T. (1995): Zur Kompetenzverteilung zwischen Europäischer Union und den Mitgliedstaaten, in: Weidenfeld, W. (Hrsg.)(1995): Reform der Europäischen Union: Materialien zur Revision des Maastrichter Vertrages 1996, Gütersloh: Verlag Bertelsmann, S. 214-222

Lecheler, H. (1993): Das Subsidiaritätsprinzip: Strukturprinzip einer Europäischen Union, Berlin: Duncker und Humblot

Leibfried, S. (1996): Wohlfahrtsstaatliche Perspektiven der Europäischen Union: Auf dem Weg zu positiver Souveränitätsverflechtung, in: Jachtenfuchs, M.: Europäische Integration, Opladen: Leske und Budrich, S. 455-477

Leinen, J., Schönlau, J. (2001): Die Erarbeitung der EU-Grundrechtecharta im Konvent: nützliche Erfahrungen für die Zukunft Europas, in: integration 1/01, 24. Jg, S. 26-33

Leipold, H. (1994): Die EG im Spannungsverhältnis zwischen Konsens und Effizienz, in: Leipold. H. (Hrsg.)(1994): Ordnungsprobleme Europas: Die Europäische Union zwischen Vertiefung und Erweiterung, Arbeitsbericht Nr. 18, Marburger Gesellschaft für Ordnungsfragen der Wirtschaft e.V., Marburg

Lipsius, J. (1995): The 1996 Intergovernmental Conference, in: ELR, Vol. 20, S. 235-267

Luhmann, N. (1983): Legitimation durch Verfahren, Frankfurt am Main: Suhrkamp

Luster, R. u.a. (1991): Bundesstaat Europäische Union. Ein Verfassungsentwurf, in: Weidenfeld, W. (1991): Wie Europa verfasst sein soll: Materialien zur politischen Union, Gütersloh: Verlag Bertelsmann, S.103-134

Magiera, S. (1994): Föderalismus und Subsidiarität als Rechtsprinzipien der Europäischen Union, in: Biehl, D. (Hrsg.), Föderale Union – Zukunft Europas?, München: Beck, S. 71-98

Malchow, J. (1992): Die Zuordnung verteilungspolitischer Kompetenzen in der Europäischen Gemeinschaft, Frankfurt am Main: Peter Lang

Maurer, A. (2002): Beschäftigungspolitik, in: Weidenfeld, W., Wessels, W. (Hrsg.): Europa von A-Z, Taschenbuch der europäischen Integration, 8. Auflage, Bonn: Europa Union Verlag, S. 87-91

Mayer, F.C. (2001): Die drei Dimensionen der Europäischen Kompetenzdebatte, in: ZaöRV, 61/2-3, S. 577-640

Mayer, F.C. (2000): Kompetenzüberschreitung und Letztentscheidung: das Maastricht-Urteil des Bundesverfassungsgerichts und die Letztentscheidung über Ultra-vires-Akte in Mehrebenensystemen, München: Beck

Medema, S.G. (1994): Ronald H. Coase, Great Britain: St. Martins Press

Merten, D. (1993): Subsidiarität als Verfassungsprinzip?, in: Merten, D. (1993): Die Subsidiarität Europas, Berlin: Duncker und Humblot, S. 77-96

Möschel, W. (1993): Zum Subsidiaritätsprinzip im Vertrag von Maastricht, in: Gerken, L. (Hrsg.): Europa 2000-Perspektive wohin : Die europäische Integration nach Maastricht, Freiburg i.Br.: Haufe, S. 93-105

Möschel, W. (1992): Politische Union für Europa: Wunschtraum oder Alptraum?, in: JZ, 47. Jhrg., Heft 18 vom 18. September 1992, S. 877-928

Mückl, W. (1999): Subsidiarität, Gestaltungsprinzip für eine freiheitliche Ordnung in Staat, Wirtschaft und Gesellschaft, Paderborn: Schöningh

Müller-Graff, P.-C. (1999): Die Kompetenzen in der Europäischen Union, in: Weidenfeld, W. (1999): Europa-Handbuch, Bundeszentrale für politische Bildung, Bonn

Musgrave, R.A., Musgrave, P.B., Kullmer, L. (1994): Die öffentlichen Finanzen in Theorie und Praxis, 1. Band, Tübingen: Mohr

Musgrave, R.A. (1966): Finanztheorie, Tübingen: Mohr Siebeck

Musgrave, R.A. (1959): The Theory of Public Finance, New York: McGraw-Hill

Mussler, W. (1999): Systemwettbewerb als Integrationsstrategie der Europäischen Union, in: Streit, M.E., Wohlgemuth, M. (Hrsg.): Systemwettbewerb als Herausforderung an Politik und Theorie, Baden-Baden: Nomos, S. 71-101

Mussler, W., Wohlgemuth, M. (1994): Institutionen im Wettbewerb - Ordnungstheoretische Anmerkungen zum Systemwettbewerb in Europa, Max-Planck-Institut zur Erforschung von Wirtschaftssystemen, Diskussionsbeitrag 05-94

Nettesheim, M. (1993): Horizontale Kompetenzkonflikte in der EG, in: EuR, Heft ¾, S. 243-260

Neumann, M. (1971): Zur ökonomischen Theorie des Föderalismus, in: Kyklos, Nr. 24, S. 493-510

Oates, W.E. (2001): Fiscal and Regulaory Competition: Theory and Evidence, Paper prepared for the September 2001 meeting of the Verein für Socialpolitik in Magdeburg, Germany

Oates, W.E. (1991): Studies in Fiscal Federalism, Aldershot: Edward Elgar

Oates, W.E. (1985): Searching for Leviathan: An Empirical Study, in: The American Economic Review, Vol. LXXV, S. 748-757

Oates, W.E. (1972): Fiscal Federalism, New York: Harcourt Brace Jovanovich

Oates, W.E. (1972/1977): Ein ökonomischer Ansatz zum Föderalismusproblem, in: Kirsch, G. (Hrsg.): Föderalismus, Stuttgart: Fischer. S. 15-26

Oates, W.E. (1968): The Theory of Public Finance in a Federal System, in: Canadian Journal of Economics, No.1, S. 37-54

Oates, W.E., Schwab, R. (1988): Economic Competition among Jurisdictions. Efficiency Enhancing or Distortion Inducing?, in: Journal of Public Economics, Nr. 35, S. 333-254

Obergfell, E.I. (2000): Zur Zuständigkeitsverteilung in der EU – Die Tabakwerbeverbotsrichtlinie auf dem Prüfstand, in: The European Legal Forum, 3-2000/01, S. 153-224

Olson, M. (1991): Aufstieg und Niedergang von Nationen: ökonomisches Wachstum, Stagflation und soziale Starrheit, übersetzt von Gerd Fleischmann, 2. Aufl., Tübingen: Mohr

Olson, M. (1969): The Principle of „Fiscal Equivalence“: The Division of Responsibilities among different Levels of Government, in: American Economic Review, Vol. 59, S. 479-487

Olson, M. (1968): Die Logik des kollektiven Handelns, Tübingen: Mohr Siebeck

Oppermann, T. (1999): Europarecht, 2. Auflage, München: Beck

Peffekoven, R. (1980): Finanzausgleich I: Wirtschaftstheoretische Grundlagen, in: Albers, W. (Hrsg.): Handwörterbuch der Wirtschaftswissenschaften (HdWW), Band 2, Tübingen: Mohr, S. 608-636

Pernice, I. (2001c): Antworten auf den Fragenkatalog, Europaausschuss A.-Drs. 14/1448, in: Deutscher Bundestag, Ausschuss für die Angelegenheiten der Europäischen Union (2001a): Zur Verfassungsdiskussion in der Europäischen Union, Öffentliche Anhörung vom 14. März 2001, Texte und Materialien, Band 22, S. 139-152

Pernice, I. (2001b): The Role of National Parliaments in the European Union, Walter Hallstein-Institut, WHI-Paper 5/01

Pernice, I. (2001a): Zur Verfassungsdiskussion in der Europäischen Union, Walter Hallstein-Institut, WHI-Paper 2/01

Pernice, I. (2000): Kompetenzabgrenzung im Europäischen Verfassungsverbund, Vortrag an der Humboldt-Universität zu Berlin am 06. Juli 2000, FCE Spezial 4/00

Persson, T. u.a. (1997): The Theory of Fiscal Federalism: What Does It Mean for Europe?, in: Siebert, H. (Hrsg.): Quo vadis Europe?, Tübingen: Mohr, S. 23-41

Pfetsch, F.R. (1997): Die Europäische Union - Eine Einführung, München: Fink

Pflugmann-Hohlstein, B. (1993): Das Subsidiaritätsprinzip in der EG, in: Wagner, A. (Hrsg.): Dezentrale Entscheidungsfindung bei externen Effekten, Tübingen: Francke, S. 159-186

Pieper, U. (1993): Subsidiaritätsprinzip – Strukturprinzip der Europäischen Union, in: DVBl, 01. Juli 1993, S. 705-712

Pies, I., Leschke, M. (Hrsg.)(2000): Ronald Coase' Transaktionskostenansatz, Tübingen: Mohr Siebeck

Pies, I. (1996): Vertrag oder Verfassung? - Institutionenökonomische Perspektiven für die Europäische Union, in: Streit, M., Voigt, S. (1996): Europa reformieren - Ökonomen und Juristen zur zukünftigen Verfasstheit Europas, Baden-Baden: Nomos, S. 32-47

Pies, I. (Hrsg.)(1996): James Buchanans konstitutionelle Ökonomik, Tübingen: Mohr Siebeck

Pigou, A.C. (1932): The Economics of Welfare, 3. Auflage, London

Pitlik, H. (1997): Demokratische Regimes im Systemwettbewerb: Führt die Staatenkonkurrenz in einen ruinösen Deregulierungswettlauf?, Diskussionsbeiträge aus dem Institut für Volkswirtschaftslehre Universität Hohenheim, Nr. 138, Stuttgart

Pitlik, H. (1997): Flexible Verfassung oder starre Verfassung? Ein Beitrag aus Sicht der konstitutionellen Ökonomik, Diskussionsbeiträge aus dem Institut für Volkswirtschaftslehre Universität Hohenheim, Nr. 152, Stuttgart

Pleuger, G. (2001): Der Vertrag von Nizza: Gesamtbewertung der Ergebnisse, in: integration, 24. Jg. 1/01, S. 1-7

Postlep, R.-D. (Hrsg.)(1996): Aktuelle Fragen zum Föderalismus, Marburg: Metropolis

Postlep, R.-D., Döring, T. (1996): Entwicklungen in der ökonomischen Föderalismusdiskussion und im föderativen System der BRD, in: Postlep, R.-D. (Hrsg.): Aktuelle Fragen zum Föderalismus, Marburg: Metropolis, S. 7-35

Prodi, R. (2001): „Für ein starkes Europa, das auf ein großes Ziel ausgerichtet und handlungsfähig ist", Rede vom 29.05.2001 am Institut d'Etudes Politiques Paris,

Rau, J. (2001): Plädoyer für eine europäische Verfassung, Rede am 4. April 2001 vor dem Europäischen Parlament in Straßburg, http://www.europa-digital.de/aktuell/ dossier/reden/rau.shtml vom 10.07.2001

Rawls, J. (1979): Eine Theorie der Gerechtigkeit, übers. von Hermann Vetter, 4. Aufl., Frankfurt am Main: Suhrkamp

Rawls, J. (1971). A Theory of Justice, Cambridge: Cambridge University Press

Recktenwald, H.C. (1977): Umfang und Struktur der öffentlichen Ausgaben in säkularer Entwicklung, in: Albers, W. (Hrsg.): Handwörterbuch der Wirschaftswissenschaften (HdWW), Band 1, Tübingen: Mohr, S. 718-752

Recktenwald, H.C. (1969): Finanztheorie, Köln: Kiepenheuer and Witsch

Renzsch, W. (1993): Die Subsidiaritätsklausel des Maastrichter Vertrages: Keine Grundlage für die Kompetenzabgrenzung in einer Europäischen Politischen Union, in: Zeitschrift für Parlamentsfragen (ZParl), Heft 1/93, S. 104-116

Ress, G., Bieber, R. (1998): Die Dynamik des EG-Rechts als Rechtsproblem, in: Hilz, W. (1998): Subsidiaritätsprinzip und EU-Gemeinschaftsordnung, Anspruch und Wirklichkeit am Beispiel des Maastricht-Prozesses, Opladen: Leske und Budrich

Rodrik, D. (1996): Understanding Economic Policy Reform, in: Journal of Economic Literature, Vol. XXXIV, S. 9-41

Rodrik, D. (1993): The Positive Economics of Policy Reform, in: Political Economy of Policy Reform, Vol. 83, Nr. 2, S. 356-361

Rudolf, W. (1988): Föderalismus, in: Albers, W. (Hrsg.): Handwörterbuch der Wirtschaftswissenschaft (HdWW), Band 3, Tübingen: Mohr, S. 312-316

Rosin, N. (2000): Benchmarking – durch Vergleichbarkeit und Wettbewerb zum beschäftigungspolitischen Erfolg? (Teil 2), in: punkt, Ausgabe Januar / Februar, Berliner Senatsverwaltung für Arbeit, Berufliche Bildung und Frauen, S. 7-9

Rosin, N. (1999): Benchmarking – durch Vergleichbarkeit und Wettbewerb zum beschäftigungspolitischen Erfolg? (Teil 1), in: punkt, Ausgabe November / Dezember, Berliner Senatsverwaltung für Arbeit, Berufliche Bildung und Frauen, S. 2-4

Rutherford, M. (1994): Institutions in economics, Cambridge University Press

Samuelson, P.A. (1954): The Pure Theory of Public Expenditure, in: Review of Economics and Statistics, No.4, S. 387-89

Schäfer, W. (1998): Soziale Harmonisierung oder Wettbewerb der Systeme in der Integration Europas, in: Biskup, R. (Hrsg.): Dimensionen Europas, Stuttgart: Haupt, S. 285-304

Scharpf, F. W. (1996): A New Social Contract? Negative and Positive Integration in the Political Economy of European Welfare States, EUI Working Papers, RSC No. 96/44, European University Institute, Florence

Scharpf, F.W. (1994): Optionen des Föderalismus in Deutschland und Europa, New York: Campus Verlag

Scharpf, F.W. (1991): Kann es in Europa eine stabile föderale Balance geben? (Thesen), in: Wildenmann, R. (Hrsg.)(1991): Staatswerdung Europas?, Baden-Baden: Nomos, S. 415-428

Schlussfolgerungen des Vorsitzes (2001): Europäischer Rat (Laeken), 14. und 15. Dezember 2001, Dokument SN 300/01, Anlage 1: Erklärung von Laeken zur Zukunft der Europäischen Union

Schlussfolgerungen des Vorsitzes (2000): Europäischer Rat (Nizza), 7., 8., und 9. Dezember 2000

Schlussfolgerungen des Vorsitzes (1999): Europäischer Rat von Köln, 3./4. Juni 1999

Schlussfolgerungen des Vorsitzes (1992): Europäischer Rat von Edinburgh vom 11. und 12.12.1992, abgedruckt in: Bulletin der Bundesregierung, Nr. 140, S. 1277-1283, vom 28. Dezember 1992

Schlussfolgerungen des Vorsitzes (1992): Europäischer Rat von Edinburgh vom 12. Dezember 1992, Anlage 1 – Gesamtkonzept für die Anwendung des Subsidiaritätsprinzips und des Artikels 3b des Vertrags über die Europäische Union durch den Rat, abgedruckt in: Calliess, C. (1999b): Subsidiaritäts- und Solidaritätsprinzip in der Europäischen Union, Baden-Baden: Nomos, S. 391-396

Schmidt, A. (1997): Ordnungspolitische Perspektiven der europäischen Integration im Spannungsfeld von Wettbewerbs- und Industriepolitik, Hohenheimer Volkswirtschaftliche Schriften Nr. 28, Frankfurt: Peter Lang

Schneider, F. (1995): Die Bedeutung der konstitutionellen Ökonomie für eine europäische Wirtschafts- und Währungsunion, in: Wirtschaftspolitische Blätter, Nr. 3-4, S. 228-236

Schumpeter, J.A. (1987): Theorie der wirtschaftlichen Entwicklung: eine Untersuchung über Unternehmergewinn, Kapital, Kredit, Zins und den Konjunkturzyklus, 7. Auflage, Berlin

Schwartze, A. (1996): Kompetenzverteilung und Entscheidungsverfahren in einer Europäischen Verfassung - Eine Analyse von Verfassungsentwürfen, in: Streit, M.,

Voigt, S. (1996): Europa reformieren - Ökonomen und Juristen zur zukünftigen Verfasstheit Europas, Baden-Baden: Nomos, S. 127-143

Schwarze, J. (Hrsg.)(2000): Die Entstehung einer europäischen Verfassungsordnung, Baden-Baden: Nomos

Schwarze, J. (1999): Ist das Grundgesetz ein Hindernis auf dem Weg nach Europa?, in: JZ, Nr. 13, 54. Jahrgang, 02. Juli 1999, S. 637-688

Schwarze, J. (1998): Das schwierige Geschäft mit Europa und seinem Recht, in: JZ, Nr. 22, 53. Jahrgang, 20. November 1998, S. 1077-1088

Schwarze, J. (1995): Kompetenzverteilung in der Europäischen Union und föderales Gleichgewicht – Zu den Forderungen der deutschen Bundesländer im Hinblick auf die Regierungskonferenz 1996, in: DVBl., Heft 23, 01. Dezember 1995, S. 1265-1269

Schwarze, J. (1993): Das Staatsrecht in Europa, in: JZ, Nr. 12, 48. Jahrgang, 18. Juni 1993, S. 585-594

Seabright, P. (1994): Accountability and Decentralisation in Government: An Incomplete Contracts Model, CEPR-Discussion Paer No. 889, London

Siebert, H. (Hrsg.)(1997): Quo vadis Europe?, Tübingen: Mohr

Siebert, H. (1996): On the Concept of Locational Competition, Kiel Working Paper No. 731

Siebert, H., Koop, M. (1993): Institutional Competition versus Centralization: Quo vadis Europe?, in: Oxford Review of Economic Policy, Vol. 9, No.1, S. 15-29

Siebert, H., Koop, M. (1990): Institutional Competition. A Concept for Europe?, in: Aussenwirtschaft, 45 Jhrg., Heft IV, S. 439-462

Siemer, J.P. (1999): Das Coase-Theorem, Inhalt, Aussagewert und Bedeutung für die ökonomische Analyse des Rechts, Münster: Lit-Verlag

Simson, W. (1992): Die künftige Rolle des Staates in der EG, in: Schwarze, J. (Hrsg.): Europa 1992: Markt, Staat, Gemeinschaft, EuR, Beiheft 1, S. 37-47

Sinn, H.W. (2001): Der neue Systemwettbewerb, CESifo München, Vortrag bei der Jahrestagung des Vereins für Socialpolitik in Magdeburg, September 2001

Sinn, H.W. (1997): Das Selektionsprinzip und der Systemwettbewerb, in: Schriften des Vereins für Socialpolitik, NF 253, S. 9-61

Sinn, H.W. (1996): Das Prinzip des Diapositivs, Einige Bemerkungen zu Charles B. Blankart, in: Wirtschaftsdienst, Heft 2, S. 92-94

Sinn, H.W. (1995): Implikationen der vier Grundfreiheiten für eine nationale Fiskalpolitik, in: Wirtschaftsdienst, Heft V, S. 240-249

Sinn, H.W. (1994): Wie viel Brüssel braucht Europa?, in: Staatwissenschaften und Staatspraxis, Heft 2, S. 155-186

Sinn, H.-W. (1990): Tax Harmonization and Tax Competition in Europe, in: European Economic Review 34, S. 489-504

Sinn, S. (1992): The Taming of Leviathan: Competition among Governments, in: Constitutional Political Economy, Vol. 3, No.2, S. 177-195

SPD (2001): SPD-Bundesparteitag, Leitantrag: Verantwortung für Europa, Nürnberg, 19.-23. November 2001, http://www.spd.de

Starbatty, J, Vetterlein, U. (1990): Technologiepolitische Aufgabenteilung in der Europäischen Gemeinschaft, in: Wirtschaftsdienst 1990/II, S. 96-102

Stein, T. (1994): Erster Beratungsgegenstand, 2. Bericht: Europäische Union: Gefahr oder Chance für den Föderalismus in Deutschland, Österreich und der Schweiz?, in: Hilf, M. (1994a): Europäische Union: Gefahr oder Chance für den Föderalismus in Deutschland, Österreich und der Schweiz? New York: de Gruyter, S. 26-47

Stein, T. (1993): Subsidiarität als Rechtsprinzip?, in: Merten, D. (Hrsg)(1993): Die Subsidiarität Europas, Berlin: Duncker und Humblot, S. 23-40

Stewing, C. (1992): Das Subsidiaritätsprinzip als Kompetenzverteilungsregel im Europäischen Recht, in: DVBl., 01. Dezember 1992, S. 1516-1518

Stoiber, E. (2000): Reformen für Europas Zukunft, Rede am 27.09.2000 in Berlin im Rahmen der Reihe "Reden über Europa", http://www.bayern.de/Politik/Reden/2000/000927.html vom 02.03.01

Streinz, R. (1999): Europarecht, 4. Auflage, Heidelberg: Müller

Streissler, E. (1992): Das Problem der Internalisierung, in: König, H. (1992): Umweltverträgliches Wirtschaften als Problem von Wissenschaft und Politik, Schriften des Vereins für Socialpolitik, Neue Folge, Band 224, S. 87-110

Streit, M. E. (1996): Systemwettbewerb und Harmonisierung im europäischen Integrationsprozess, in: Schriften des Vereins für Socialpolitik, Band 246, S. 223-248

Streit, M. E. (1995): Systemwettbewerb und Harmonisierung im europäischen Integrationsprozess, Max-Planck-Institut zur Erforschung von Wirtschaftssystemen, Diskussionsbeitrag 09-95

Streit, M. E. (1994): Westeuropas Wirtschaftsverfassungen unter dem Druck des Systemwettbewerbs, in: List Forum für Wirtschafts- und Finanzpolitik, Band 20, Heft 1-4, S. 111-124

Streit, M. E. (1992): Zur Theorie des Wettbewerbs, in: Wirtschaftspolitische Blätter, S. 55-66

Streit, M., Voigt, S. (1996): Europa reformieren - Ökonomen und Juristen zur zukünftigen Verfasstheit Europas, Baden-Baden: Nomos

Streit, M. E., Wohlgemuth, M. (Hrsg.)(1999): Systemwettbewerb als Herausforderung an Politik und Theorie, Baden-Baden: Nomos

Stuth, R. (2001): Der Vertrag von Nizza – eine kritische Analyse, Zukunftsforum Politik Nr. 21, Konrad Adenauer Stiftung

The Economist (2000): Our Constitution for Europe, 28.10.2000, S. 21-28

Thomas, I. P. (1997): Ein Finanzausgleich für die Europäische Union?: eine allokationstheoretische und fiskalföderalistische Analyse, Tübingen: Mohr

Thöni, E. (1994): The Consequences of Subsidiarity in the Maastricht Treaty for Fiscal Federalism, in: Urban, S. (Hrsg.)(1994): Aspirations and realities, Wiesbaden: Gabler, S. 77-92

Tiebout, C.M. (1961/1977): Eine ökonomische Theorie fiskalischer Dezentralisierung, in: Kirsch, G. (Hrsg.): Föderalismus, Stuttgart: Fischer

Tiebout, C.M. (1961): An Economic Theory of Fiscal Dezentralisation, in: National Bureau of Economic Research, Public Finances: Needs, Sources, and Utilisation, Princeton: Princeton University Press

Tiebout, C.M. (1956): A Pure Theory of Local Expenditure, in: Journal of Political Economy, Vol. 64, S. 416-424

Tomann, H. (1997): Stabilitätspolitik, Berlin: Springer

Tullock, G. (1969): Federalism: Problems of Scale, in: Public Choice, Vol. VI, S. 19-29

Vaubel, R. (2000): Ordnungspolitische Konsequenzen der europäischen Integration, Rede bei der Konferenz "Ordnungspolitik in der Weltwirtschaft", Berlin 15.-17.11.2000

Vaubel, R. (1999): Enforcing Competition among Governments: Theory and Application to the European Union, in: Constitutional Political Economy, 10, S. 327-338

Vaubel, R. (1995): The Centralization of Western Europe, Institut of Economic Affairs, London

Vaubel, R. (1993): The political economy of centralization and the European Economy, in: Public Choice, Nr. 81, S. 151-190

Verhofstadt, G. (2001): Welche Zukunft für welches Europa?, Rede am 24. Juni 2001 auf dem 7. Europäischen Forum Wachau in Göttweig, http://www.europa-digital.de/aktuell/dossier/reden/verhofstadt.shtml vom 10.07.2001

Verhofstadt, G. (2000): „A Vision for Europe“ - a major speech to The European Policy Centre by the Prime Minister of Belgium, 21.09.2000, http://www.theepc.be vom 02.03.01

Vertrag von Nizza, 23. Erklärung zur Zukunft der Union, in: Bundesgesetzblatt, Jahrgang 2001, Teil II, Nr. 40 vom 28.12.2001, S. 1700

Vetter, E. (1995): Deutschland: Die Sicht der deutschen Länder, in: Hrbek, R. (1995)(Hrsg.): Die Anwendung des Subsidiaritätsprinzips in der Europäischen Union – Erfahrungen und Perspektiven, Baden-Baden: Nomos, S. 9-20

Vitzthum, W. (Hrsg.)(2000): Europäischer Föderalismus: supranationaler, subnationaler und multiethnischer Föderalismus in Europa, Berlin: Duncker und Humblot

Wagner, A. (1893): Grundlegung der politischen Ökonomie, 1. Teil, 3. Auflage, Leipzig

Weidenfeld, W. (1999): Europa-Handbuch, Bundeszentrale für politische Bildung, Bonn: Europa Union Verlag

Weidenfeld, W. (Hrsg.)(1995): Reform der Europäischen Union: Materialien zur Revision des Maastrichter Vertrages 1996, Gütersloh: Verlag Bertelsmann

Weidenfeld, W. (1991): Wie Europa verfasst sein soll: Materialien zur politischen Union, Gütersloh: Verlag Bertelsmann

Weidenfeld, W., Wessels, W. (Hrsg.)(2002): Europa von A-Z, Taschenbuch der europäischen Integration, 8. Auflage, Bonn: Europa Union Verlag

Weidenfeld, W., Wessels, W. (Hrsg.)(1998): Jahrbuch der europäischen Integration 1997/1998, Institut für Europäische Politik, Bonn: Europa Union Verlag

Weiler, J.H.H. (1997): The European Union belongs to ist Citizens: Three Immodest Proposals, in: 22 E.L.Rev., S. 150-156

Weimann, J. (1995): Umweltökonomik, Eine theorieorientierte Einführung, Berlin: Springer

Weinacht, P.L. (1995): Aktive und passive Subsidiarität: Prinzipien europäischer Gemeinschaftsbildung, in: Aus Politik und Zeitgeschichte, B 3-4/95, S. 33-39

Wellisch, D. (1995): Dezentrale Finanzpolitik bei hoher Mobilität, Tübingen: Mohr Siebeck

Wessels, W. (2001): Die Vertragsreformen von Nizza – Zur institutionellen Erweiterungsreife, in: integration, 24. Jg. 1/01, s. 8-25

Wieland, B. (1992): Ein Markt - Zwölf Regierungen? Zur Organisation der Macht in der europäischen Verfassung, Baden-Baden: Nomos

Wildasin, D. E. (1989): Interjurisdictional Capital Mobility: Fiscal Externality and a Corrective Subsidy, in: Journal of Urban Economics, 25, S. 193-212

Wildenmann, R. (Hrsg.)(1991): Staatswerdung Europas?, Baden-Baden: Nomos

Williamson, O.E. (1985): The Economic Institutions of Capitalism, London: Macmillan

Wilson, J.D. (1986): A Theory of Interregional Tax Competition, in: Journal of Urban Economics, 19, S. 296-315

Wintrobe, R. (1987): Competitive Federalism and Bureaucratic Power, in: European Journal of Political Economy, Special Issue, Vol. 3, No. 1+2, S. 9-31

Wohlgemuth, M. (1999): Systemwettbewerb als Entdeckungsverfahren, in: Streit, M.E., Wohlgemuth, M. (Hrsg.): Systemwettbewerb als Herausforderung an Politik und Theorie, Baden-Baden: Nomos, S. 49-69

Wohltmann, M. (2001): Zukunft der Europäischen Union, Konferenz des Bundesrates am 06. September 2001 in Berlin, in: ZG 4/2001, S. 373-381

Woolcock, S. (1994): The Single European Market - Centralisation or Competition among National Rules?, The Royal Institute of International Affairs, London: Chameleon Press

Yahoo (2000b): EU-Gipfel, Schröder will neue Regierungskonferenz vorschlagen, Yahoo Deutschland Finanzen, 12. Oktober 2000, http://www.de.biz.yahoo.com

Yahoo (2000a): Deutschland drängt EU zu Aufgabenabgrenzung, Yahoo Deutschland Finanzen, 25. Mai 2000, http://www.de.biz.yahoo.com

Zimmermann, K.W., Kahlenborn, W. (1994): Umweltföderalismus – Einheit und Einheitlichkeit in Deutschland und Europa, Berlin: Ed. Sigma

Zodrow, G.R., Mieszkowski, P. (1986): Pigou, Tiebout, Property Taxation, and the Underprovision of Local Public Goods, in: Journal of Urban Economics, 19, S. 356-370

Zuleeg, M. (1997): Justitiabilität des Subsidiaritätsprinzips, in: Nörr, K.W., Oppermann, T. (Hrsg.): Subsidiarität, Idee und Wirklichkeit: Zur Reichweite eines Prinzips in Deutschland und Europa, Tübingen: Mohr Siebeck, S. 186-204

FSC
www.fsc.org
MIX
Papier | Fördert gute Waldnutzung
FSC® C083411

Kolibri 360 GmbH
Ferdinand-Jühlke-Straße 7
99095 Erfurt, Deutschland
produktsicherheit@kolibri360.de

Druck:
CPI Druckdienstleistungen GmbH
im Auftrag der
Kolibri 360 GmbH
Ferdinand-Jühlke-Str. 7
99095 Erfurt